权威·前沿·原创

皮书系列为
“十二五”国家重点图书出版规划项目

2016年
湖南电子政务发展报告

ANNUAL REPORT ON HUNAN'S E-GOVERNMENT DEVELOPMENT (2016)

湖南省人民政府发展研究中心
（湖南省电子政务中心）
主　编／梁志峰
副主编／杨志新

社会科学文献出版社
SOCIAL SCIENCES ACADEMIC PRESS (CHINA)

图书在版编目(CIP)数据

2016年湖南电子政务发展报告/梁志峰主编. --北京：社会科学文献出版社，2016.5
（湖南蓝皮书）
ISBN 978-7-5097-9009-0

Ⅰ.①2… Ⅱ.①梁… Ⅲ.①电子政务-研究报告-湖南省-2016 Ⅳ.①D676.4-39

中国版本图书馆CIP数据核字（2016）第075419号

湖南蓝皮书
2016年湖南电子政务发展报告

主　　编／梁志峰
副 主 编／杨志新

出 版 人／谢寿光
项目统筹／桂　芳
责任编辑／张　媛　桂　芳

出　　版／社会科学文献出版社·皮书出版分社（010）59367127
地址：北京市北三环中路甲29号院华龙大厦　邮编：100029
网址：www.ssap.com.cn
发　　行／市场营销中心（010）59367081　59367018
印　　装／北京季蜂印刷有限公司

规　　格／开 本：787mm×1092mm　1/16
印 张：23.5　字 数：391千字
版　　次／2016年5月第1版　2016年5月第1次印刷
书　　号／ISBN 978-7-5097-9009-0
定　　价／128.00元

皮书序列号／B-2014-362

本书如有印装质量问题，请与读者服务中心（010-59367028）联系

版权所有 翻印必究

湖南省人民政府发展研究中心
(湖南省电子政务中心)
湖南蓝皮书编辑委员会

主　　任　梁志峰

副 主 任　唐宇文　黄绍红　康锦贵　粟志远　李建国　杨志新　李绍清

编　　委　曾晓阳　柳　松　王力共　罗小阳　彭谷前　温长远　武晓兰　王　斌　王佳林　唐细华　赵迦南　彭蔓玲　蔡建河　唐文玉　谢坚持　禹向群

主　　编　梁志峰

副 主 编　杨志新

《湖南蓝皮书·2016年湖南电子政务发展报告》

执行编辑　曾晓阳　旷　晖　刘国才　周　婧　陈春年　朱小俊　黎　超

主要编撰者简介

梁志峰 湖南省人民政府发展研究中心（湖南省电子政务中心）主任，管理学博士。历任中共湖南省委办公厅秘书处秘书，中共湖南省委高校工委组织部部长，湘潭县委副书记，湘潭市雨湖区委书记，湘潭市委常委、秘书长、组织部部长。主要研究领域为资本市场和区域经济学，先后主持多项省部级研究课题，著有《资产证券化的风险管理》《网络经济的理论与实践》《古云村古城村调查》《迈进全面小康》等。

杨志新 湖南省人民政府发展研究中心（湖南省电子政务中心）巡视员，教授级高级工程师，工学硕士。湖南省信息化专家咨询委员会成员，国家政务外网技术委员会副主任。长期从事电子政务规划、电子政务基础网络平台、应用系统建设、网络信息安全等领域的研究。主要负责、参与了湖南省电子政务“十五”规划、湖南省宏观决策信息网、湖南省电子政务外网平台、湖南省信用信息系统、湖南省网上政务服务与电子监察系统等省内重点电子政务项目与工程的设计与组织实施。先后在《系统工程》《计算机工程与科学》等杂志发表论文20余篇。

总　序

2016年“湖南蓝皮书”系列丛书已编撰完成，丛书涵盖经济、社会、产业、两型社会、县域和电子政务六大主题，记录了2015年湖南全面深化改革、推进结构调整的艰难实践，凝聚了各级领导和专家学者对于推动湖南转型发展的智慧豪情，见证了湖南适应新常态、抢抓新机遇的战略创新，探讨了湖南在“十三五”规划开局之年的改革发展方略，描绘了湖南实现全面小康的壮美蓝图。

2015年是“十二五”规划的收官之年，也是中国全面推进大改革与大调整的关键年。“十二五”时期湖南主动认识适应引领经济发展新常态，大力推进“四化两型”，着力促进“三量齐升”，更加注重大众创业、万众创新，经济规模持续扩大，发展水平持续提高，产业结构持续优化，基础设施持续夯实，民生保障持续加强。2015年湖南经济总量达2.9万亿元，固定资产投资2.6万亿元，社会消费品零售总额1.2万亿元。全年用于民生的财政支出共计1.54万亿元，占一般公共预算支出的69.1%，城乡居民人均可支配收入分别达28838元、10993元，分别增长8.5%、9.3%。“十二五”期间新增城镇就业385万人、农村劳动力转移就业360万人，减少贫困人口541万人，全民医保体系、基本养老保险、最低生活保障实现城乡全覆盖。

2016年是“十三五”规划的开局之年，也是实现第一个百年奋斗目标、全面建成小康社会的决胜阶段。湖南经济正处在爬坡过坎的关键时期，“十三五”时期要继续坚持发展第一要务，充分发挥“一带一部”区位优势，坚持创新、协调、绿色、开放、共享的发展理念，突出抓好供给侧结构性改革，加快新旧发展动能接续转换，抓好去产能、去库存、去杠杆、降成本、补短板，持续推进民生保障，努力实现“十三五”时期经济社会发展良好开局。

“湖南蓝皮书”始终坚持真实记录、系统分析，以真正体现湖南发展实践、客观反映社情民意、为改革发展建言献策为己任。丛书涵盖湖南经济社会发展的方方面面，努力实现多角度记录湖南，全方位宣传湖南，高水平献策湖南。“湖南蓝皮书”始终坚持科学研究、建言献策，以全面性、科学性、权威性为目标。坚持采用来自各部门、各行业的第一手真实数据，以此为基础进行数据筛选、分析、挖掘和预测，最科学、最客观地反映湖南的真实现状，力争做到研究方法科学有效，数据来源权威可靠，研究结论可操作性强。各项研究紧扣时代脉搏，紧扣湖南改革发展新问题，紧扣省情民意，丛书逐渐成为内容权威、时效性强、覆盖面广、材料鲜活的“湖南窗口”。

“湖南蓝皮书”系列丛书的出版发行，得到了社会各界的支持和帮助。感谢各位领导和专家学者为湖南改革发展凝聚智慧力量，贡献新理念、新思想，使“湖南蓝皮书”在读者中形成了良好的口碑，丛书中作者职务有变动的，以收稿时职务为准；感谢皮书编辑们从统筹协调到字斟句酌，从版面设计到格式优化，都以最严谨、认真、热情的态度帮助我们改进文本；感谢“湖南蓝皮书”的读者们，你们的支持和鼓励是我们力量的源泉，也是我们不断向前的动力！

“十二五”已成辉煌的历史，“十三五”全面建成小康社会的号角已经吹响。“湖南蓝皮书”将继续以求真务实的态度、持之以恒的精神，奋发进取、创新图变，为富饶美丽幸福的新湖南做出新的贡献！最后，谨向支持和帮助“湖南蓝皮书”的各级领导、各部门和社会各界人士表示衷心的感谢和祝福！

“湖南蓝皮书”编委会
二〇一六年三月

摘　要

本书是由湖南省人民政府发展研究中心（湖南省电子政务中心）组织编写的全省电子政务发展年度性报告，由总报告、部门篇、市（州）篇、县（市、区）篇、研究篇及附录六个部分组成。总报告对湖南省2015年电子政务发展情况进行了综合总结，并提出2016年发展展望；部门篇、市（州）篇和县（市、区）篇总结了相关行业和区域电子政务的发展情况，并提出2016年发展思路和重点；研究篇汇集了国内专家学者对湖南电子政务发展的研究成果；附录为2015年湖南省政府网站绩效评估结果。

2015年，全省电子政务建设成效显著，在基础设施、资源整合、政府业务新技术应用等方面取得了较大进步。电子政务基础设施继续完善；电子政务提升政府效能作用凸显；政府网站建设管理成效显著；公共服务能力和水平有效提升；社会管理手段不断创新；数据资源开发进展顺利；资源整合力度加大；整体发展进入一个全面整合、深度共享、共同推进、快速发展的阶段，对促进“三量齐升”、推进“五化同步”和结构性改革起到了较好的推动作用，成为湖南省经济社会发展的重要推动力。但在取得成绩的同时，还存在市州发展不平衡、建设缺乏统筹规划、信息资源有效共享程度不够等问题，应用成效和资源整合水平也有待进一步提升。

2016年，随着改革的不断深入，特别是“互联网+”、大数据等新技术的广泛应用，湖南省电子政务在完善各级网络基础设施的基础上，将重点做好整合电子政务资源、开展电子政务项目集约化建设、推广“互联网+政务”服务、建设服务型政府的信息支撑系统、推进智慧城市建设、开发公共数据并提供综合服务、强化信息安全体系建设等方面的工作，推动湖南省电子政务工作进一步创新发展。

目　录

Ⅰ　总报告

Ⅱ　部门篇

Ⅲ 市（州）篇

Ⅳ 县（市、区）篇

Ⅴ 研究篇

Ⅵ 附录

皮书数据库阅读使用指南

CONTENTS

I General Report

II Department Reports

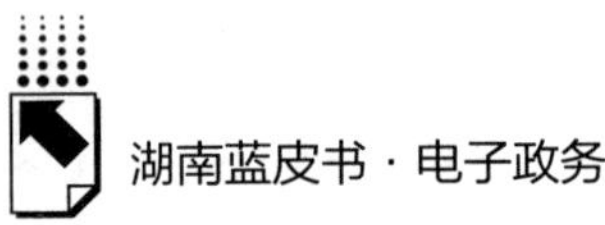

Ⅳ County Reports

V Research Reports

Ⅵ Appendix

总 报 告

General Report

B.1
2015年湖南省电子政务发展报告

湖南省政府发展研究中心（湖南省电子政务中心）课题组

2015 年，湖南省电子政务建设在基础设施、资源整合、政府业务新技术应用等方面取得了较大进步，整体进入一个全面整合、深度共享、共同推进、快速发展的阶段，对促进“三量齐升”、推进“五化同步”和结构性改革起到了较好的推动作用，成为湖南省经济社会发展的重要推动力。

一 发展情况

（一）电子政务基础设施继续完善

按照国家对电子政务建设的总体要求，2015 年湖南省进一步提升基础设施建设水平，省政务外网建设步伐进一步加快。一是网络横向和纵向接入量全面提升，省、市、县联通率达到 100%。省直部门及二级机构已接入 127 家，市（州）、县（市、区）部门接入 10800 余家，94 个县（市、区）延伸到乡镇一级，湖南省省、市、县三级外网联通率跨入全国先进行列。

二是外网网络应用不断扩大，承载了 27 个中央到省、市和 14 个省到市、县的纵向应用，共有 66 个省直单位通过省政务外网统一互联网出口。

三是云计算建设全面铺开，省政务外网云平台具备了 200 个虚拟机、140TB 存储的容量，初步具备了为省本级政务部门部分业务系统运行提供支撑的能力；市（州）集中性的云计算中心建设进展迅速，应用效果凸显，常德市、永州市、湘西州云计算中心已正式投入使用，电子政务集约化建设迈出新步伐；“数字衡阳”云平台已启动二期建设，系统功能进一步优化完善，新的应用逐步扩展，推动经济社会发展，保障和改善民生的作用不断凸显；部分县（市、区）也开展云计算中心建设探索，长沙县新建了云计算中心机房，将县内所有软硬件设备全部集中到新建机房内，有效节约了政府资源。

（二）电子政务提升政府效能作用凸显

湖南省各级政府部门通过探索新技术应用增强自身能力取得较好效果。一是部分市（州）开展协同办公创新应用。长沙市通过推广网上办公，提高政府内部工作效率，利用协同办公系统和政务信息专报系统，实现公文交换、会议管理和信息报送的在线办理，实现办公信息的上传下达，2015 年通过协同办公系统发送通知等 160000 余条，极大地提高了会议通知收发、公文传输、领导信息报送的效率；湘西州按统一机房、统一组网、协同办公的思路，建设了 OA 自动化办公、协同办公、移动办公相结合的综合协同办公系统，应用即将全面开展。

二是宏观调控重点部门业务信息化能力全面提升。省发改委采用服务外包的方式启动全委电子政务系统建设，省投资项目在线审批监管平台已经建成，适用于省、市、县三级，实现了“一网告知、一网受理、一网办结、一网公开、一网监管”；省财政厅依托信息技术，将财政预算、收入征管、预算执行、财政监督和绩效评价、政府采购、项目管理等纳入信息化轨道，建设财政应用支撑平台，依托平台的庞大数据为财政科学决策提供了有力支撑；综合治税信息平台建设在全省全面推进，按照“政府领导、税务主导、部门配合、社会参与、司法保障、信息共享”的社会综合治税体系，充分利用计算机高速处理数据的能力，解决人工难以胜任的海量数据比对问题，实现了跨部门涉税信息的网络采集和实时共享，成效明显。

三是行业信息化应用水平明显提高。省交通厅道路运输省、市、县三级业务基本实现协同办理，市场诚信系统实现多个运输业务领域的在线考核；省经信委基本建成全省经信系统电子政务统一平台，实现省、市、县三级经信系统的业务协同和网上办公。

（三）政府网站建设管理成效显著

2015 年，全省政府网站建设和管理成绩优异，政府网站信息发布质量和更新频率明显提升，政府网站信息公开不断深化，在线办事服务更加实用，回应社会关切更加积极，社会影响力不断扩大，已成为湖南省各级政府最重要的服务窗口之一。

一是政府网站完成普查达标。按照国务院办公厅要求，湖南省于 2015 年 4 月正式启动全省政府网站普查工作，通过普查，对省、市、县三级已建立的 4255 家各类政府网站进行统计摸底和检查整改，在全国政府网站普查中，湖南省合格率为 95.2%，全国排名第四。

二是政府网站建设水平不断提升。在全国政府网站绩效评估中，省政府门户网站连续八年排名全国前十，长沙市、衡阳市、常德市和郴州市政府门户网站连续获评全国优秀政府网站，长沙市政府门户网站排名全国省会城市第二名，全省共有十家市（州）政府门户网站跻身全国百强，天心区、长沙县、岳麓区等县（市、区）政府网站稳居全国县（市、区）政府网站百强。

三是政府网站新媒体应用成效显著。省政府门户网站形成了覆盖中、英、法、日、韩等语种，包括手机版、电视版、微博、微信公众号和 APP 在内的全媒体格局，14 个市（州）政府门户网站大多开通 Wap 门户，新媒体应用已成为政府网站创新发展的风向标。

（四）公共服务能力和水平有效提升

全省各级各部门围绕服务型政府建设开展工作，取得了很好的成效。一是网上办事服务成绩显著。2015 年，湖南省网上政务服务和电子监察系统可靠性增强且服务能力稳步提升。网上政务服务大厅注册用户总数超过 391 万人，其中企业用户 58.6 万人，个人用户 334.6 万人，全年办件数超过 1570

万件，比 2014 年同期增长 10.56%，是 2012 年的 12 倍多，系统的社会效益不断扩大。

二是商事服务管理信息平台基本建成。省、市两级商事服务平台建设全面启动，“三证合一”顺利推进。长沙市建成商事服务管理信息平台，实现了 29 个部门的信息共享，系统具备“三证合一并联审批”“一照一码”功能，实现“统一发照、统一赋码”，通过共享工商、质监和税务部门的审批数据，实现“一窗受理、一窗办结”，有效支持了全市商事改革，降低创业门槛，有效激发了创业活力，由于审批效率高，受理办结办件近 4 万件。郴州市开展商事登记信息管理平台（二期）建设，全面实现了市、县两级相关职能部门间商事主体登记备案、行政许可审批公示、商事主体信息分发、后续市场联合监管的业务联动和数据共享。全市商事登记信息管理平台共处理、流转商事登记信息 43189 条，11 个县（市、区）子平台均产生有效数据，极大地提升了市场准入效能，有力地加强了后续监管。

三是民生重点领域建设取得突破。教育、卫生、商务等部门努力开展信息化建设，在服务民生、企业方面取得新突破。省教育厅将教育电子公文系统延伸至县（市、区）教育局，自主开发并启用移动应用，通过实名认证，使基层单位电子公文收发员通过手机微信即可接收来文提醒、查阅查收通知文件，并确保信息安全，扩大了电子公文覆盖范围，提高了办文效率并增强了用户体验。省卫生厅不断完善人口健康区域信息平台，省级平台顺利与 13 家部省直医院系统实现对接，个人健康档案调阅功能已在湘雅医院、省脑科医院的医生工作站实现；网上预约挂号平台接入 9 家部省直医院、5 家地市级医院，预约挂号监管平台已接入 6 家医院，极大地方便了群众就医取号。省商务厅开展湖南中小商贸流通企业公共服务平台建设，搭建了湖南省、市、县三级服务网络和两级业务管理系统，实现了集信息发布、形象展示、服务对接、信息咨询、数据统计、运行监控和绩效评价等于一体的多重功能，能及时有效地为中小商贸企业排忧解难。

四是农村产权网上交易取得新突破。株洲市建成农村集体土地流转交易平台，平台依托全市统一的地理空间框架系统，建设基于 GIS 应用的农村土地交易信息发布、监管和标准化交易系统，构建全市农村产权交易市场“统一信息发布、统一平台、统一标准、统一服务、统一监管、分业务属地管理”的“五统一分”管理体系，实现全市农村产权交易“一站式”服务，进一步保障全市农村产权网上交易的公开、公平、公正，为全国农村产权网上交易开拓新模式。

（五）社会管理手段不断创新

2015 年，全省各级各部门用信息化手段推动社会管理模式创新。一是社会治理网格化信息平台建设进展顺利。市、县两级社会治理网格化信息平台建设全面铺开。常德市社会治理网格化综合信息平台包含 365 个社会管理系统和 1314 个社区服务系统，构建起市、县、乡、村、网格五级联动网格服务管理体系，提供 14 种日常服务，为以人为本、信息化支撑、网格化治理、社会化服务（“一本三化”）的社会治理新模式提供信息化支撑。道县网格化信息平台按照“信息化入网格、大数据进社区”的要求，建设覆盖县、乡、社区（村）三级的网格化服务管理信息系统，该管理系统设置社区服务、社区综治等几大板块，整合综治、民政、人社、计生等职能部门的数据库，建立综合性、集成式、共享性的网格化服务管理信息系统。

二是“两法衔接”信息共享平台基本建成。省“两法衔接”信息共享平台建设以省中心平台和数据服务中心为应用，省、市、县各级行政执法单位和刑事司法单位通过政务外网直接访问进行业务处理和数据共享，实现行政执法和刑事司法衔接工作的流程处理和行政执法案件与移送案件等数据的流转处理，为全省“两法衔接”信息共享协同工作提供有力的支撑。

三是市场监管信息化建设快速推进。省政府办公厅出台《关于运用大数据加强对市场主体服务和监管的实施意见》（湘政办发〔2015〕104 号），对运用大数据加强对市场主体的服务监管、创新社会管理方式、提高政府治理能力提出具体要求；省发改委基本建成信用信息共享平台和“信用湖南”网站，实现了与国家信用信息共享交换平台的对接；省安全生产行政执法系统已完成网络版建设，实现各级安全行政执法部门对生产经营单位在生产过程中的各种违法信息进行动态跟踪管理，以行政执法流程管理为核心，支持执法人员现场执法时的数据采集和行政执法远程审核与审批。

（六）数据资源开发进展顺利

一是基础数据库建设继续深化。省国土厅优化升级了国土资源“一张图”

管理系统，完成了省、市、县三级数据的收集和整理，实现了地图瓦片数据的共享和地形三维展示功能；省法人单位基础信息库已实现与人口库、空间地理库以及金融、税务、统计、社保、公积金等业务系统的对接，可以形成完整的社会经济活动公共记录，满足了湖南省不同行业、不同部门、不同地区对单位和机构基本信息的共性需求。

二是主题数据库建设取得成效。省直部门根据业务需求开展业务数据库建设，全省统一的不动产登记信息系统完成建设，开始省不动产登记数据报送，不动产登记数据库在土地、房屋等现行数据库基础上，按照先建标准化原始库、整合中间库、最终建成成果数据库的思路进行建设；工商系统开始电子证照库建设，率先在电子营业执照上进行应用。

三是市（州）政务数据资源建设有新的进展。长沙、常德、衡阳、永州等市在推进智慧城市建设中，重视政务数据资源开发。法人数据库、空间地理信息数据库在本地落地，通过网格化管理，完善人口数据库，建立房产房屋数据等基础数据库和其他城市部件数据库。

（七）资源整合力度加大

一是统一云平台建设加快资源整合进程。省本级统一云平台建设已经启动，电子政务建设统筹管理逐渐规范，按照新建系统纳入统一云平台、急用系统充分利用现有外网云平台的原则，部分省直单位相关信息化项目纳入统一云平台建设，共享基础设施，共节约资金 8000 多万元；长沙市、衡阳市、常德市、湘西州等市（州）通过出台文件大大强化全市（州）电子政务建设统筹，节约了大量政府资源；株洲市通过“数字株洲” IDC 数据中心的资源整合功能，有序推动各部门信息化项目集约化建设、资源共享，共有 19 个应用系统进入此数据中心实施集约化建设和管理，避免了重复建设，为市财政年均减少运维费用 1000 多万元。

二是网站集约化建设力度加大。各级各部门加强政府网站资源整合，全省政府网站群建设合力不断凝聚。省政府门户网站采用网站群的建设与管理模式，通过统一后台、统一部署、统一管理，完成 20 家省直部门网站的整合工作；市、县政府按照政府网站普查的要求，大力开展网站集约化建设，建设“资源集约、信息集聚、栏目集合、业务集成、管理集中”的网站群体系，全省共有540家网站整合至上级政府门户网站统一技术平台，部分县（市、区）整合度达到80%以上。

三是网络资源整合顺利推进。省直部门互联网出口整合工作进展顺利，已完成省政府办公厅、发改委、经信委等20家单位的互联网统一出口整合；郴州市推动网络平台向集约化、广域化发展，全面完成审计信息专网、统计信息专网、交通运输信息专网、卫生信息专网的并网运行工作。

2015年，全省电子政务建设成效显著，但是市州发展不平衡、建设缺乏统筹规划、信息资源有效共享程度不够等问题依然存在，应用成效和资源整合水平也有待进一步提升。

二　发展趋势

党的十八大以来，信息化建设受到空前关注。改革的不断深入，特别是“互联网+”、大数据等新技术的逐步应用，将进一步推动电子政务的创新发展。

（一）提升绩效和改善民生需求旺盛

李克强总理在2016年政府工作报告中提出要“建设人民满意的法治政府、创新政府、廉洁政府和服务型政府”，这为加强政府自身建设指明了方向，也为电子政务建设指明了道路，“四型政府”的核心目标是让人民满意，关键举措是推动依法治国、创新求变、廉政问责和公共服务，电子政务建设的根本目标就是更好地提升政府绩效和改善民众生活。

（二）“互联网+政务服务”将成为热点

李克强总理在2016年政府工作报告中就提出要大力推进“互联网+政务服务”，实现部门间数据共享，让居民和企业少跑腿、好办事、不添堵。通过“互联网+”全面开展应用，不仅降低了政府行政成本，而且提升了社会民众的满意度，配合大数据技术，不同部门之间的数据共享得到更大程度的发展，使得企业和个人避免重复填表和提供证明等繁文缛节，有利于政府部门联动创新和优化服务。

（三）资源整合共享和业务协同仍是重中之重

随着云计算、大数据等新技术的应用和电子政务统一云计算平台等基础设施的建设，整合电子政务的基础平台资源、政务信息资源和重点业务系统，实现共享共用，解决基础资源分散管理、重复投资建设问题，突破数据采集多头无序、数据共享效率较低等瓶颈，其建设任务将更加明确。加强电子政务应用系统的统筹规划，纵向明确各级行政机构应负责的公共服务，横向整合梳理各行业、各部门的公共服务项目、信息、流程及服务提供能力，按照政务信息系统互联互通、信息共享和业务协同的思路推动建设，是适应“互联网＋政务服务”模式、支撑“互联网＋公共服务”体系的重要抓手。

三　发展展望

2016 年是“十三五”规划开局之年，也是电子政务面临重大发展机遇的一年。按照省长两个电子政务专题会议的精神，以建设“一流电子政务平台”为目标，重点加强省本级统一云平台建设，着力加强信息资源整合，增强电子政务服务能力，推动全省电子政务工作迈上新台阶。

（一）切实加强统筹规划管理

牢牢把握“大平台、大数据、大融合”的技术发展趋势，强化全省电子政务“一盘棋”的理念，加强电子政务统筹规划，做好顶层设计，规范行为，明确责任，实现电子政务建设管理从行为到程序、从内容到形式、从决策到执行的法定化、科学化和可行性。

（二）不断完善网络基础设施

一是不断加快政务内网建设步伐，完成电子政务内网（涉密网）平台建设，强化内网安全保密能力，形成统一规范的电子政务内网网络体系。二是全面提升政务外网承载能力，完成政务外网的升级改造，全面提升网络承载能力、安全保障能力和运维管理能力，加强政务外网的规范化、精细化、智能化管理，确保政务外网的绝对畅通，确保政务外网的绝对安全。全力拓展全省电子政务外网覆盖面，在落实“应用系统需要覆盖到哪里，外网平台就延伸到哪里”的基础上，确保政务外网实现省、市、县、乡“纵向到底、横向到边”的全覆盖。

（三）全面整合电子政务资源

一要加快省本级电子政务外网统一云平台和市（州）云计算中心建设，逐步开展试运行，并有序推进各级各部门应用系统和信息资源向云平台迁移和部署。二要全力推进资源整合。深入推进政府网站和互联网出口的整合，积极推进部门专网、机房、数据中心和应用系统等向云平台迁移整合。三要统筹谋划云平台应用。全力抓好政务服务云平台、政务应用云平台和扶贫系统等大数据示范工程的建设。

（四）全力打造信息支撑平台

一是坚持服务引领，不断提升政府网站服务能力和社会影响力。以“互联网＋政务服务”为手段，在整合部门网站基础上，深度整合部门政务服务资源，优化服务流程，形成服务合力，加快构建多级联动、规范透明、资源共享、业务协同的网上政务服务体系，真正将政府门户网站群打造成一个全方位、全天候的网上政务服务平台。二是进一步提升网上政务服务能力。继续完善网上政务服务和电子监察系统的各项功能，从服务方式完备性、服务事项覆盖性、办事指南准确性、在线服务交互性四个方面着力，建设集网上审批、办事服务、信用监管、公共资源交易等于一体的政务超市，实现政务服务“一站式”网上办理与“全流程”网上效能监督，提升“互联网＋”环境下政府的治理能力和服务水平。三是强化全省12345政府服务平台等重点应用系统建设，满足服务民生、社会发展需要。四是以简化办事程序、提高工作效率为目的，开展城镇个人住房信息系统等全省统一信息系统建设，增强集约性，减少财政投入。

（五）有效推动智慧城市建设

以“数字湖南”和“绿色湖南”为纲领，进一步推动智慧城市建设，强化数字环保、数字教育、数字医疗卫生等民众关注领域的项目建设，努力扩大智慧城市覆盖面，拓展功能及应用范畴，逐步向社区和农村延伸。

（六）积极推进资源开发服务

深入推进数据规范管理和共享交换。加快全省统一的数据交换平台以及宏观经济数据库与证照、政务信息等主题数据库的建设；建立全省政务信息资源目录体系和开发标准规范体系，选择工商、税务、商务、公安、社会保障等与人民生活和经济社会发展密切相关的政府部门，逐步开展跨部门政务信息资源共享交换，整合相关数据，进一步推动湖南省政务信息资源的开发利用。

（七）始终强化安全体系建设

随着信息技术的发展和资源整合的深入，网络与信息安全面临前所未有的新挑战。要严格按照等级保护要求及安全标准完善相关基础设施，强化网络平台、重要信息系统、重要数据的安全防护能力，加强安全监测系统建设，提高安全管控和运维管理水平，落实应急处置机制，做好全方位安全保障。探索建立安全的服务外包方式，选择专业公司开展外包服务，确保电子政务运维安全。

部 门 篇

Department Reports

B.2

2015年湖南省教育厅电子政务发展报告

湖南省教育厅

2015 年李克强总理在政府工作报告中正式提出“互联网 +”战略。一年来，湖南省教育厅积极进取，在政府网站发展、教育阳光服务、电子政务应用等方面取得了显著成效，并在项目建设、运行保障、体制机制等方面大胆探索，积累了一定经验。当前，湖南教育事业进入新的发展阶段，省教育厅将继续大力推进教育电子政务发展，整合提升各级教育行政部门和学校的公共服务及管理的信息化能力，形成湖南教育电子政务发展新格局。

一 2015年教育电子政务建设成果

（一）教育政府网站建设不断突破

2015 年，湖南教育政务网全面落实国务院办公厅《2015 年政府信息公开工作要点》和《湖南省人民政府办公厅关于贯彻〈国务院办公厅 2015 年政府信息公开工作要点〉的实施意见》，扎实有序地推进政府网站工作，顺利通过全国政府网站普查，在省政府组织的政府网站考核中连续五年被评为优秀。

1. 政务信息公开进一步加强

一是不断加大重点领域信息公开力度，全面实施高校招生“阳光工程”，推动高校制定网上财务公开制度，提升高校财务透明度。二是常规信息公开更加深入。2015 年，湖南教育政务网按照省政府政务公开目录要求，加大网上政务公开力度，创新信息发布方式，丰富信息资源内容，全年共发布各类政务信息 28090 条，其中厅委机关处室、直属单位共发布各类文件 793 个、政务动态信息 2473 条，高等院校共发布信息 21874 条，市（州）教育局共发布信息 2950 条。网站制作发布“权力、责任清单”“湖南省教育系统‘三严三实’专题教育”“‘我的爱在三区’支教工作图文展”“身边的好学校好老师”“高校思政课随手拍”等近 20 个网上专题，并配合机关处室制作“湖南省学前教育三年行动计划巡展”“湖南省教育专项资金公开”“教育提案建议办理”等专栏 10 余个，正面影响力不断扩大。

2. 政民互动与时俱进

2015 年，湖南教育政务网厅长信箱、咨询答疑等互动栏目共收到咨询问题 9148 条，机关处室共回复 6174 条、转办 2352 条，去除无效问题后总处理率为 100%，全年还开展网上调查 4 次、意见征求 1 次，均取得良好效果。2015 年，邀请高校、市州教育局、厅机关处室、直属单位主要负责人开展在线访谈 38 场。同步通过微博、微信、论坛、QQ 群等多种方式开展宣传、加强互动，均取得良好效果。教育政民互动社区“朱张渡口”论坛总注册人数过 6 万人，帖子总数 58 万个。

2015 年 7 月，湖南教育政务网连续第四年邀请网友参加政民互动见面会，以“互联网 + 湖南教育”为主题，通过现场调研与讨论，思考湖南教育事业如何积极适应时代的新变化，通过“互联网 +”促进教育改革发展。湖南省教育厅党组书记、厅长、省委教育工委书记王柯敏，省教育厅党组成员、省委教育工委委员陈飞跃与来自全省各地、多条战线的 13 名网友面对面座谈，并提出殷切希望。

3. 教育移动互联网领先发展

2015 年，湖南教育网、湖南教育政务网的微信粉丝总数均突破 5 万人，微博粉丝总数均突破 12 万人。在全国率先成立“湖南教育微信联盟”，活动被中央网信办网站首页报道，获腾讯总部支持；入驻“今日头条”“搜狐新闻”“凤凰新闻”“腾讯新闻”客户端，获评今日头条 2015 年度全国“最具传播力政务头条号”；自主开发建设的教育微信集群平台、湘文驿站、高考录取分数线查询平台等微信应用均获得广泛好评。

（二）教育阳光服务网络全省联动

湖南省教育阳光服务网络平台于 2015 年 1 月正式上线运行，在全国率先建成一次性覆盖省、市、县、校四级的教育服务大网络。经过一年建设，全省 14 个市（州）教育局已全部接入省平台，130 个县（市、区）（含部分市州下属开发区）教育局完成接入 112 个，106 所高校完成接入 80 所，其余单位也在积极对接建设中。全年全省教育阳光服务网络平台共收到群众咨询办理事项 5984 件，其中投诉举报 1383 件、政策咨询 1905 件、求助帮扶 247 件、建议意见 430 件，已归档完成 3031 件、自办完成 1353 件。

（三）互联网舆情监测再上台阶

教育作为社会广泛关注的民生领域，一直是互联网舆情高发领域。湖南省教育厅建设的教育互联网舆情监测系统，2015 年共采集涉湘涉教信息 856423 条，其中涉及“教育局”20171 条、涉及“高校”193393 条、涉及“高考”96290 条、涉及“重点信息”90501 条，全年上报教育舆情简报近 300 期。在“湖南大学研究生转学”等重大舆情事件中响应及时、处置有力，得到刘延东副总理的批示表扬。

（四）教育数字档案应用取得实效

数字档案系统作为原有纸质档案管理的升级与补充，进一步加强了湖南省教育厅档案工作的组织领导，理顺了档案管理体制，明确了职责分工，极大地方便了机关档案的归类整理及查询使用。2015 年，省教育厅数字档案系统完成二期建设，收录 2001 ~2013 年永久保存的电子档案 32774 件（60 余万页）；2015 年扫描录入现行文件 1430 份，平均每天 11 份（约 100 页）；9 个试点单位同步用户共 660 人，共录入数字档案目录 9882 条。

（五）教育电子公文拓展移动应用

2015年，湖南省教育厅基于全省教育电子公文系统，自主开发并启用移动应用程序，通过实名认证，使基层单位电子公文收发员通过手机微信即可接收来文提醒、查阅查收通知文件，并确保信息安全，极大地提高了办文效率并强化了用户体验。同时，2015年下半年将教育电子公文系统延伸至县（市、区）教育局，扩大了电子公文覆盖范围，促进了全省教育管理的扁平化。

二 2016年发展展望

2016年湖南省教育厅电子政务工作的两个关键词为“整合”“移动”，具体如下。

（一）升级政务网平台，开展网站整合工作

重点做好湖南教育政务网新平台的改版、迁移、上线工作。同步实现三个层面的整合：一是政务网平台与全省教育阳光服务网络平台、在线访谈平台等相关业务系统的深度融合，实现“一个后台、单点登录”。二是政务网与市（州）、高校自身网站的信息发布整合。全面梳理制定市（州）教育局、高校网上信息公开目录，开发政务信息公开模块，提供相应技术解决方案，实现各单位门户网站与湖南教育政务网的政务公开信息“一次发布、同时展示”。三是做好教育政务网整体向湖南省人民政府网站云平台整合的准备工作，做好省政府网站内容保障及全省电子监察系统信息服务工作，力争保持优秀。

（二）加强移动端建设与应用

一是大力开展湖南省教育厅官方微信、微博建设，完善建设方案及保障机制，争取建成有影响、有权威的省级教育移动互联网新平台；依托湖南教育微信联盟，加强全省教育移动新媒体合作发展。二是完成教育阳光服务网络平台二期工程建设，建立全省一体化运行体系，推出手机移动应用。三是推进基于移动互联网的教育办公自动化系统应用，实现教育电子公文传输系统延伸到县。四是开发推进教育数字档案移动端应用。

B.3
2015年湖南省科技厅电子政务发展报告及2016年工作展望

湖南省科技厅

一　2015年电子政务开展情况

2015 年，湖南省科技厅根据《湖南省人民政府办公厅关于贯彻〈国务院办公厅 2015 年政府信息公开工作要点〉的实施意见》（湘政办函〔2015〕59 号）要求，认真贯彻落实《中华人民共和国政府信息公开条例》，全面推进政务信息公开工作，建立高效的行政服务体系，扎实有序地推进电子政务工作。

1. 全面推进电子政务公开，确保公众知情知晓

一是规范公开权力清单和责任清单。明确湖南省科技厅省本级行政权力 8 项，实行市、县（市、区）属地管理行政权力两项，审核转报类行政权力 19 项，编制行政权力运行流程，规范事项类型、审批对象、审批依据、承诺期限、审批条件、申报材料、事项受理审核和决定、收费标准、监督检查、责任追究、咨询和投诉电话等具体流程，并及时通过省政府门户网站和厅网站等予以公开公告。同时，按部门职责、相关部门的职责边界、事中事后监督制度、公共服务事项等分类公布责任清单。

二是全面公开财政预决算和项目资金信息。根据国家和省有关规定要求，在厅门户网站上公开了《湖南省科学技术厅 2015 年部门预算说明》和《湖南省科学技术厅 2014 年部门决算情况》。同时，严格按照湘政办函〔2015〕59 号文件中“重点领域信息公开任务分解表”的要求，在厅门户网站“资金信息”栏目按批次、领域、项目公开 2015 年度省级科技计划的补助资金，扩大了公开范围，细化了公开内容。

三是及时办理网上来访事项。2015 年全年，科技厅门户网站平台栏目

“公众问答”和“厅长信箱”共收到来信 123 件，对公众的咨询、反映和诉求信息，科技厅通过当面解答、信件回复、电话沟通等方式进行及时妥善答复，并就共性问题在网上及时发布。

2. 利用网络信息平台，做好政策解读宣传

为了深入贯彻落实《国务院办公厅转发科技部关于加快建立国家科技报告制度的指导意见》（国办发〔2014〕43 号）精神，加快建立健全湖南省科技报告制度，制定出台了《关于加快建立湖南省科技报告制度的实施意见》(以下简称《实施意见》)，并在省政府门户网站和科技厅网站上对《实施意见》的必要性、建立科技报告制度的重要意义以及《实施意见》的主要内容和适用范围进行了具体解读，重点对湖南省科技报告制度建设的总体要求、规范要求、保障措施以及实施主体的责任分工进行了明确规定。

3. 健全政府信息公开制度，加强保密审查工作

建立健全了省科技厅政府信息公开工作制度，从信息公开属性源头认定、信息公开目录更新完善、信息公开保密审查、信息公开政策解读、舆情收集和回应、依法申请公开工作 6 个方面进行明确规定。明确厅办公室为信息公开工作统筹部门，具体承办全厅的政府信息公开事宜、维护和更新公开的政府信息、组织编制公开指南、公开目录和政府信息公开工作年度报告。按照“先审查、后公开”和“一事一审”原则，各处室（单位）对拟发布的政府信息，依照承办人员初审、承办处室（单位）负责人审核、分管厅领导审发的政府信息公开“三审”流程，依法依规做好保密审查工作。严格执行登记备案制度，未经审查和批准不得对外发布政府信息。

4. 做好政府信息宣传，保持全省先进地位

2015 年全年，厅门户网站新增公开信息 4666 件，并同步上传至省政府门户网站。其中，规范性文件 3 件，科技计划 1 件，科技统计 2 件，人事、招考等信息 28 件，资金信息 14 件，重大专项、科技条件、国际合作、高新技术、农村科技、社会发展科技、科技人才、自然科学基金、科技奖励等工作动态信息 2895 件（湖南科技快讯 512 件、市州动态 1000 多件、科技部资讯 706 件、媒体关注 86 件、省厅通知公告 103 件、科技部通知 106 条、视频在线 508 部)，结果公示 1723 件（行政审批 16 件、科技计划立项信息 1480 件、科技奖励项目 227 件)。同时，对省科技奖励大会、省创新创业大赛、科技活动周、

部省工作会商、长株潭国家自主创新示范区部际协调会等重大会议和活动，通过网站等媒体进行广泛宣传。2015 年，湖南省科技厅再次被省委办公厅评为全省党委系统信息工作先进单位，被省政府办公厅评为全省政务信息工作先进单位，被科技部评为全国政务信息工作目标管理优秀单位。

5. 统一网站办事“窗口”，提高服务效率

在厅门户网站设立“在线服务”专栏，统一将行政审批、办事事项、办事指南和办事流程列在其中。同时，为方便公众申报项目与办事，将省政府网上政务服务系统与厅自建的科技计划申报、科技奖励推荐等应用系统按“行政许可审批”“网上申报及推荐”等板块进行归类，根据科技部门事项分时间段办理的特点，及时开放相应系统，引导公众“一个窗口”进入系统。各类科技计划项目、行政许可事项通过“网上申报”后，由线下办事大厅集中受理。

2015 年，公众通过网站“在线办事”窗口，共申报自然科学基金项目 2705 项、科技计划项目 5115 项、省科技奖励项目 442 项。通过湖南省网上政务服务和电子监察系统办理事项 328 项，全部覆盖了省科技厅在湖南省网上政务服务和电子监察系统中的年度可办事项。

6. 加强科技报告服务系统建设，落实指导意见要求

根据《国务院办公厅转发科技部关于加快建立国家科技报告制度的指导意见》（国办发〔2014〕43 号）要求，通过超前培养人才、建立科技报告制度规范、加强科技报告服务系统建设和启动科技报告提交工作等措施，加快推进科技报告制度建设。通过与中国科学技术信息研究所进行衔接，采取单一来源方式采购国家科技报告服务系统软件，政府通过招投标的形式采购科技报告服务系统安装所需软硬件，加强系统软件的移植与本地化修改，现已基本完成省级科技报告服务系统建设。下一步将实现省级科技报告服务系统正式上线运行，并与湖南省科技计划管理信息系统进行对接。

7. 巩固电子政务信息安全，实施人机管理双举措

一方面，加强了对 Web 应用防火墙、日志收集与分析系统、网络审计系统 3 套网络安全系统的管理维护，同时积极配合省党政专用通信局网络建设，并投入 200 多万元对科技厅网络拓扑进行安全加固，对网络机房进行升级改造，进一步加强了信息网络安全和保密工作。另一方面，加强了对涉密人员、涉密载体、涉密会议的管理，完善保密制度，落实保密责任，做到以预防为

主，有效杜绝了泄密事件的发生。

8. 加强科技计划项目管理，深化服务机制改革

一是加快建设湖南省科技服务平台。根据《国务院关于改进加强中央财政科研项目和资金管理的若干意见》（国发〔2014〕11 号）和《关于深化中央财政科技计划（专项、基金等）管理改革的方案》（国发〔2014〕64 号）的要求，全面实现与地方科研项目数据资源的互联互通，科技计划（专项、基金等）项目全部纳入统一的科技管理信息系统和科技报告服务系统，以加强项目实施全过程的信息公开和痕迹化管理为目标，大力建设科技计划项目管理系统。

二是全面实行科技计划项目管理“五统一”，强化科技计划项目全过程痕迹化管理，全面推进科技计划项目信息公开、公示，充分体现了公平、公开、公正。研究并制定了《2015 年度湖南省科技计划评审立项工作实施意见》，科技计划项目实行统一公开发布项目申报指南、统一集中受理、统一组织评审、统一集体决策、统一监督审查，彻底改变处室分散的管理模式。项目申报指南、立项评审专家名单、拟立项项目公示名单、项目立项文件等全过程管理信息均在省科技厅门户网站向社会公开。

三是强化部门预决算公开工作。贯彻落实政府信息公开条例，年度部门预决算、“三公”经费在省科技厅门户网站向社会公开，保障了社会公众对财政资金支出的知情权和监督权，强化了财政资金支出绩效管理，进一步提升了财政资金管理水平。

二 2016年电子政务工作展望

2016 年，将继续按照“五个坚持”和搞好“三个服务”要求，紧扣部门中心工作，牢牢把握住“十三五”阶段性特征，依托电子政务手段，围绕提高服务效率，着力创新服务手段、完善服务流程、搞好综合协调、抓好督促落实，在保障政令畅通、推动决策落实上取得实效，推动机关运转效能的提高，打造服务型、创新型政府机构。

1. 建立办公自动化系统，提高办公效率

随着国家和省大力推进电子政务建设，提升信息化条件下的政府治理能

力，办公自动化系统（OA系统）已成为各级政府平稳运转和高效履职不可或缺的手段。借鉴省两型办等省直单位的做法，建立厅OA系统，实行非涉密公文处理（具体包括来文处理、发文处理、呈批件）的电子化，推动科学化、精细化、痕迹化管理，提高办公效率。

2. 完善电子政务服务规范，提升服务水平

依托电子政务服务平台，完善相应公文办理、政务信息公开、机要保密管理、建议提案办理、会议管理、财务管理、公务接待等规程。建立健全电子政务服务和内部管理制度，规范电子政务服务流程，强化电子政务分工职责，明确电子政务办公任务和时间节点，用制度做好人、财、物管理，提高网络办文办事的服务效率和水平。

3. 改版厅门户网站，进一步发挥政务公开效应

结合省政府办公厅部署的省直部门政府网站整合工作，对厅门户网站进行改版。在新网站首页增设项目申报、项目验收栏目，分类集中公布项目申报、项目公示、项目资金、项目验收等信息。进一步规范电子政务公开的内容和形式，保证公开的实效性、针对性和时效性，让群众充分享有知情权、参与权、监督权。

4. 抓好网络信息宣传，树立创新服务形象

一是做好电子政务信息公开和报送工作。抓好厅门户网站建设，推动网站内容的及时更新，打造及时、准确、有效的科技信息发布、科技政策解读、互动交流和公共服务平台；巩固好“三个阵地”，扩大信息报送的覆盖面、增强时效性并提高质量；启动微信公众平台“湘科技”建设。二是进一步深化网络宣传工作。主动向省委宣传部（省政府新闻办）汇报衔接，完善网络宣传协同工作体系、与媒体的沟通机制，明确宣传重点，引导媒体对全省科技工作进行全面、准确、客观、及时的宣传报道。

5. 推进湖南科技服务平台建设，力争服务跃上新台阶

继续建好湖南科技服务平台，全面启动建设湖南省科技业务管理服务信息系统。实现省科技计划（专项、基金等）项目、科技奖励、平台认定等全业务覆盖、全流程闭合、全痕迹管理和大数据应用，进一步优化科技业务管理流程，更好地发挥统计分析和决策咨询服务作用及公众服务功能，为高校院所、企业和广大科研人员提供更优质的服务。

B.4
2015年湖南省经济和信息化委员会电子政务发展报告及2016年工作展望

湖南省经济和信息化委员会

2015年以来，湖南省经济和信息化委员会扎实推进机关电子政务建设工作，完成了经信委机关电子政务系统一期工程、湖南省工业地理系统等项目建设，推动了全省重点行业网络与信息安全公共服务平台的建设，进一步夯实了网络与信息安全保障基础，经信委机关的信息化发展取得明显成效，全省经信系统的电子政务水平也有了明显提升。

一　机关信息化建设逐步完善

（一）加强门户网站建设，提升网站服务质量

2015年，省经信委继续坚持把网站建设作为机关信息化建设的重点工作之一，把信息发布和内容保障工作列为重中之重。一是适时增设专栏，推进专项工作，根据机关党建、业务工作需求，湖南省经济和信息化委员会适时增设了“践行三严三实　推进作风建设”“减轻企业负担”“党务公开”“建议提案办理”“行政处罚决定书公开”“湖湘工业文化遗产摄影、征文活动”等专题专栏。二是及时做好信息发布工作，2015年，经信委门户网站共发布信息3485篇，其中动态信息1189篇、图片新闻105篇。三是全力做好信息上报和内容保障工作，按照省政府办公厅有关做好省政府门户网站内容保障工作的要求，2015年，向省政府信息公开发布平台发布信息、通知公告等581篇，被“政务动态”“厅局动态”栏目采纳发布102篇。向工业和信息化部门户网站报送信息并被采用发布60篇。四是认真做好信息编审工作，按照“谁发布、

谁负责”的原则，认真做好信息的编辑和审核工作，坚持“涉密信息不上网，上网信息不涉密”，2015 年，网站发布信息无泄密涉密现象。五是认真做好网站整合工作，按照省政府办公厅的统一部署，省经信委门户网站为第一批整合的网站，湖南省经济和信息化委员会积极配合，按时按要求顺利完成了网站整合工作。

（二）完善保障措施，确保信息安全

随着信息技术的飞速发展和机关业务应用系统的不断增加，机关网络维护的难度越来越大，计算机保密的要求越来越高。湖南省经济和信息化委员会坚持认真做好机关网络维护与计算机保密工作。一是坚持做好机关网络日常运行维护工作，及时解决各种网络故障，确保为机关提供稳定的网络运行环境。二是完成了机房改造工作。湖南省经济和信息化委员会与项目实施方认真研究方案，在确保安全的前提下，机房的改造顺利实施。三是努力做好计算机保密工作。完成了省保密局对湖南省经济和信息化委员会的计算机保密检查，同时，对机关各处室的计算机保密情况开展全面自查，确保与互联网联接的计算机无涉密信息。通过检查、自查，机关处室对计算机的保密意识进一步增强。

二　重点项目建设取得新进展

（一）机关电子政务系统一期工程项目上线运行

为加快全省经信系统信息化建设的步伐，提高内部办公效率，提升社会管理和公共服务水平，根据 2013 年 8 月 16 日委务会的决议，省经信委启动全省经信系统电子政务建设。试图通过统一平台整合全省经信系统的已有业务系统，并满足未来可能的信息系统建设需求。计划分两期建设本项目，第一期用半年左右的时间建成经信系统协同办公软硬件平台，实现相关业务系统的集成，主要包括数据标准定义工作、网络设施改造、应用支撑平台建设、政府协同办公应用建设、应用系统整合、安全保障体系建设、机房改造等，除在经信委机关各内设处室开展应用外，选择 3 个市（州）以及该市（州）下辖的 3 区 6 县 3 园区开展应用推广试点工作；第二期计划进一步完善系统软硬件平

台，并用一年左右的时间将各应用推广至市、县经信部门。2015 年 1 月 19 日，省直机关政府采购中心正式发布了招标公告。2 月 6 日，通过公开招投标，湖南嘉杰信息技术有限公司中标项目为硬件部分，湖南科创信息技术股份有限公司中标项目为软件与系统集成部分、机房改造部分。3 月 6 日，湖南省经济和信息化委员会与两家中标企业分别签订了合同。3 月 20 日，项目监理方、项目业主、项目承建单位召开了项目监理交底会，项目建设工作正式展开。8 月开始，软件部分开始试运行。11 月开始，全委双轨制试运行，并在株洲、常德、永州等地试点。12 月初，湖南省经济和信息化委员会组织了项目初步验收，12 月 30 日，省发改委组织专家进行了项目竣工验收。

目前，本信息系统主要包括两个平台，一是全省经信系统工作人员的办公平台（含 PC 端和移动端），二是全省企业信息交换平台。前一平台的主要功能包括了办公自动化系统的常见功能，如通知公告、会议管理、工作交办、公文管理、资料库、通讯录、日程安排、统一通信等功能模块。后一平台主要实现各级经信委机关服务信息推送、企业经营信息报送、企业项目和资金申报等功能。

（二）湖南省工业地理系统正式上线运行

湖南省工业地理系统是一个面向公众开放，全面、直观展现全省工业、园区、企业空间布局和发展成效的综合展示系统；是一个基于工业经济基础数据和地理基础信息，将湖南工业发展与空间地理架构有机结合为一体的综合查询系统；是一个覆盖范围广、基础信息量大、工业系统自身的基础数据监测分析系统。该系统按照“创新、共享、高效、便捷、开放”的建设思路和原则，运用大数据思维方式，以工业地理学为理论依据，以全省地理基础信息和各级经信部门、重点产业园区及广大工业企业提供的数据资料为核心内容，以互联网技术、测绘技术、地理信息技术等为支撑手段，经过近 10 个月的开发建设，成功上线运行。目前，该系统已收集全省 137 个省级及以上产业园区、7600 多家规模以上工业企业的基本情况和信息，为全省各级经信部门更好地开展精准监测、精准服务提供了新的支撑工具（到 2015 年 11 月底，全省规模以上工业企业数量为 13822 家）。社会公众可以通过省经信委官方网站，链接进入湖南省工业地理系统。

（三）大力推进重点行业网络与信息安全公共服务平台项目

为提高湖南省重点行业重要信息系统与基础信息网络安全服务水平，为重要经济领域信息安全监督管理和应急指挥工作提供基础平台支撑，湖南省经济和信息化委员会筹建了湖南省重点行业网络与信息安全公共服务平台项目，2014 年已完成项目调研、立项、专家评审等工作。2015 年 4 月，完成了软件开发与安全监测系统部分招投标；7 月，完成了数据与采集中心部分招投标；12 月完成了 11 楼报告大厅、5 楼设备机房以及 10 楼会议室的硬件设施改造工程。该项目建成将有利于加强湖南省信息安全保障工作的统筹规划和顶层设计，为省委、省政府进行信息化科学决策提供可靠依据，全面提升湖南省重要信息系统的信息安全管理水平。

（四）继续开展“湘飘天下”系列活动

“湘飘天下”平台自启动建设以来，经过各市（州）经信委、电商服务及平台企业和工业企业的共同努力，广泛宣传、发动，湖南省广大工业企业积极行动、踊跃参与，目前已有近 700 家知名企业和 7000 多个知名产品入驻，平台粗具规模。2015 年，湖南省经济和信息化委员会继续开展“湘飘天下”系列活动。一是继续完善“湘飘天下”网站功能模块。针对企业需求，对网站进行了进一步优化，增加了知名产品分类和特色馆栏目，使产品分类更一目了然，同时，对后台也进行了改版，让企业登录填报信息和发布产品更方便快捷。二是举办了“湘飘天下”企业联络员培训班。在长沙举办了两期“湘飘天下”企业联络员培训班。总计有近 300 家上线企业的联络员参加培训，培训内容丰富，效果很好。

（五）改善中小企业融资环境类项目管理系统

中小企业融资环境类项目管理系统是中小企业信用担保机构上报省中小企业发展专项资金改善中小企业融资环境项目的平台，在该平台上全省各级财政部门及经信部门对申报上报材料进行审核、发布项目申报相关信息。平台覆盖了全省中小企业信用担保机构、全省各级中小企业主管部门、全省各级财政部门。2015 年 12 月底，湖南省经济和信息化委员会完成了该平台系统的改版升级，现已投入使用，中小企业信用担保机构可以通过该系统上传项目申报的有关资料。

三　2016年工作展望

（一）扎实推进电子政务系统一期工程应用和二期工程立项

省经信委机关电子政务系统已经正式投入使用，但由于工作习惯以及信息化基础设施老旧等问题，在系统应用的广泛性和深入性上还存在不足，一些功能还未发挥出应有的作用，2016 年湖南省经济和信息化委员会将进一步推动系统的广泛深入使用，并且根据第一期系统的实际使用情况和需求，推动开展电子政务系统第二期的立项工作。

（二）推动网络信息安全监管平台发挥应用

2015 年，湖南省经济和信息化委员会完成了全省重点领域网络信息安全监管平台的合同签订并且开始了项目建设，完成了几个重点区域的硬件改造工程，下一步湖南省经济和信息化委员会将就推动平台的发挥应用开展重点工作。

（三）开展全省工业经济领域网络信息安全工作

为进一步提高全省重点领域信息系统安全保障能力，确保重点领域信息系统安全，湖南省经济和信息化委员会将深入开展全省工业经济领域网络信息安全工作。

（四）全力做好门户网站和局域网运维工作

网站整合以后，湖南省经济和信息化委员会将进一步认真做好网站内容保障工作，配合机关重要工作的开展，做好专题专栏建设。继续做好机关局域网运行维护工作，继续优化网络运行环境，对部分设备和系统进行改造升级，确保机关局域网稳定可靠运行。做好计算机保密技术支持工作以及互联网带宽整合工作。

B.5

2015年湖南省财政厅电子政务发展形势分析及2016年发展展望

湖南省财政厅

2015年，湖南省财政厅切实加强电子政务建设，将电子政务建设作为优化工作流程、提高工作效率、提升服务水平、建设透明廉洁财政的重要途径，信息化水平不断提高。

一 2015年基本情况

1. 加强体系构建

按照纵向到底、横向到边的目标，努力构建纵横贯通、标准统一的网络体系。纵向方面，2007～2008年湖南省依托省政府电子政务内网建成省、市、县三级骨干网络，2010年实施了县到乡的财政专网改造，2011年又对省、市、县三级骨干网络进行了优化升级，至此省到14个市（州）、123个县（市、区）、2700个乡镇的网络已全线贯通。横向方面，相继建成了与同级预算单位、非税收入执收单位、中国人民银行、代理银行互联互通的网络体系。同时，从机房、网络、系统、运维等基础工作着手，大力推进标准化建设，促进了信息化建设的统一、规范。

2. 加强基础建设

为适应财政省直管县的需要，提升全省财政信息化水平，2010～2012年，湖南省启动了财政信息化建设“三年行动计划”，省财政三年投入1.8亿元，按照“先建后补、以奖代补”的原则，重点支持以市县财政业务应用支撑平台和业务系统以及中心机房网络、数据存储备份系统、安全系统、视频会议系统等为主要内容的基础设施建设，有力提升了全省信息化建设水平。

3. 加强安全管理

始终把安全作为信息化建设工作的重中之重来抓，定期开展安全知识培训，建立覆盖信息化全流程的安全管理制度，强化重点岗位人员的安全责任，做到定岗、定责、定人，减少安全管理漏洞。严格采购信息安全产品，优化专网网络，部署入网检测系统，升级网络安全设备，定期开展安全检查，搭建全方位、多层次的网络安全防护体系。为预防不可抗力或意外事件损毁数据，在长沙市财政局建成同城数据容灾备份系统，在邵阳市建成全省财政数据容灾备份中心，从2015年开始，在全省开展为期四年的安全专项治理工作，建立全省安全监控平台，并将推行省、市、县财政身份认证与授权管理，进一步提高财政系统、数据的安全水平。

4. 加强成果运用

开发了办公自动化、公文传输、邮件通信、视频会议等日常办公应用系统，实现了财政与其他单位之间、上下级财政之间的适时互通。依托信息技术，将财政预算、收入征管、预算执行、财政监督和绩效评价、政府采购、项目管理等纳入信息化轨道，截至2015年底，省本级纳入预算管理的部门有140家，各级预算单位有1120家；省本级纳入非税管理的部门有146家，各级执收单位有2562家。建设财政应用支撑平台，依托平台的庞大数据和强大的搜索功能，为财政科学决策提供了强有力的数据支撑。省本级电子支付全面实施，益阳市、平江县电子支付试点成功，为在全省推广积累了经验。

5. 加强资源整合

为改变以往财政信息系统独立建设、重复投资、分散使用的状况，2005~2008年对全省财政网络系统进行了初步整合。2010~2012年又以建设财政应用支撑平台为契机，对全省财政核心业务系统资源和相关配套建设进行整合，初步搭建了统一平台、统一标准、统一使用的业务集合系统。

6. 加强门户网站建设和管理

加强厅门户网站——湖南财政网的运行维护，按照《国务院办公厅关于开展第一次全国政府网站普查的通知》和省政府相关工作要求，认真梳理网站栏目，积极做好网站自查及整改工作，抓好网站内容保障。湖南财政网共更新信息3000多条，制作完善专题3个，网站点击量达225.7万人次。同时，针对移动互联网和新媒体发展的新形势，2015年5月21日，组织开通了“湖南财政”政务微信公众号，及时发布财政权威信息，积极宣传财政政策，推送重要财政新闻。截至2015年12月底，“湖南财政”公众号共推送微信220期，发布微信图文600余条，粉丝量近万人，直接阅读量累计达到40万人次，在全社会产生了广泛影响，被省委网信办评为2015年“湖南‘互联网+’优秀政务示范项目”和“2015年全省十大政务微信”。同时，省财政厅对湖南财政网进行了全面改版升级，通过重新设计页面、优化栏目，网站布局更加科学合理，内容更加便民实用，界面清爽简洁、焕然一新。

7. 积极推进政务服务应用

为方便群众办事和监督，在门户网站设立财政信息公开专栏，及时更新所有行政审批（许可）事项的主要业务流程，包括办事依据、程序、时限、部门、联系方式等，为群众办事提供便利。同时，积极推进全省网上政务服务和电子监察系统应用工作，相关职能处室定岗定人，明确专人负责。积极组织工作人员培训，建立网上政务与电子监察系统定期督查制度，积极推动系统应用及网上政务服务事项的落实。根据各处室、单位的业务工作需要，新增开通省直电子联合行文单位20家，加强办公系统故障协调处理和系统维护，有效保障了机关工作需要和有序运行。

二　2016年工作思路与展望

2016年，财政厅信息化建设紧紧围绕深化财政改革实际以及工作的总体部署，大力推进网络安全建设，切实保证各业务系统的平稳运转，加强信息技术在财政管理中的有效应用和创新实践，不断提高技术服务能力和服务水平，科学有效地推进财政信息化建设。

1. 围绕一个目标

根据财政中心工作对电子政务建设和服务的业务需求，牢固树立责任意识、服务理念，为深化财政改革、财政业务开展以及进一步提升财政管理效能提供技术支撑和平台，不断提高信息化建设水平。

2. 做到两个确保

一是确保财政信息网络系统的运转安全。继续推进全省信息安全治理专项工作，全面完成身份认证与授权系统建设，改造全省财政专网以及进一步优化省本级中心机房的运行环境，为确保网络系统的运转安全提供必要条件。二是确保各个处室业务系统的运行维护。完善数据查询功能，探索实施移动终端即时查询，使财政数据活起来、用起来，为领导决策提供依据。深入调研并启动省本级财政一体化管理信息系统建设，解决部分业务系统版本陈旧、相互独立、数据分散以及信息资源共享程度不高的问题。

3. 强化三项工作

一是进一步加强制度建设。建立健全各项规章制度，使信息化建设、管理、运维真正做到有章可循、有规可依，促使工作更加科学规范、高效有序。二是进一步加强调研交流。以开展全省信息安全专项治理工作为契机，加大调研力度，摸清全省基本情况，为领导决策全省信息化建设提供条件。加强内外交流学习，借鉴先进经验，不断开拓创新，打造亮点，促进全省上下共同发展。三是进一步加强队伍建设。通过有效途径，督促加强财政部门网络信息管理机构建设，进一步提升干部队伍整体素质，凝心聚力紧紧跟上财政改革以及信息化发展步伐。

B.6

2015年湖南省国土资源电子政务发展形势分析及2016年发展展望

湖南省国土资源厅

2015 年，在省委、省政府的正确领导下，湖南省国土资源厅进一步加快湖南省国土资源信息化建设，深化建设与应用“一张图”和省、市、县三级电子政务等信息化系统，提升了信息化服务国土资源管理、保障社会经济发展的能力。

一 2015年湖南省国土资源电子政务发展情况

（一）全面提升电子政务应用水平

湖南省国土资源厅在全省统一的电子政务基础平台下，搭建了省、市、县、乡镇四级国土资源电子政务系统，实现了网上办文、网上审批、网上交易、政务信息网上公开和业务网互联县级以上国土资源部门全覆盖并逐步向乡镇国土所延伸。

1. 全面梳理电子政务流程

为统一省、市、县三级国土资源电子政务业务流程，进一步优化系统性能，专门成立了梳理小组，全面梳理了省、市、县三级国土资源电子政务框架结构和业务流程，完成了 31 份省、市、县电子政务系统及其相关系统框架梳理文档；完成了 12 份市级、61 份县级政务流程现状梳理文档；整理规范了省、市、县三级业务流程标准，其中市级电子政务标准化流程 65 个、县级电子政务标准化流程 43 个。

2. 进一步优化省厅电子政务系统

在全面梳理的基础上，不断完善电子政务流程及功能，提升省厅电子政务系统性能，新增了补充耕地项目和新增耕地指标复核流程、矿政流程、采矿权顺延流程等，开发了矿业权三级直报系统，保障了省厅电子政务系统的正常运行，极大地支撑了厅机关的行政审批工作。2015 年，升级国土资源业务网带宽，将国土资源部到省厅的内网专线升级到 4M，将省厅到 14 个市（州）、18 个厅直属单位、122 个县（市、区）的内网专线全部升级到 50M。

3. 稳步推进市、县电子政务应用

及时掌握市、县级信息化工作动态，汇总市、县电子政务案卷办理情况。2015 年，市级电子政务系统办理案卷 166892 件，案卷办理数量相对 2014 年（147379 件）增加了 13. 24%；县级电子政务系统办理案卷 326189 件，案卷办理数量相对 2014 年（303389 件）增加了 7. 52%。各项审批业务办理情况分别为：地籍业务 254860 件，用地业务 67635 件，地产交易业务 36876 件，矿业权业务 2470 件，耕保、地环、测绘、执法等业务合计 47980 件。相比往年，市、县局的地籍、地产交易、用地等各项业务案卷办理数都有所提升。

4. 全面推进乡镇国土所信息化建设

根据年初计划，2015 年加大了乡镇国土所电子政务系统部署的推进力度，截至 12 月底，全省乡镇国土所电子政务系统部署实现了 100% 覆盖。国土资源业务网进一步向乡镇国土所延伸，长沙、株洲、湘潭、郴州、常德、岳阳、张家界、娄底、湘西 9 个市（州）的乡镇国土所联网实现了 100% 覆盖，全省 94% 的乡镇国土所实现联网。2015 年 9 月，湖南乡镇国土资源电子政务系统被电子政务理事会评为“2014 年电子政务优秀案例”。

（二）加强国土资源“一张图”建设与应用

1. 梳理国土资源数据，升级“一张图”数据库管理系统

全面梳理了国土资源“一张图”管理系统，完成了省、市、县三级数据情况的收集和整理，并对省级电子政务审批中涉及国土资源的数据进行了清理，同时将所有已经入库的文档数据进行了整理。完成了 1 份省级、12 份市级数据现状梳理文档，形成了 13 份详细的数据情况文档和 1 份数据发布规范文档。在梳理的基础上，全面优化升级了国土资源“一张图”管理系统，实现了地图瓦片数据的共享和地形三维展示功能。

2. 稳步推进国土资源“一张图”核心数据库建设

进一步充实了“一张图”核心数据库，新增了全省2014年万分之一遥感影像数据、2014年土地利用现状数据库、高分遥感影像数据和8个县级矿产资源规划数据库成果，省级“一张图”核心数据库中已有数据库26类46个，图形入库数据量为3.8T，地图瓦片为5.7T。“一张图”核心数据库在土地、矿业权审批及地籍发证业务上得到应用，为国土资源管理工作提供了基础数据。

3. 开展长株潭城市群核心区三维数据库建设

完成了约370万米钻孔进尺的重要地质钻孔数据库，建成了用于指导矿山生产及整装勘查区地质找矿的三维空间地质数据库。开展了长株潭城市群核心区三维地质建模试点，完成了长沙天心区工程地质、基础地质、水文地质三维模型构建，为长株潭三市开展三维建模工作提供了技术支撑。

（三）省、市、县三级政务信息公开水平大有提升

1. 完善省、市、县三级政务信息网上公开

2015年，对厅门户网站进行改版升级并正式运行，内容进一步丰富，设计更加合理，加大了政务公开力度，提升了厅门户网站的品质。在2014年度全省政府网站绩效评估中列省直部门第一名，业务工作栏目还获得“2015年政府网站信息公开精品栏目奖”。在国土资源部组织的2014年度政务公开考评中，省厅门户网站排名上升到全国第7位，5个市局进入全国市级前10位，5个县局全部进入全国县级前10位。

2. 持续开展土地、矿业权网上交易

积极推进全省土地网上交易系统整合，拓展网上交易范围，加强交易网站安全管理，持续保持系统的稳定运行。目前，省厅本级，长沙宁乡、怀化靖州、株洲、郴州所辖县局，永州、邵阳、娄底、张家界、益阳、湘西州及所辖县局利用省级国土资源网上交易平台开展网上交易工作。截至12月初，在省级平台交易挂牌总数1317宗，成交910宗。其中，土地834宗，成交金额186.4亿元；采矿权70宗，成交金额0.3747亿元；探矿权6宗，成交金额5.82亿元。另有6个市级、4个县级建立了独立的网上交易平台开展网上交易。

（四）积极开展湖南省“国土资源云”建设方案研究

国土资源部“国土资源云”建设总体框架下发后，省国土资源厅积极组

织开展湖南省“国土资源云”建设方案研究相关工作，组织了调研小组到市县搜集相关情况，并多次组织各相关单位进行研究讨论，结合湖南省实际，编写了湖南省“国土资源云”中心设计方案。

（五）建设不动产登记信息系统及相关数据库

1. 开展不动产登记信息系统建设

在全面完成省、市、县三级电子政务系统流程梳理的基础上，开发并搭建了全省统一的不动产登记信息系统，大大节约了开发成本。2015 年 10 月，在浏阳、芷江、澧县 3 个不动产试点县部署了服务器和不动产登记信息系统；组织开展湖南省不动产登记数据报送和系统的接入，初步形成了湖南省数据报送和系统接入方案，并与国土资源部开展相关对接工作。

2. 全面梳理与不动产统一登记相关的数据库

为保障不动产统一登记工作顺利开展，组织人员对不动产统一登记相关的数据库进行了梳理，建立了不动产登记信息数据库，初步形成了全省统一的不动产登记业务流程，为湖南省不动产统一登记工作奠定了数据基础。

二 2015年湖南省国土资源电子政务工作经验

（一）加强统筹部署，强化信息化建设考核

1. 年初有安排

2015 年初，就做好全年国土资源信息化工作规划，厅办印发了《2015 年测绘地理信息与国土资源信息化工作要点》，明确总体思路和工作任务；在 2015 年全省地理信息工作会议上，分管厅领导亲自部署了全省国土资源电子政务建设的重点工作。

2. 年中有检查

为充分落实信息化建设工作，启动了“一把手”工程，主要是每年年中召开各市县局的信息中心主任会议，检查年初各项工作的部署落实情况，排忧解难，有问题有困难直接提直接解决，发现一个问题解决一个问题。

3. 年底有考核

一方面，将信息化建设与应用纳入各级国土资源管理部门考核，把信息化工作与国土资源管理的其他各项工作同部署、同落实、同考核，促进系统在业务审批中的应用。另一方面，制定并下发了《2015 年度湖南省市县级国土资源信息化建设目标管理考核指标表》，采用先自评后考核的方式对市县的信息化建设情况进行指标考核，增强市县局信息化工作的主动性。

（二）畅通与市县的沟通渠道，提升信息技术水平

通过电话、QQ 群、实地调研等多种方式，保持与市县局信息中心的联系，每月及时汇总市县电子政务应用情况，随时掌握市县级国土资源部门信息化基础设备更新和技术人员更换的最新情况。为帮助市县解决技术问题，在人手紧张的情况下，安排人员到常德、郴州、湘西等地实地指导了县局机房改造和新办公楼建设等工作。全年开展了电子政务与“一张图”管理系统培训、网络安全培训、“国土资源云”技术方案讨论等多方面的培训工作，大大提高了市县局信息中心技术人员的操作和管理水平，增强了网络安全意识。

三　2016年国土资源电子政务发展展望

（一）建设省、市两级数据中心

对省、市两级现有数据中心重新进行规划，以“国土资源云”总体框架为基础，梳理信息化建设多年来取得的成果，充分应用大数据、虚拟化、统一存储、软件定义网络等 IT 新技术，建设自动化程度高、功能强大的省、市两级数据中心，夯实国土资源信息化的基础。

（二）建设全省统一的“国土资源云”平台

在全面梳理省、市、县三级电子政务系统的基础上，建设全省统一的“国土资源云”平台，全面支撑全省不动产统一登记信息系统的运行，更有效地利用、整合各类国土资源大数据，提升国土资源部门数字化、信息化、智能化水平。

（三）推进不动产登记信息系统部署与应用

在浏阳、芷江、澧县三地试点的基础上，全面开展全省不动产登记信息系统建设，完成系统的部署并及时解决应用中出现的技术问题，开展不动产登记数据共享的相关工作。

（四）进一步加强国土资源“一张图”核心数据库建设与应用

一是继续推进国土资源“一张图”建设，进一步优化、完善“一张图”管理和发布服务功能。二是继续建设完善不动产登记信息数据库。三是继续开展长株潭城市群核心区三维数据库建设。四是加强数据安全管理，推进国土资源数据高效应用，做好数据管理与服务工作。

（五）推进地理信息数据交换共享平台建设

完成地理信息数据交换共享平台的搭建，建立地理信息交换与共享的目录服务体系。基于交换共享平台，建立多源数据整合新标准。基于不同网络环境、不同安全层次要求，通过交换共享云平台，快速提供地理信息交换与共享服务。

（六）进一步统筹全省网站及政务公开工作

一是保障好国土资源网上交易系统各项工作，加强交易系统监管与服务。二是加强对市县网站的指导，积极推动国土资源信息的社会化服务工作。三是进一步完善政务信息网上公开制度，优化网站架构，做好政务信息公开工作。

（七）加强信息安全保密工作

进一步完善各类信息安全保密制度，确保不出人为的安全涉密事故。全面应用信息安全新技术，打造安全、可靠、高效的国土资源业务网。

B.7

2015年湖南省住房和城乡建设厅电子政务发展形势分析及2016年发展展望

湖南省住房和城乡建设厅

一　2015年电子政务建设回顾

2015年，湖南省住房和城乡建设厅信息中心坚持以“服务机关、服务行业、服务群众”为宗旨，突出中心抓好全省城镇个人住房信息系统建设工作，夯实基础做好厅一体化信息平台顶层设计，稳步推进政务公开和政务服务工作，注重保障做好厅网站和信息技术支撑工作，使全厅电子政务建设迈上新的台阶，取得新的成效。

（一）全省城镇个人住房信息系统中期建设任务如期完成

建设全省城镇个人住房信息系统是湖南省住房和城乡建设厅信息中心2015年的中心工作和重中之重。2015年，系统建设的目标是实现省、市房屋登记和交易信息互联互通。12月，湖南省住房和城乡建设厅成功举办全省城镇个人住房信息系统上线仪式暨中期建设总结会，全省14个市（州）房屋产权和交易信息在省房地产基础数据中心顺利实现采集汇总，城镇个人住房信息系统已经成功实现了省市联网。全省城镇个人住房信息系统上线运行，对强化住房管理意义重大，有助于简化办事程序、提高工作效率，有利于高效调控房地产市场。今后住房管理部门不仅能实时掌握全省房地产市场的宏观“大数据”，也能实时掌握某小区某楼盘某时期价格变动情况的“微数据”，全省住房信息实现联网，数据统计、市场监测、行业监管、保障房管理等统计分析数据将更加全面，调控手段也将更加有效；同时，还为对接不动产统一登记平台打好了基础，助力推进全省不动产统一登记进程。

主要工作有：一是抓方案设计，科学编制系统建设工作方案、建设方案和技术标准。信息中心牵头组织对全省 14 个市（州）和部分县（市、区）展开现场调研，形成调研报告，先后赴四省考察学习系统建设的先进经验，并与市（州）广泛沟通和反复磋商，在此基础上，经专家组评审，编制印发了《全省城镇个人住房信息系统建设工作方案》等文件，明确了系统建设总体思路、工作安排和技术细节等内容，为系统建设顺利展开奠定了基础。二是抓技术培训。结合实际工作进度，先后三次召开系统建设工作会议和技术培训会，全面安排部署系统建设工作，组织召开系统建设推进会和技术培训会，通报市（州）建设方案审核情况，组织技术培训，部署安排系统建设中期实施阶段工作，确保系统建设工作有计划、按步骤推进。三是抓系统研发。信息中心成立项目组，组织中标公司人员进场，按实施方案展开硬件铺设和软件开发。硬件保障组技术人员分赴 14 个市（州）逐个将系统所需设备安装调试到位，软件开发组技术人员按计划组织功能需求分析、数据库编写、软件功能设计，并组织上线测试运行。

（二）厅一体化信息平台顶层设计和信息发展规划编制完成

根据省政府统一要求，加快建设省级电子政务外网统一云平台，以提高电子政务基础设施利用效率，推动信息资源开放共享。在全省建立统一云平台的大环境下，湖南省住房和城乡建设厅首先立足于建设全厅一体化信息平台，破除住房和城乡建设行业信息化数据孤岛的现象，目标是实现行业资源整合、共享交换和协同办公，是有效提升省厅信息化水平和政务服务能力的重要基础和必由之路。

围绕夯实这一基础，信息中心从三个方面着力：一是着力做好汇报工作。一体化平台建设，领导重视是关键。在广泛深入调查研究的基础上，信息中心先后两次向厅党组汇报了全厅现有信息系统项目部署情况，发现其存在投入分散、管理分散、功能发挥不完全的问题。厅党组明确了一体化平台统一建设、使用管理相分离、新旧系统分类整合逐步推进的工作思路。二是着力做好顶层设计。基于湖南省住房和城乡建设厅信息中心组建时间不长、人手有限的现状，信息中心与本系统内具有丰富的软件开发经验及业务知识的单位合作编制高标准的顶层设计方案。信息中心组织技术人员深入各处室、协会完成了全厅信息系统建设摸底调查工作，又专门赴浙江省、广东省住建厅信息中心考察学习，形成了较为成熟的调研报告，在此基础上展开编制工作。10月，经专家评审通过，完成顶层设计方案编制。三是着力做好实施准备。系统拟分三期建设，一期建设经费已经被纳入2016年财政预算。目前，正在编制统一的数据标准规范，各项准备工作有序推进。

在做好一体化平台顶层设计的同时，信息中心主动牵头组织湖南省住房和城乡建设信息化“十三五”发展规划编制工作。召开了规划编制工作座谈会，在广泛调研和征求意见基础上，编制完成了规划编制稿。11月，组织进行规划编制专家评审会，修改完善，报厅规划编制领导小组审定后，纳入厅“十三五”总体规划。

（三）网站政府信息公开和电子政务服务工作稳步推进

1. 网站政府信息公开方面

一是认真贯彻落实政务公开制度。湖南省住房和城乡建设厅认真贯彻《中华人民共和国政府信息公开条例》精神，切实落实国务院和省政府有关政府信息公开的规定。厅网站全面公布了政府信息公开指南，并每年根据实际情况及时更新政府信息公开目录和年报。厅网站设有“住房保障”“国有土地上房屋征收”“公积金监管”“建设招标投标”栏目，同时开设“工程质量治理两年行动”专栏，严格按照国办、住建部、省政府相关文件要求，全面、及时、准确地向社会公布重点领域信息。2015年，厅网站共发布信息9924条，其中重点领域信息1119条。下半年，新开辟了“湖南住建”政务微信公众号，在每个工作日推送最新领导动态和行业热点、重点、亮点工作，关注人数和阅读量稳步上升，湖南省住房和城乡建设厅影响力不断扩大。

二是逐步完善网站管理制度。2015年初，湖南省住房和城乡建设厅印发了《湖南省住房和城乡建设网管理办法》（湘建办〔2015〕1号），建立了信息联络员制度、政务公开目录制度、栏目分工负责制度、信息审核发布制度、信息更新监测通报制度。将厅网站各栏目的内容保障责任明确到处室和单位，确保信息公开及时、准确。厅网站在2014年湖南省政府网站绩效评估报告中排名第八，并首次被评为优秀省直部门网站。

三是以全省政府网站普查工作为契机，加强网站内容建设，强化政务信息公开。湖南省住房和城乡建设厅下发了《关于做好迎接全省政府网站普查工作的通知》，明确了工作要求和时间进度，组织各处室、直属单位信息联络员进行了动员和部署安排，全面进行自查整改。就网站首页可用性、网页链接可用性、网站信息更新和互动回应、服务情况实用性四大方面进行检查。共修复了网页死链和错链 363 条，优化调整栏目 10 个，撤除空白栏目 6 个，补充完善了未及时更新的栏目信息 85 条，厅网站信息发布量明显上升，湖南省住房和城乡建设厅网站综合得分在省政府网站日常监测平台省直部门排名中稳居前列。

四是依法依规实行依申请公开制度。厅网站开通了网上依申请公开渠道，线上线下共同受理。湖南省住房和城乡建设厅严格按程序、按时限办理依申请公开事项，对批准予以公开事项及时提供信息；对不予公开或不属本厅信息公开范围的，均告知不予公开原因或申请途径。2015 年，湖南省住房和城乡建设厅共受理依申请公开 24 件，答复率 100%。同时，湖南省住房和城乡建设厅按照认真办理、公正审理、妥善应诉的原则办理行政复议、行政诉讼工作，维护法律法规和群众权益。

2. 电子政务服务方面

湖南省住房和城乡建设厅行政审批事项全部进入湖南省网上政务服务和电子监察系统进行申报办理，系统对审批全过程进行电子监察。湖南省住房和城乡建设厅的系统应用采取先过渡、后全面实施的形式：2012 年 5 月上旬，湖南省住房和城乡建设厅印发了《关于正式启用网上政务服务和电子监察系统的通知》；5 月 21 日起，17 项行政审批事项全部实行网上办理；10 月起，所有行政审批和服务事项全部实行网上办理。截至 2015 年 12 月 17 日，全厅累计受理行政审批事项 64709 件，服务事项 14619 件，办结率达 98% 以上。湖南省住房和城乡建设厅将“湖南省网上政务服务虚拟大厅”直接链接到厅网站首页，所有行政审批和服务事项严格按照网上办事的要求规范运行。真正做到了纸质审批流程和网上审批流程同步进行、同步留痕、无缝对接；杜绝了纸质办理行政审批事项和事后补录的情况；行政审批流程各环节规范运行、有效对接，每一项行政审批项目都规范了申报、审批文本模板。电子监察平台对所有行政审批和服务事项各个环节进行监督，监察室将红牌、黄牌、预警等相关信息填入《网上政务服务电子监察记录表》，建立网上政务服务电子监察台账，并适时发送至政务中心和相关处室，跟踪督促落实。

（四）高标准做好信息系统运维管理和服务保障

湖南省住房和城乡建设厅信息中心组建后，积极探索内部技术支持与服务外包相结合的信息技术保障机制。制定了《湖南省住房和城乡建设厅信息技术服务外包管理办法》和《湖南省住房和城乡建设厅信息技术服务外包人员管理规定》等规章制度，将服务外包经费开支纳入年度财政预算，明确了服务外包管理职责、外包公司和人员工作制度，建立完善了故障感知、响应、分析、处理、归档等流程。信息中心专人负责外包公司和人员管理，实行中心内部和外包技术人员“双值班”制度，其中外包公司指派技术人员提供常驻服务和7×24小时不间断技术支持，并根据服务需求适时增加技术保障力量，随时处置突发情况，基本实现信息技术服务保障全覆盖，确保政务信息系统有效运行。

二　2016年电子政务发展展望

2016年是湖南省住房和城乡建设厅信息化“十三五”发展规划的开局之年，开局主动，则全局主动。信息中心要积极发挥厅信息化建设牵头部门的作用，在抓好网站管理、运维保障、信息安全管理等日常业务工作的基础上，加强信息化建设统筹规划和内外协作，确保信息化建设再上新台阶。一是按照省政府发展研究中心统一要求，积极配合完成湖南省住房和城乡建设厅网站与省政府网站的整合工作，做好栏目规划和网页设计，梳理服务资源，做好数据迁移，完成运维对接。二是继续抓好全省城镇个人住房信息系统建设，2016年底前实现省、市、县三级联网，形成统一数据交换网络，基本实现全省房屋登记和交易信息互联互通。三是启动厅一体化信息平台一期建设工作。主要是编制好数据标准规范，实现全省住建行业企业库、人员库、项目库、信用库等基础数据库建库，并对已有电子数据进行规整入库，提供数据资源接口给相应的业务系统。四是按照信息化“十三五”发展规划要求，尽快实施全省城市运行安全应急指挥系统、全省地下管线综合管理信息系统和专业管线信息系统、长株潭规划一体化信息平台等重点项目建设，不断总结经验，创新发展，以信息系统建设促进业务工作。

B.8

2015年湖南交通信息化发展报告

湖南省交通运输厅科技信息中心

2015年是“十二五”规划的收官之年，湖南交通信息化紧紧围绕《湖南省交通运输信息化“十二五”发展规划》，以“互联网+”行动计划、大数据发展行动纲要等为引领，稳步推进全省交通信息化工作，智慧交通初见成效。

一 2015年发展综述

（一）总体进展

截至2015年底，湖南省重点实施了交通运输信息化基础支撑体系、全省渡口视频监测系统、交通运输统计分析监测和投资计划管理信息系统、交通行业政务服务系统、道路运输三级协同管理与服务信息系统、高速公路信息化（一期）、交通物流信息共享平台等多项工程，交通基础设施逐步完善，重点营运车辆监测能力明显提升；道路运输、公路养护、交通统计、应急指挥、电子政务等行业管理信息化水平逐渐提高；以高速公路为主的交通运输信息服务能力不断增强；云计算平台、信息通信网络等交通运输信息化架构初步形成；交通运输信息化发展环境显著改善。湖南交通运输信息化发展基本形成了各级交通运输主管部门、相关企业及社会力量合力推进的良好局面。

（二）年度特点

2015年，行业信息化发展呈现以下特点。一是信息化基础支撑能力进一步增强。交通云计算资源利用数量较2014年有较大提升，数据中心目前共有应用系统25个，较2014年新增56%；虚拟主机总数达到280台，新增40%。二是行业信息化应用水平明显提高。道路运输省、市、县三级业务基本实现协同办理，市场诚信系统实现多个运输业务领域的在线考核；基本实现省、市、县三级统计分析和投资计划的联网处理及综合分析，针对重点业务领域进行了行业运行动态监测；湘江部分航电枢纽船闸通航调度系统实现航运联合调度。三是信息服务能力大幅提升。电子不停车收费（ETC）用户数量由 2013 年 10 月不足 1 万人猛增至 192 万人，跃居全国第三。长株潭公交一卡通已成功完成全省道路客运联网售票与服务系统启动建设。作为“先行先试”的省份，湖南省交通运输厅率先试开播中国高速公路交通广播，广播信号逐渐覆盖了长株潭地区及境内高速大动脉和沿线主要城市。实时路况信息服务为公众提供高速公路六大类实时信息，手机访问量明显增加。

（三）存在的问题

湖南省交通运输信息化发展在“十二五”期间取得了显著成效，但全省信息化发展仍然存在不平衡、不协调的情况。从建设现代交通运输业的发展要求来看，统筹发展、夯实应用、生产协同、公众服务仍然是湖南交通运输信息化的努力方向。

一是信息基础条件尚不完善。信息基础架构仍然偏散，交通运输综合信息资源尚未全面整合，未能形成集约有效、随需而变、健壮可靠的技术环境，基础环境、信息网络、信息安全等技术领域存在薄弱环节。二是管理应用覆盖范围不足。公路养护、路政治超、综合执法等业务领域的信息化建设尚有提升空间，部分市州的基层信息化差距较大。部分市州交通运输主管部门及管理机构、大部分行业中小企业缺乏信息化管理条件、技术力量和资金保障。三是信息服务满意程度不高。交通运输主管部门及运输企业提供的出行信息服务与社会公众期待的体验感受还有差距。行业公众信息服务方式和手段难以满足快速的信息社会发展进程，单独依赖行业管理部门提供的信息服务不能满足公众日益增长及日趋个性化的需求。四是业务支撑引领能力未充分展现。信息化对传统交通运输业的改造还停留在初级阶段，对创新业务模式、优化业务流程、规范管理行为的作用不够明显，对企业生产的协同引领作用尚未充分发挥。交通运输行业信息化整体规模效益不高，协同应用效率仍须提高。五是统筹发展局面尚未形成。组织方式约束不强，省、市、县交通运输信息化规划还未完全形成体系，持续发展模式未真正建立，市场作用的发挥尚有巨大潜力。

二 2015年最新进展情况

（一）基础环境建设

1. 信息化规划与投资

完成了《湖南省交通运输“十三五”发展规划》（科技与信息化部分）的编制工作，并于2015年12月通过厅务会审议。为建立多渠道、多元化的信息化投融资机制，积极探索政府购买服务试点及社会化融资，创新信息化投融资机制。完成“湖南省交通建设综合管理系统”BOT工作，实践了新型信息化投融资机制；积极推进“湖南省道路客运联网售票系统”“湖南省公路水路建设与运输市场信用项目车辆IC卡系统”“湖南省交通运输物流平台”的PPP模式在信息化领域的推广与应用。

2. 法规和标准化建设

在省交通运输厅印发的《关于加快推进全省交通运输信息化统筹发展的指导意见》指导下，继续推进交通运输信息化发展的政策环境改善。正在研究制定边坡和支档传感器规程、公路工程建设编码标准等地方标准。

3. 应用业务系统建设

省交通应急指挥信息平台初步建成；全省道路运输市场信用管理信息体系逐渐形成，初步具备了为行业管理和从业企业提供信用信息服务的能力；基本实现了省、市、县三级统计分析和投资计划的联网处理及综合分析，针对重点业务领域进行了行业运行动态监测。部分基础业务系统应用效果良好，船舶、船员、船检等广泛应用，湘江航电枢纽船闸通航调度系统实现航运联合调度；全省道路运输三级协同管理信息系统建设顺利推进；郴州等公路治理非法超限信息系统的应用效果显著；交通运输电子政务平台已正式运行。

4. 行业门户网站

交通运输厅及五家行业管理局均建立门户网站，其中三家参公单位被国办正式列为政府网站，并通过政府网站普查。厅门户网站经过一年的建设和维护，在部、省测评中名列前茅。

5. 网络与信息安全

交通运输信息化基础云平台继续为行业提供支撑，交通运输信息专网覆盖部分省、市、县三级交通运输管理部门，省厅数据中心以及厅主要直属单位配置了网络安全等信息安全设备。

6. 人才培养

厅主要直属管理机构的信息化建设体制机制逐渐完善，部分市州交通运输主管部门及管理机构成立专门的信息化部门，全年培训信息技术人员550余人次。

（二）信息资源开发、利用与共享

交通运输信息化基础云平台继续为行业提供支撑，建立了公路数据资源中心。交通运输信息专网全面覆盖省、市两级交通运输管理部门；进一步深化了与国土、安全、气象等部门的信息资源共享利用。

（三）电子政务

建设的电子政务平台（以OA系统为主体）从2014年试运行以来，根据使用中反馈的问题和建议对平台进行了不断完善和修改，并继续向全省交通运输系统各级单位进行推广和应用。目前，平台中有省厅、厅直单位和市州交通运输局等共32家，县级及以下机构45家，总用户数近3000个。2015年，针对平台数据的保密性和安全性在制度建设层面和技术防范层面进行了加强，年终，还对市州交通运输局的平台使用情况进行了考核。目前，平台运行较为稳定，推广和应用情况良好。

（四）电子商务

长沙新港等建设码头作业信息系统，雁城物流园等推进园区物流信息系统建设。湖南区域交通运输物流公共信息平台启动建设，为20余家物流企业提供信息服务。

（五）重点项目、工程

1. 完成了“十三五”信息化规划编制工作

组织完成了《湖南省交通运输“十三五”发展规划》（科技与信息化部

分）的编制工作，已由厅党组会审定通过。

2. 积极推进交通运输信息化项目建设，发展智慧交通

（1）交通运输信息化基础支撑体系工程。该项目一期工程已于2014年完成实施，至今系统运行正常。二期工程施工图设计于2015年4月获得厅批复（湘交办函〔2015〕166号）。云节点机房建设标段于2015年9月完成招标，12月31日完成交工验收；湘江公司（省水运建设投资集团公司）数据中心建设标段于2015年9月完成招标，目前正在开展实施（其中省公路局机房装修工程于12月完成单位工程验收）；数据及软件工程建设标段于2015年10月完成招标，目前正在开展实施。

（2）交通运输统计分析监测与投资计划管理信息系统。本项目为交通运输部示范工程，包含的省级统计报表管理系统、省级投资计划管理系统、省级动态信息监测系统、省级综合分析系统、省级统计信息共享服务系统、省级统计信息公共服务系统六大子系统已完成开发，10月开始在省、市、县进行应用和推广，效果良好，并在由交通运输部组织召开的年报布置会上作为典型试点省份发言；12月24日，完成项目整体初步（交工）验收。

（3）交通行业政务服务系统工程。工程中的网站群系统、无纸化会议管理系统、CA数字认证系统至今运行稳定并发挥作用，交通科技资源共享系统运行稳定，并于2015年底完成初步验收；政务平台中的通用网络审批系统、档案管理系统和督办监察系统完成开发工作，已集成到政务平台开始试运行；办公系统按照使用中反馈的问题和建议不断完善，正发挥出越来越重要的作用；工程的最后一个子项目——综合执法系统于年底完成招标和合同签订，进入开发实施阶段。

（4）公路交通领域军民融合应用示范项目（湖南）。本项目为交通运输部和总装备部的联合示范工程，整体初步设计于2015年7月获交通运输部批复（交水函〔2015〕523号），湖南省示范工程于12月14日完成招投标。目前，已经提前完成全省农村公路路网数据和农村村组点位数据核查等部分内容建设。

（5）湖南省公路建设和养护计划管理信息系统整合工程。本项目已完成初步设计批复。项目的高速公路与普通公路养护计划资源整合工程子项已提前完成，并在迎国检中获检查组的充分肯定。

（6）湖南省公路水路安全畅通与应急处置系统工程。本项目为交通运输部示范工程，初步设计于2015年10月获厅批复（湘交办函〔2015〕623号）。12月完成路网与应急系统及数据平台部分监理招标及合同签订工作，目前已进入实施阶段。

（7）湖南省公路水路建设与运输市场信用管理信息系统工程。本项目为交通运输部示范工程，前期工作已于2014年底完成。2015年10月完成了项目监理招标及合同签订工作；2015年12月完成了公路水路建设与水路运输市场信用信息服务系统、道路运输市场信用信息服务系统（第一期）的招投标及合同签订工作，项目已进入实施阶段。

（8）长株潭公共交通一卡通试点工程。本项目于2015年10月获省发改委批复（湘发改高技〔2015〕862号），2015年12月底已实现长株潭三市公交卡互联互通。

三 2015年典型案例介绍——湘江航电枢纽船闸通航系统

1. 建设背景

随着长株潭区域水运经济发展及航道枢纽建设，湘江通航条件大大改善，水上货运周转量节节攀升，同时湘江干流船舶过闸通航问题也日益凸显。为了提升湘江航运整体通过能力，缓解湘江船闸通航压力，解决船舶过闸公平、安全等问题，湖南省交通运输厅决定建设覆盖湘江航运综合枢纽、株洲航电枢纽、大源渡航电枢纽、土谷塘航电枢纽等全程通航指挥调度管理的综合信息系统，通过系统的建设与实施，为科学、高效地利用好各枢纽船闸、锚地等航运设施，共同保障湘江整体的通航秩序，促进湘江通航效率的整体提升提供技术保障。

2. 实施过程

为落实湖南省交通运输厅关于提高湘江船舶过闸能力的有关要求，缓解湘江枢纽船闸的通航压力，保障湘江船舶过闸的“安全、公平、高效”，2015年初，省水运管理局主持编制了《湘江干流枢纽船闸通航智能调度系统及待闸锚地总体方案》。一期工程主要建设船舶安全监管与通信、通航智能调度等子系统，实现对枢纽水域船舶航行状态的总体可视化监控，完善过闸船舶调度通信，增强湘江航运调度管理能力。

2015 年，基本完成通航调度系统在湘江长沙综合枢纽的上线运行。系统于 2015 年 4 月完成项目招投标，5 月 8 日正式开工建设，历经 4 个多月调研、开发、部署、试运行，于 9 月 22 日正式上线运行。同时，对新系统进行大力推广，通过向船民发放使用手册等资料，现场讲解办理过程，接受船民咨询，指导船民在手机上安装使用 APP 软件，让船民切实了解到新系统的优势。

3. 应用效果

湘江长沙综合枢纽船闸通航调度系统基本实现长沙综合枢纽船闸通航的自动到锚确认、远程过闸申报、自动排挡、信息发布、统计分析等功能，运行稳定，社会反映良好。截至 12 月 31 日，系统新增船舶基本资料 2686 条，手机 APP 绑定船舶 1705 条，使用该系统过闸到达 20726 船次；11 月 1 日手机 APP 正式上线以来，利用手机 APP 远程申报达 5263 船次，其中利用 AIS 自动到锚确认 5032 船次。

新系统的使用提高了长沙综合枢纽船闸的船舶过闸通航效率，为解决船舶过闸公平、安全等问题提供了信息化手段。其改变了枢纽船闸手工现场纸质申报的原始方式，开发了船舶远程申报、自动到锚确认、船舶安检、计划编制、检查、统计分析等流水线式信息化调度模式；为船舶提供快速便捷的过闸服务，解决了船舶过闸需在登记站停靠、上岸登记办理过闸手续的问题。原来，船舶到了过闸登记站，为了办理过闸手续，船员都需要下船、上岸、排队、等待，然后再回到船上，这个过程对船员而言非常不便，既费时又费力。

4. 下一步推进思路

湘江长沙综合枢纽船闸通航调度系统已在长沙综合枢纽船闸上线运行。2016 年将向湘江其他枢纽船闸推广该系统，实现湘江干线长沙综合枢纽、株洲航电枢纽、大源渡航电枢纽、土谷塘航电枢纽船闸的联合调度。为保障湘江整体的通航秩序、促进湘江通航效率的整体提升提供技术保障。

2016 年 1 月，株洲航电枢纽、大源渡航电枢纽、土谷塘航电枢纽船闸软件系统及部分相关配套设备正在挂网招标阶段。湘江沿线株洲、土谷塘、大源渡三个航电枢纽船闸的设备于 2015 年 7 月完成招投标，8 月完成合同签订，9 月完成了设备采购。目前，正在省水运投资集团联合调度中心进行设备的安装调试与集成。长沙综合枢纽船舶安全监管与通信子项目，正在积极推进招标。

B.9
2015年湖南省商务厅电子政务发展形势分析及2016年发展展望

湖南省商务厅

一 2015年湖南省商务厅电子政务发展基本情况

1. 基础设施

（1）厅数据中心现有10个服务器机柜、20多套办公和业务系统，网络主要构架现有两台双引擎核心路由交换机，配备有方正防火墙、防病毒网关等以及联接市州办公系统和远程办公用的VPN网关；安装有H3C无线AP控制管理器和联接到各楼层桌面的36台智能交换机。

（2）互联网链路有两条：一是电信100M光纤宽带，主要用于厅机关日常对外办公、政务公开、网上申报和各网站发布信息等；二是省政府电子政务外网光纤（共享100M带宽，无对外公网IP地址），现用于全省商务系统视频会议系统和部分厅属事业单位、协会上网。

（3）省电子政务内网和专网：一是省政府电子政务内网光纤（专网），主要用于传递公文、机要文件、电子监察等；二是省财政支付专网，用于商务厅与财政专网互联。

2. 应用系统建设情况

（1）湖南商务数字化办公平台。平台覆盖厅机关、14个市州商务局和部分县级商务局，省、市、县三级商务主管部门共用一套办公系统，解决了电子政务建设及应用过程中常常发生的由多级部门基础条件不均衡造成的信息交换困难问题，节约了大量资源。厅机关从2008年开始实现了无纸化办公。经过几次改版升级后，现已覆盖全厅的收文、发文、呈批件、通知公告、会议、绩效考核、行政审批、建议提案、督察督办、咨询投诉等办公业务。建立了VPN

安全接入方式，可远程办公，采用远程桌面的方式可实现简单的移动办公。商务厅下发到市州商务局的文件通过平台发送，市州商务局通过平台可查看机关各处室的年度目标完成情况，进而对各处室进行民主测评。

（2）湖南商务公众信息网。商务公众信息网覆盖厅机关所有处室、14个市州商务机关和122个县级商务机关，是全省商务部门发布信息的重要平台，开辟了公众网上互动渠道，设有公众参与模块，提供在线咨询、民意征集、在线办理、在线调查等功能。实现了商务数字化办公平台与湖南商务公众信息网和湖南中小商贸流通企业公共服务平台的信息交互，通过数据交换技术，湖南商务数字化办公平台的可公开信息可快捷发布到湖南商务公众信息网和湖南中小商贸流通企业公共服务平台。

（3）业务系统平台建设。一是开发建设了相关业务系统平台，包括对农村商务信息服务系统进行了升级扩容建设、省级产业安全数据库建设、肉食蔬菜流通安全监管与追溯系统建设、外资管理联网审批与统计分析系统建设、行政执法与电子监察数据交换系统建设、外贸统计管理平台建设、电子商务统计管理系统建设等；二是实现了全网业务数据平台的接入使用，包括“12312”商务举报投诉服务系统、商务领域信用信息系统、全国拍卖行业管理信息系统、商务预报等。这些平台保证了全省商务系统的信息共享、信息的无障碍沟通和快捷及时的传递，促进了全省商务和开放型经济又好又快发展。

二　2015年电子政务发展主要成绩

1. 湖南中小商贸流通企业公共服务平台建设

服务平台搭建了湖南省、市、县三级服务网络和两级业务管理系统，充分考虑服务的便利性、互动性、参与性，集合了湖南14个市州服务中心、120个区县工作站点、重点商协会、商业集聚区、服务机构、专家团队的服务功能，实现了集信息发布、形象展示、服务对接、信息咨询、数据统计、运行监控和绩效评价等于一体的多重功能。服务平台主要集聚的五大类服务包括信息咨询、融资担保、市场开拓、管理创优、技术应用。服务平台已于2015年12月上线运行，力争将平台建设成湖南解读党和政府支持中小商贸企业发展政策的宣传阵地、推荐展示中小商贸企业风采的形象窗口、发布商贸流通产业发展最新动态的前沿信息中心、能及时有效为中小商贸企业排忧解难的服务者。

2. 设计开发了省商务厅微信公众号

首次启用新媒体传播商务政策和动态，维护湖南省商务厅的公众形象，微信号自 11 月上线以来，已经受到广大网民的广泛关注，取得很好的成效。除相关栏目信息外，共推送各类信息 200 余条。其中，徐湘平《积极融入“一带一路”加快走出去》、商务部《48 亿元中央资金支持 256 个示范区发展农村电商》等文章点击量超过 1000 人次。

3. 异地容灾备份

近两年，湖南省商务厅异地容灾备份采取的是离线式备份，且合同已到期。随着国家超级计算长沙中心面向全社会提供超级计算服务，超算至云数据灾备平台得以开发应用，该平台采用的是一种离线式灾备和在线式灾备混合的解决方案，具有在线式灾备高实时性和快速回复的特性以及离线式灾备低成本、易管理的优势。为确保数据灾备安全性，湖南省商务厅以国家超级计算长沙中心为依托，开展了全业务数据的异地容灾备份工作，实现超算远程数据容灾备份。

4. 等级保护测评

按照商务部和国家关于信息系统等级保护的要求，湖南省商务厅聘请华中测评中心为湖南省商务厅专业测评机构，对湖南省商务厅商务公众信息网、商务数字化办公平台等进行了风险评估和信息安全等级保护测评，出具了测评报告并提出整改措施，湖南省商务厅根据该中心的测评报告和整改方案对存在的问题进行整改，以期达到三级保护的要求，确保信息系统防泄密、防篡改、防攻击的安全策略及软硬件设备正常运行。同时，开展了网络信息应急演练和网络信息安全培训。

5. 业务系统平台建设

一是开发建设了进出口统计系统。在复杂严峻的局面中，湖南对外贸易格局总体向好，为做好进出口工作，湖南省商务厅启动了进出口统计系统的开发建设。二是开发建设了电子商务监测管理系统。电子商务已成为湖南经济发展的新引擎，2015 年湖南省电子商务继续保持快速增长，同时，跨境电子商务取得实质性进展，湖南省跨境进出口双向通道全面打通，为更好地为全省电商企业服务，建立全省电子商务统计监测管理系统和日常运作机制。全省电子商务企业认定和统计工作全面采用网上直报，并建立湖南电子商务大数据库。

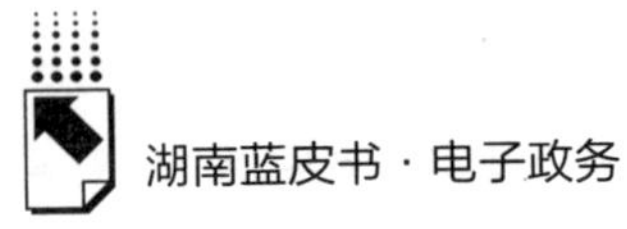

三　2016年发展展望

1. 建立健全管理制度

为加强全省商务系统信息化工作，规范商务信息化建设和运行管理行为，2016 年湖南省商务厅将健全完善全省商务系统网络信息化建设管理制度、中小商贸流通企业服务体系建设制度、信息考核激励机制、信息化设备维护登记制度等。实现湖南商务信息化建设有章可循，充分发挥商务信息系统的综合效益。

2. 湖南商务公众信息网整合改版

湖南省商务厅商务公众信息网自 2007 年上线运行以来，未进行大规模版面变动和系统升级，很多栏目设置不科学且系统老化，不利于商务事业的宣传，改版势在必行。正好利用省政府整合部门网站的契机，湖南省商务厅网站改版将在省政府门户网站统一平台上进行，在省政府网站整合的要求框架内进行栏目规划和设置，开设一些特色栏目，同时，湖南省商务厅三级网站群框架改为一个省政府部门子站，设立三级展示页面，以专栏形式开设。力争改版后的网站能全面满足国办、省政府办公厅关于政府网站建设在实用性、健康性、互动回应等方面提出的新要求，也更好地维护湖南商务形象，推动政务公开，加强行政监督，开展在线服务，密切政府与企业、公众的联系，推进信息资源的协同共享，提高整体商务资源的利用率，满足企业、公众对商务服务的需求。

3. 商务数字化办公平台改造及延伸

随着湖南商务数字化办公平台业务不断扩大及市州、区县商务局的接入，应用数据库不断扩大，导致系统运行速度慢、备份时间长、发生故障后恢复时间长等问题。不论是从日常运行、维护、管理，还是从系统安全性来看，都存在一定的隐患和不可预知性，因此办公平台改造已势在必行。同时，逐年向未接入办公平台的县区进行延伸，逐步完善覆盖省、市、县三级的政务信息化工作体系。实现全省商务系统无纸化办公、工作流程简化、信息共享、工作效率提高等目标。

4. 中小商贸流通企业服务体系建设

夯实全省中小商贸流通企业服务体系建设运行机制，做到八个方面的统一，协同推进；各服务主体的服务事项内容都要在中小商贸流通企业公共服务平台上公开；中小商贸流通企业服务体系建设在服务主体之间做到互联互通、服务协同；各服务主体协同为全省中小商贸流通企业提供五大类服务；全省中小商贸流通企业可从四个渠道获得各类服务。

5. 省外贸综合服务中心建设

近年来，我国外贸形势严峻，随着“一带一路”“互联网 +”等战略的提出，我国经贸发展面临新的机遇。湖南省外贸企业以中小微企业为主，一般不具备独立完成报关、报检、结汇、订舱等工作的能力，需通过物流、船务、报关等专业服务公司来完成。烦琐复杂的外贸业务程序和环节往往制约了外贸企业的工作效率和发展速度，影响外贸企业拓展海外市场。为有效解决上述问题，湖南省商务厅将于 2016 年开展湖南省外贸综合服务中心建设及试点等相关工作，推动全省外贸“破零倍增”，壮大对外贸易队伍，扩大对外贸易规模。

6. 商务系统大数据平台建设

虽然近几年商务系统的电子政务业务系统建设水平不断提升，但商务系统内业务系统众多，缺乏有效统筹，各个业务系统之间无法进行数据交换和共享，也同样存在资源浪费和“信息孤岛”问题，资源的整合利用率不高。商务系统大数据平台，将把目前全省商务机关各应用系统整合到统一的数据平台上，具体包含自己开发的业务系统、应用商务部或其他外部系统和目前正在开发及将要开发的系统，对各业务系统的数据进行抽取、清洗、归类、转换等，形成面向外贸、内贸、外经、外资四大板块的大数据资源库，实现企业信息、业务信息的浏览、查询、监控、分析和应用。

B.10

2015年湖南省文化厅电子政务发展情况及2016年发展展望

湖南省文化厅

一 2015年电子政务发展情况

我国的电子政务已经发展到一个新的阶段，受到党中央的高度重视，并且上升为一种国家发展战略，电子政务为我国行政体制改革拓展了全新空间。2015 年以来，湖南省文化厅跟随时代的步伐，也非常注重推动电子政务的发展，在厅门户网站建设与政务服务、信息资源整合开发等方面取得了长足的进步。

（一）以政务公开为抓手，推动电子政务的发展

1. 积极运用自媒体平台，打造阳光政务

在厅党组的高度重视下，2015 年组建了省文化厅宣传信息中心。2015 年，厅宣传信息中心建立了微信、微博自媒体平台，全面开展政务信息公开和宣传报道工作，并下发《湖南省文化厅关于做好全省文化系统门户网站、官方微博、微信开通运转工作的通知》，鼓励厅直单位及 14 个市州文（体）广新局打通各自的宣传渠道，及时更新、维护官方网站，开设官方微信、微博并做好信息推送。截至目前，除极个别未开通微信、微博外，均开通了微博、微信自媒体平台，在推动电子政务发展方面打开了一个新的局面。

一是抓好网站内容建设。湖南省文化厅按照文化部、省政府关于建设政府网站的要求，高标准地实施栏目建设、信息更新，使之成为省文化厅政务服务平台、便民办事平台、信息公开平台、信息发布平台。积极主动公开文化厅工作动态、行政许可信息、政策解读、政策法规、规划财务、人事信息、

通知公告、建议提案办理专栏、公共服务信息、市县级文化场馆活动信息，2015 年湖南省文化厅公众留言达 3120 条。积极运用意见征集和网上调查栏目，保持与公众的互动，收集民意，获取基层一线的声音。全年网上答复并公开“厅长信箱”信息 141 条、“投诉信箱”55 条、“咨询信箱”127 条。

二是做好微信的信息推送。文化厅非常注重对微信平台的运用，使其成为分享文化信息、政民互动的活跃平台，截至目前，已发布文化信息近千条，粉丝突破 6 万人。在腾讯举行的“2015 互联网 + 湖南微信影响力排行榜”活动中，暂获政务类 20 强，冲刺年度十强微信号。

三是办好微博。文化厅于 2015 年正式开通湖南省文化厅政务微博，发表信息近千条，成为文化信息分享、传播和获取的平台，加大了省文化厅政务公开的厚度和宽度。

2. 注重运用新媒体宣传，创新手段

通过 PC 端与手机端宣传报道湖南文化工作，扩大了湖南文化影响力和覆盖面，增强了老百姓的文化获得感。以第五届湖南艺术节为例，湖南省文化厅很好地落实了线上艺术节活动，分别推出网络专题、H5 手机专题等，采取网上直播、网上展示、网上互动等形式，共吸引了 5000 万人民群众参与线上艺术节。腾讯 · 大湘网 PC 端日均访问量 1600 万人次，PC 端日均用户量 160 万人。新湖南策划报道 56 篇，累计发稿 400 余篇，专题累计阅读量 1560 余万人次。华声在线各平台累计发稿 400 余条，总流量超过 1500 万人次，其中“第五届湖南艺术节”与“湖湘工艺美术创意成果展”两个网络专题共吸引了 1000 万人次的点击浏览。红网各个平台专题发稿 300 余条，上千名网友留言索票，总流量突破 1200 万人次。

为做好互动工作，厅宣传信息中心在厅官方网站开设艺术节专题，每日实时对专题进行更新。在厅“文化湖南”官方微信号上开辟艺术节专栏，每日发布艺术节最新资讯，已累计发送相关资讯 130 多条；在微信上开展 31 场大型剧目演出的抢票活动，在微信中奖公告上实时公布中奖粉丝。利用新湖南、众益传媒、腾讯 · 大湘网、红网等媒体开展艺术节免费抢票活动，群众反响热烈。以此加强与受众的互动，让广大群众积极参与。真正做到了日常报道丰富多彩、专题策划凸显深度、互动渠道黏性增强，以全面的内容、创新的手法、丰富的形式不断扩大本届艺术节的影响力，第一时间呈现本届艺术节盛况。

3. 加强行政权力信息公开，提升效率

文化厅19项政务服务审批项目（包括省文物局）全部上网公布。在厅机关一楼设立了专门的办事窗口，实行“一站式”办事服务。将全部行政审批项目和办事服务项目以及具有行政审批职能的业务处室和监察室接入系统，非涉密行政许可、非行政许可审批和公共服务事项全部录入系统。全年，湖南省文化厅共有199项政务服务事项通过互联网公开申报、受理、办理、咨询和回复，平均办件时间控制在7个工作日以内，实现了行政审批再提速。

湖南省文化厅还在官方网站上进一步清查、细化、公布了14项行政权力运行流程，实行阳光政务；公开了《湖南省文化厅政务公开管理办法》《湖南省文化厅政务公开指南》《湖南省文化厅政务公开处理流程图》，积极推行线上线下的政务运作模式。

（二）以提升办事效率为抓手，推动电子政务的运用

一是推进办事服务电子信息化。湖南省文化厅官方网站开辟了“办事指南”“表格下载”“网上办事”“许可信息”“审批结果查询”等栏目，全面公开办事服务的流程、期限和结果，收费的项目、依据和标准以及办事过程中所需要的证件、资料、监督方式等，推进办事服务全过程公开、全流程监察、全视频监控，不断提高政府办事透明度和服务水平。同时，开辟了“文化服务”“文化场馆”“文化视听”“各地文化活动”等公众文化服务专栏以及“领导信箱”“咨询信箱”“投诉信箱”“意见征集”“网上调查”等公众回应互动栏目，及时回应公众意见和建议，不断提升政务公开、政务服务水平。

网站公开内容涉及湖南省文化厅机构设置、人事变动、机关工作动态、文化行政规章和规范性文件、文化发展规划及相关政策、文化行政审批和许可、场馆设施、办事指南、文化服务以及与公众互动交流等方面，全文电子化率达100%。

文化厅还建立了全省文化市场技术监管与服务平台，实现了全省文化行政部门行政审批事项利用新平台开展行政审批业务。推动文化市场技术监管与服务平台应用取得了较大进展，开展了平台文化产品和执法案卷信息采集及完善人员信息补录工作。

二是推进非遗项目数字化记录保护试点工作。为确保数字化记录质量，在

相关专家的指导下，湖南省文化厅非遗处联合省非遗中心全力协助湖南文化音像出版社开展数字化记录保护试点工作，先后组织了“临武特色祁剧”试点工作评审会议、指导专家见面会、试点项目数字化采集工作培训班、专家评审、联席会议评审等活动，组织专家、工作人员和数据采录公司开展了完善提质工作，确保数字化记录保护效果，完成了首批20个省级非遗项目数字化记录保护试点工作。

三是推进文物信息的采集与登录。在第一次全国可移动文物普查中，积极运用电子信息手段，目前全国可移动文物信息登录平台等级注册率达100%，已完成了30余万件（套）文物信息的采集与登录，还完成第六批全国重点文物保护单位科学记录档案的补充与数字化。

二　2016年电子政务发展展望

2016年，省文化厅电子政务建设的着眼点是进一步提高党和政府的信息化水平，增强快速准确地掌握和处理信息的能力，加强适应体制和机制变革的灵活性，丰富政府的公共服务方式，丰富透明监督和公众参与的手段。着力点是大力推动业务信息系统由独立运行向按需协同方向发展，积极促进政务信息资源由部门应用向依法公开共享方向发展，加快推进电子政务网络由部门专网向统一的国家电子政务网络方向发展。

1. 创建湖南文化APP，打造电子政务新平台

创建并运营“文化湖南”APP公共服务平台，打造全国文化领域第一标杆。以用户兴趣为原点，线上线下深度融合，集个性化阅读、公众互动和公共文化事业与产业服务于一体，扩大湖南文化的影响力和覆盖面，扩大文化事业及产业规模并提高效率，实现“文化湖南”APP公共服务平台与官方网站、微博、微信的互联互通。

2. 加强文化市场信息化建设

继续推进信息化建设，建立上网服务营业场所监管系统，延伸监管手臂，真正做到对文化市场的全方位、全覆盖监管。

3. 大力实施数字文化惠民工程，有效促进文化信息资源共建共享

继续推进公共电子阅览室建设计划，重点抓好“湖南省公共电子阅览室

信息管理平台”的推广应用；加快启动长沙等 11 个市州公共数字图书馆推广工程，省群众艺术馆、岳阳市群众艺术馆的数字文化馆建设试点；积极打造“湖南弘文知识社区”公共文化数字支撑平台，抓好公共数字图书馆特色专题数字资源库建设；实施图书馆珍贵古籍数字化保护工程，建立图书馆馆藏珍贵古籍资源库，通过互联网向读者提供服务。

4. 大力开展文化产业数据库体系建设

全面建成湖南省重点文化产业项目库、特色文化产业项目库和特色文化企业名录库等基本数据库体系，并逐步拓展和完善，同时实行动态管理和跟踪服务，定期向社会发布和推介。

5. 继续大力推进非遗数字化保护传承

推进非遗数字化生产性保护、数字化记录保护，传承人抢救性记录保护和非遗进校园、进演出、进市场工作。打造集项目和传承人申报、信息查询、宣传推广及网上展示展销为一体的综合性管理服务系统，提高全省非遗管理工作质效。

6. 大力打造“互联网 + 博物馆”工程

以特色文物创意产品研发和“互联网 + 博物馆”为抓手，以湖南省博物馆改扩建和法人治理结构改革为契机，组建湖南博物馆公共文化服务联盟，打破行政区域限制，创新机制体制，推动文物资源合理配置和优化利用，推动博物馆协同创新和协调发展，建设省域数字博物馆，积极推出微博物馆、微展览，努力实现文物工作创新发展、文物保护成果创造性转化和艺术性提升、博物馆与互联网融合发展。

B.11
2015年湖南省人口健康信息化发展与展望

湖南省卫生和计划生育委员会

实施和推行电子政务，是深化行政体制改革的一项重要举措，是促进依法行政和实施政务公开的重要途径。近年来，湖南省卫生和计划生育委员会高度重视人口健康信息化建设，利用信息化手段推进电子政务的实施，在省政府和国家卫生和计划生育委员会的正确领导和大力支持下，加强组织领导，明确目标任务，配备专业人员，加大资金技术投入力度，并与实际应用紧密结合，本着以建设带动应用、以应用促进发展的原则，全面推进湖南省人口健康信息化和电子政务建设。现将建设工作汇报如下。

一 人口健康信息化建设情况

（一）明确整体建设框架和建设思路

为全面统筹和规范湖南省人口健康信息化工作，2015 年省卫计委拟定了《关于加快推进人口健康信息化建设和应用的指导意见（讨论稿）》，并组织征求全省卫生计生系统和专家的意见，明确人口健康信息化总体框架和主要任务。基本完成了全省人口健康云平台建设方案的制订，为下一步全省范围的区域信息化建设打下基础。

（二）完善人口健康区域信息平台

一是省级平台建设顺利实现与 13 家部省直医院系统的对接。二是网上预约挂号平台惠民措施基本实现，目前预约挂号服务平台接入 9 家部省直医院、

5家地市级医院，预约挂号监管平台也已接入6家医院。三是省级区域人口健康信息平台个人健康档案已在湘雅医院、省脑科医院的医生工作站实现调阅。四是湖南省数据交换平台已经完成9个地市的软件部署，其中6个地市已经和省卫计委网络联通。

（三）业务信息系统扎实推进

为全面了解各业务信息系统进展情况、实施效果、存在的问题和困难以及下一步推进方向，2015年上半年对在建应用等所有应用系统进行了清理，了解项目进展情况，并积极推进各业务系统建设与应用。农卫信息系统（2.0版）完成验收工作，妇幼系统完成了五合一系统建设，血液采集平台完成试点并推广应用，疾控平台试点进展顺利，其他系统都已采取措施加快推进，网上办证系统已经上线试运行，部分原实施系统（平台）完成验收。人口网格化管理工作得到有力推进，在全省城区基本全面实施。全省各市州都有区县联网直报系统，共开通账号20620个，开通比例为39.9%，累计上报信息量达3559453条。

（四）持续推进居民健康卡工作

湘雅医院、湘雅三医院已实现现场自助发卡。安仁县等地区居民健康卡信息采集工作已基本完成。张家界武陵源区、长沙县其他试点地区居民健康卡批量发卡数据采集工作和居民健康卡受理环境改造工作正在开展。与相关银行签订了框架协议，目前部分银行卡样已完成审批流程，2015年4月底举行了继续医学教育－居民健康卡发卡仪式。全省二级以上公立医院互联互通工程正在进行，长株潭三市居民健康卡建设工作正在启动。

（五）积极参与国家课题研究和标准制定工作

全面完成国家卫计委委托的“生育政策调整完善过程中出生人口动态监测预警机制研究”课题，承接国家卫计委委托的“关于逐步调整完善生育政策研究”课题，形成课题初稿。启动省卫计委委托的“湖南人口健康信息化体系研究”课题。按照国家卫计委要求，承担了《基层医疗卫生信息系统标准符合性测试及应用成熟度测评方案》和《省级人口健康综合管理信息平台建设技术规范与测评指标》的编制工作。

（六）规范数据中心安全建设与管理工作

一是制订湖南省卫生和计划生育委员会信息安全大排查方案，在全委范围内进行安全排查和整改，对委数据中心软硬件平台进行升级改造。二是建立全省卫生信息数据中心异地备份机制。全省 11 个市州的社区和农卫系统数据已实现异地备份至湖南省卫生和计划生育委员会数据中心，其他 3 个市州正在实施。三是督促、指导全省卫生行业信息安全工作，对全省卫生行业信息系统安全等级保护工作的开展情况进行督促。四是推进原卫生和计生两边的机房整体搬迁工作，保障合并后委数据中心的高效安全运行。

（七）推进全省卫生计生信息网络建设工作

一是开展卫生计生系统专网建设。目前，11 个市州卫生计生数据中心完成有线专网联通，县级以上接入单位已完成有线专网接入 436 个，省直单位已完成 7 个有线专网线路的接入，县级以下单位有线专网接入线路施工完成 397 个。二是加快推进政务外网建设。目前，14 个市州卫计委除邵阳市外都已经与省卫计委联通。目前，正在实施县级卫生计生行政部门和省、市、县三级公共卫生机构的联通工作，并接入省、市、县对应的卫生计生数据中心。

（八）做好计划生育业务信息化支撑工作

对计划生育统计上报系统进行了全面升级改造，有力支撑了 2015 年度计划生育考核评估工作。协调人社部门的数据对接，完善城镇奖扶信息管理系统，完成湘粤计划生育全面对接，湘粤流动人口协作进入“新常态”，实现湘粤两省人口信息和数据的实时互联互通，弥补国家 PADIS 平台的不足，有力提升了两省流动人口管理和服务水平。响应国家方便办证的要求，积极开发和部署网上办证系统，促进信息惠民政策的快速落地。

（九）门户网站建设日趋完善

卫计委是一个与人民群众生活息息相关的重要部门，湖南省卫生和计划生育委员会把网站建设作为转变政府职能、提高服务质量、联系社会群众的抓手，作为全面推进信息化建设的突破口。2015 年，湖南省卫生和计划生育委员会对合并后的网站进行了全方位改版，始终坚持以信息技术为手段促进行政过程透明化、行政结果公开化，加强社会服务、接受群众监督。一方面，通过网站这种最广泛、最迅速的手段，将人民群众所关心的卫生计生法律、法规、方针和政策在网站上进行宣传，把各个部门应该办什么事、怎样办事告诉老百姓；另一方面，通过网站公共服务平台提供网上办理、查询、挂号等服务，更加方便人民群众办事咨询。

实践证明，利用信息化手段推进电子政务建设，有利于建立行为规范、运转协调、公正透明、廉洁高效的行政管理体制，实现资源共享，提高行政效率，降低行政成本，提高服务质量；有利于接受社会监督，促进政务公开和廉政建设，提升部门整体形象。

二 2016年发展展望

（一）加强信息化顶层设计

完成湖南人口健康信息化体系研究，形成符合国家要求、适应湖南省实际、契合新技术发展方向的顶层设计方案，支撑湖南省“十三五”人口健康信息规划的编制工作。拟订湖南省人口健康信息化总体实施方案，加强全省人口健康信息化标准规范建设。

（二）加强省级人口健康云平台建设

依托全员人口数据库，整合居民健康档案库和电子病历库，逐步整合现有省级大集中的人口计生业务系统和现有在省级集中建设和部署应用的卫生业务系统，联通上下级信息平台和各业务子平台，初步建成省级集中、区域共享、分级应用的人口健康云平台基本框架。

（三）加快信息互联互通

一是实施公立医院与省市平台互联互通。二是加快推进各业务系统之间以及与外部门系统的互联互通。三是实现省级平台与国家人口健康平台（含 PADIS 国家平台）的互联互通。

（四）推进系统资源整合

根据已建成各类业务系统的应用和部署情况，实行分类指导，规范业务功能、优化业务流程，逐步梳理、整合基层卫生、妇幼保健、新农合、疾病控制、计划生育等系统交叉领域的功能设置和数据采集，做到“一数一源、多方共用、准确高效”。

（五）完善信息化应用机制

开展全省卫生计生信息化建设和应用情况调查，全面梳理湖南省卫生计生信息化建设和应用情况，提出有针对性的深化信息应用的工作方案。全力推进卫生计生六大业务领域的信息化应用，创新优化业务流程，制定各类信息化平台和业务系统的应用规则，全面加强信息化应用指导、绩效考核和数据质量评估，强化队伍培训，提高应用水平。

（六）加快健康卡推广应用

全面完成居民健康卡发放工作，在公立医院实现居民健康卡取代诊疗卡，实现居民身份识别、基本健康信息存储、跨区域跨机构就医和费用结算，方便居民享受连续、高效、便捷的卫生计生服务。

（七）服务管理决策，加强统计工作

继续做好卫生统计网络直报、计生统计“村直报”和医改监测等常规工作，开展卫生计生统计会审和数据核查工作，加强数据分析和利用，为政府决策和管理提供数据支持。

B.12
2015年湖南省质量技术监督局电子政务发展形势分析及2016年发展展望

湖南省质量技术监督局

一 2015年及“十二五”工作回顾

2015 年是“十二五”规划的收官之年，湖南省质量技术监督局紧紧围绕数字湖南的工作部署，有效推动信息化工作开展，重点抓了 8 项工作。一是建机制。省局建立了信息化资金保障机制，将信息化建设资金纳入省财政预算，确定每年 1500 万元的资金支持。二是搭平台。不断推动信息化基础设施建设，搭建数据中心大平台。建立健全服务器托管制度，全面整合省本级信息化资源，消除“网络孤岛”。三是抓规划。编制了省局“十三五”重大信息化项目建设规划及可行性报告。确定“十三五”期间投入资金 7500 万元，围绕风险信息搜集、业务管理、执法打假、检验检测等业务建立大数据主题应用平台，跟进建设 16 个重点信息系统，强化对数据资源的开发利用和共享。四是促融合。推动了“12365”举报处置指挥系统（二期）、综合办公、科技资源管理等业务系统的建设和应用。助推政务大厅综合服务和电子监察系统在湖南省质量技术监督局的数据落地，全年累计收件 4647 件，办结 4236 件。信用信息收集工作按时完成，全年报送数据 189554 条。五是强服务。门户网站服务民生的作用不断加强，全年发布信息 4812 条，向省政府网站发送信息 726 条，网上信访栏目共接收咨询投诉 302 件，已答复 272 件，答复率 90%。收到依申请公开信件 14 封，全部做到了及时答复。舆情监测服务决策的作用显著，及时预警了电梯安全、工作作风等方面的舆情事件。刊物《质监舆情》获得省局党组高度认可，在全局中层以上领导干部中印发。六是做支撑。全年进行计算机维护 1169 次，为重大会议、活动提供技术保障 69 次。对“12365”、广域网等重要信息系统电话巡检52次，现场巡检4次。协助特种设备检测院完成视频会议系统安装调试工作和省局互联网出口向省电子政务云平台的整合工作。七是保安全。做好三级系统等保测评工作。不断强化门户网站和重要信息系统的安全防护，确保安全零事故。八是树作风。扎实开展“三严三实”专题教育，抓住“关键少数”，做好“关键动作”，严实作风开始树立。

一年来，湖南省质量技术监督局圆满完成了年初确定的目标任务。“十二五”期间，湖南省质量技术监督局围绕构建信息化工作机制、搭建信息化工作平台、整合开发业务资源、保障信息安全等工作全面推进信息化与质监业务深度融合，各项工作卓有成效。

1. 数字质监全面推进

“十二五”期间，湖南省质量技术监督局一直将信息化作为质量事业科学发展的重要组成部分来推动，围绕提高质监工作数字化、网络化、智能化水平，不断加大信息化建设投入。2010年以来，信息化基础建设累计投资8250万元（含法人库3050万元、电梯物联网3500万元），先后建设了电子政务内外网、质监广域网，高标准建设了省局数据中心、“12365”举报处置指挥中心、法人库机房。逐步形成以“三网二中心一库”为核心，涵盖综合办公、执法打假、风险监控、特种设备监管、电子监察、认证认可、计量监督、政务公开、人事管理、法人信息、信用信息、产品质量监管、科技资源管理13个业务领域的信息化应用格局。

2. 重点项目成果显著

5年来，省局集中精力建设了4个重点项目。

（1）数据中心建设。省局数据中心建设投入800多万元，机房占地300多平方米。目前，有机柜30个，核心交换机、路由器各2台，楼层交换机66台，服务器、存储设备50余台，防火墙、防病毒网关、入侵防御系统等安全设备10余台。数据中心的建设完成使湖南省质量技术监督局的信息化有了质的突破，从此质监数据跑上了“信息高速公路”。

（2）“12365”平台建设。“十二五”期间，投入近400万元建设了“12365”举报处置指挥系统，并与湖南出入境检验检疫局实现了平台共享、业务协同。该平台通过先进的移动互联网技术，将指挥车和执法人员在现场拍摄的音视频信号实时传送到指挥中心，应急指挥人员能够迅速掌握现场情况，快速做出应急指挥决策。

（3）法人库建设。在全国率先建成法人数据库，项目总投资3050万元，建成了400平方米的中心机房、200平方米的演示厅和培训室，项目整体建设达到功能齐全、设备先进、管理科学的要求，系统拥有数据存储总量20T，能容纳百万级法人单位基本信息，外网传输速度100M，可同时为500名用户提供在线服务。目前，法人库已实现与人口库和空间地理库以及金融、税务、统计、社保、公积金等业务系统的对接，可以形成完整的社会经济活动公共记录，满足湖南省不同行业、不同部门、不同地区对单位和机构基本信息的共性需求。

（4）电梯物联网建设。“十二五”期间，湖南省质量技术监督局投入3500万元建设电梯安全应急处置及物联网监测系统。目前，有一个监控平台和14个工作平台。物联网终端（电梯）安装1.2万台，长沙、浏阳电梯应急救援处置服务中心已投入使用，其他相关系统正在调试中。电梯安全应急处置及物联网监测系统具有快速援救、预诊预警、综合监管三大功能，包含三个子平台，即“96366”应急救援指挥平台、电梯运行实时监测平台、电梯安全管理平台，各平台互相联系、数据共享。该系统的建成显著缩短了救援队伍的响应、到场时间，提高了整体救援水平。截至2015年底，仅长沙市“96366”电梯应急处置中心已成功处置电梯困人报警985起，解救被困乘客2229人次。

3. 业务融合不断深化

（1）促进信息化与业务工作融合。围绕电子监察、实验室资质认证认可、特种设备监察、棉花质量监管、食品风险信息管理、舆情监测工作，扎实做好核心业务的深化应用。全力抓好OA办公自动化应用推广，积极推进“12365”系统的深化应用，为促进质监部门加强政务管理、提升监管效能、服务经济社会发展提供了优质服务和信息化保障。

（2）推动信息化与领导决策融合。扎实做好舆情收集、分析研判，5年来，湖南省质量技术监督局及时发现并有效化解多个影响较大的网络舆情事件。截至2015年12月底，刊发《网情辑要》68期、《舆情快递》690期、《质监舆情》114期，分析、研判舆情事件758件，为领导决策提供了有力支撑。

（3）推动信息化与公共服务融合。全面提升省局门户网站的综合实力和水平，梳理信息资源，重构公开体系，优化服务形式，完善公众参与渠道，网站获得2011年度国家质检总局网站建设进步奖、2012年度和2013年度及2014年度国家质检总局信息公开优秀奖、2015年度国家质检总局进步奖、2011年度湖南省政府优秀网站、2012年度湖南省政府网站信息公开进步奖。

4. 保障能力不断提升

围绕保安全和运维这条底线，省局成立了专业的信息运维队伍，建立信息化运维体制机制，编制了信息化运维管理制度，IT运维能力显著提升。5年来，累计进行终端设备维护1万余次，重大活动技术支持345次，网络及重要信息系统巡检168次，及时解决重大网络故障7次。省局不断健全信息安全防范机制，完善信息安全制度。坚持每年进行风险排查和门户网站7×24小时监测。完成门户网站、“12365”系统、综合办公系统、质监广域网4个信息系统的等保备案工作，及时发现并排除网络攻击事件3次，有效保障了信息系统安全稳定运行。

5. 队伍建设得到加强

为了提高信息化应用和信息安全防护水平，湖南省质量技术监督局多次开展信息化培训，分批次对各市州信息化管理和技术人员进行培训，同时也不定期组织湖南省质量技术监督局信息中心技术人员参加信息化培训，鼓励信息中心干部职工在业余时间充电，在核心期刊发表论文。目前，湖南省质量技术监督局信息化从业人员中有高级工程师1人，硕士级工程师2人，行业认证专家级工程师1人，在省级以上核心期刊发表论文5篇，其中2篇获奖。

二　当前信息化工作存在的主要问题及措施

当前，信息化工作还存在一些不符合、不适应科学发展的突出问题，主要表现在以下五个方面：一是管理体制有待完善。信息化建设统筹协调工作有待进一步加强，需尽快解决各自为政进行项目建设的现象。二是资源整合难度较大。由于分散建设、规范标准不统一、信息系统部门利益化等，信息化资源难于整合、信息资源难于共享，软硬件环境得不到高效利用，运行维护水平较低，管理制度不健全，信息化建设的整体优势和规模效益难以充分发挥。三是高技能人才相对缺乏。信息化人才队伍力量还不够强大，特别是市、县两级，信息化专业技术人员相对缺乏，现有的人才队伍与信息化建设的任务要求存在差距，特别是既熟悉质监业务又掌握信息化技术的复合型人才缺乏。四是资金投入相对不足。质监信息化建设还需进一步加强且管理资金还需加大投入，原有建设资金投入分散。五是对新技术的应用能力不足。对大数据、云计算等新技术的理解不准、认识不深，无法对质监信息资源进行有效的开发利用，无法发挥其价值。

针对上述问题，湖南省质量技术监督局将采取以下工作措施：一是贯彻落实《全国质检信息化水平评估管理办法》，细化具体指标，将核心评估指标纳入绩效考核范围。二是进一步规范和完善信息化工作领导小组议事决策机制，加强信息办的综合协调职能，突出业务部门的业务主导作用，提升技术部门的保障能力，调动各方力量，形成良好的工作机制。三是强化信息化人才培养，建立信息化培训长效机制，结合重点信息化项目开展多层次的培训。建立激励机制，吸引一批高素质的信息化人才。建立质检行业信息化人才库，设立信息化方面的首席专家。四是全面开放质量信息资源，积极引进社会技术力量联合研制。在联合研制中应注重以资源换技术，同时积极培育应用市场。努力将合作单位进一步培育成质监工作中介服务机构，开发质量信息资源的应用市场，提高公众参与度，推动质监工作的良性发展。

三 “十三五”规划思路

（一）总体目标

“十三五”期间，湖南省质量技术监督局信息化工作的总体目标是：以开发和利用质量信息资源为主要内容和目标，以大数据为主要技术支撑，深入挖掘和提升信息资源的利用价值。引进社会技术力量，开放信息资源，广泛合作并培育信息资源的应用市场。以建设具有质监特色的网络舆情分析系统为突破口，力争5年内建设2~3个具有行业先进性和示范性的大数据应用服务系统平台。

（二）工作思路

1. 工作重点转型

要将工作重心转移到省局系统信息化建设上来。加强与系统内各职能部门和直属机构的合作，加大社会先进技术力量的引进力度，努力提高信息化建设项目的谋划、组织和管理能力。解放思想，抓住机遇，努力大幅度提升湖南省质量技术监督局信息化建设水平。

2. 组织力量搞好质量信息资源规划和顶层设计

搞好质监系统内信息资源的统一规划，是信息化建设的基础。将重点开展以下工作：一是对检验检测、产品质量抽查、执法案源、网络舆情、企业信用、生产许可、实验室管理、法人单位信息等信息资源的潜在价值和应用前景进行逐一评估。二是深入研究现有信息资源开发利用的实现技术，形成开发和利用信息资源的总体目标。三是研究构建综合开发和利用各种信息资源系统平台的总体方案和中长期建设目标，整合不同部门的资源，为资源共享、业务协同打下基础。

3. 组织开展大数据技术应用平台建设框架设计

一是加强采集质量信息数据的基础建设。利用手机等移动终端、二维码、RFID 等技术建立质量信息数据采集系统，是抢占信息资源主导权的重要技术手段。二是加强信息资源的安全管理。应用数据加密、数字签名和数字认证等信息安全技术，有效保证数据的完整性、私密性和访问权限等，是实现对信息资源进行安全管理的有效手段。三是加强对信息资源的数据分析技术研究。组织专业技术力量利用云计算等技术进行深度挖掘。四是加强信息资源的开放平台建设。推广信息资源市场应用，提高公众参与度，是培育信息资源应用市场的关键环节，应重点开展 APP 等专业应用软件技术的开发。

4. 组织开展重点建设项目的研制工作

为实现建设 3 ~4 项具有行业先进性和示范性具体项目的目标。一是成立专门机构开展项目调查和预研。引进社会技术人才或机构，与系统内专家队伍组成联合研究小组，广泛调查和深入研究讨论，形成研究预案。二是项目遴选。根据财力、技术能力和实际效益进行评估。三是项目管理。对项目经费、研究进度进行有效的监督和管理。四是应用推广。需要制定和协调相关政策，向社会进行宣传、培训和使用。

四　2016年工作计划

一是推进 OA 建设。OA 建设项目预研准备阶段已经完成，需要尽快完成招标研制、落实研究进度、新系统部署和调试、技术培训和试用等工作。争取2016年下半年正式投入使用。

二是加快舆情分析系统研制。舆情分析系统建设分为两步：第一期主要完成搜索引擎的开发和网络信息资源的初步分析，形成舆情分析报告，2016年完成；第二期网络信息资源的开发和利用，2017~2018年完成。

三是加快质监信息资源大数据综合服务平台建设项目规划。引进专家队伍，组织系统内有关大数据理论、云计算技术、密码学和信息安全技术等方面的技术讲座。与其他部门合作，对质量信息资源进行广泛的调研和讨论，组建大数据平台项目建设预研小组。结合质监工作实际，形成3~4个项目规划报告。

B.13

2015年湖南省统计局电子政务发展形势分析及2016年发展展望

湖南省统计局

2015 年，在省委、省政府的高度重视和省财政厅、省发改委的大力支持下，为了满足新形势下统计业务工作的需要，进一步深化统计系统的“四大工程”建设，尽快实现国家统计局提出的“三个全部”要求，湖南省统计局以推进全省联网直报保障体系项目建设、保障联网直报平台安全稳定为主要任务，克服任务多、人手紧等困难，圆满完成了各项信息化建设及应用工作，呈现了很多亮点。

一 2015年统计信息化和信息安全工作中取得的主要成绩及其亮点和特色

（一）积极推进全省统计联网直报保障体系项目建设

2015 年，省统计局党组决定启动全省联网直报指挥调度中心项目建设。全省联网直报指挥调度项目以省局为总调度中心，以 14 个市州统计局为一类节点，以 126 个区县统计局为二类节点。系统的建成能实现省局与市州局、县区局之间，市州局与所辖区县局之间的远程交互、指挥调度，包括经济形势分析、统计信息发布、人员集中办公、现场视频调度、工作视频会议、业务技能培训等。

1. 全省统计联网直报保障体系项目建设正式启动

省统计局向全省市州、县区下发《湖南省统计局关于启动全省联网直报保障体系项目建设的通知》（湘统〔2014〕45 号），对全省联网直报保障体系项目建设提出了明确的要求，制订了具体的实施方案。目前，全省资金、场地、人员已按要求基本到位，省局正在全力组织、督促和实施。

2. 完成全省统计联网直报指挥调度项目公开招标

2015年1月，省统计局委托省直机关政府采购中心完成"全省联网直报指挥调度项目"（政府采购编号：湘财采计〔2014G〕1410号）省、市州、县区设备的采购招标，与中标公司签订合同，完成全省技术培训，设备全部到位，市州、县区设备已下发。

3. 组织省统计局联网直报指挥中心升级改造

年初，省统计局按照国家统计局对联网直报保障体系项目的相关要求，委托省直机关政府采购中心制定湖南省统计局联网直报指挥中心升级改造竞争性谈判文件（政府采购编号：湘财采计〔2015〕001246号），目前已完成对省局联网直报指挥调度中心场地和环境的整改。

4. 完成市州、县区统计局设备下发

6月，完成12台市州局高清视频指挥调度终端等设备、108台县区局高清视频指挥调度终端等设备的下发。

5. 省、市州、县区统计局进行系统联调

6月，已完成省局与市州局联调，正在通过省统计局MCU与市州MCU联接，实现三级联网直报保障体系项目的系统联调试运行。

6. 省、市州、县区统计视频会议系统正式启用

8~9月，省统计局组织技术人员对全省所有市州和县区联网直报指挥调度系统进行了各项技术测试，省局与市州局的联调成功完成，与大部分县区局的网络联接正常，音频和视频质量均较好，省、市州、县区视频会议系统正式启用。

7. 完成全省统计联网直报保障体系项目验收

10月，召开了全省联网直报保障体系项目验收会议，验收成员由国防科学技术大学、省直厅局的三位专家以及监察室、财基处、服务中心、计算中心组成，验收组对项目完成情况进行验收，专家组一致认为项目完成了合同内容所要求的工作，达到设计目标，系统经过测试运行正常，效果良好。

（二）加强统计信息安全技术防护工作

2015年，省统计局高度重视信息安全工作，按照要求完成了国家统计局

及省公安厅等相关部门布置的各项信息安全工作任务，积极开展等级保护、信息安全自查和安全培训等工作。

1. 稳步推进统计信息安全等级保护工作

按照“国家有要求、工作有需要”开展安全建设。2015 年 7 月，召开等级保护测评整改方案专家评审会。8 月，发布《湖南省统计局办公室关于开展二级信息系统等级保护安全建设工作的通知》（湘统办〔2015〕25 号），推进市州开展二级等保工作。

2. 完成国家统计局等相关单位的信息安全检查工作

一是 9 月 13 ~ 15 日完成国家统计局信息安全小组对湖南省信息安全的现场检查工作，包括安全规划、安全技术、安全管理、安全培训等 20 个指标。二是 8 月 20 日完成省公安厅关于重要信息系统和重点网站安全自查情况的材料汇报。三是 11 月完成向湖南省网信办关于重要信息系统和重点网站安全的现场检查工作。

3. 强化统计终端接入安全防护

2015 年 1 月，国家统计局组织了第三次经济普查客户端安全管理系统升级和扩容项目技术培训，湖南省统计局加强了客户端安全防护措施，实施桌面管理系统升级，省到市州都在规定时间内完成了相关工作。2015 年，要求全局内网用户安装已采购的江民网络版杀毒软件，加强了全局用户的病毒防范能力。

4. 积极研究统计联网直报系统安全管理要求

根据国家统计局联网直报分界点数据库安全管理要求及联网直报系统安全基本要求，省局已积极研究相关安全防护措施，下一步将根据等级保护整改措施进行加固。

5. 做好统计信息安全管理和安全培训工作

2015 年，省统计局计算中心技术人员积极与兄弟省局联系，借鉴其经验，对湖南省网络安全管理规定和操作系统安全规定进行了完善，并对应用安全管理规定等内容进行规范完善。目前，已经修订了《湖南省统计信息系统安全管理条例——操作系统与数据库》《湖南省统计局数管中心数据备份制度》《湖南省统计局数据库维护管理办法》《湖南省统计局网络系统安全管理规定》《湖南省统计局信息系统运行安全管理制度》。

6. 做好统计信息安全通报工作

安全通报工作在每年度安全考核中占一定的比例，省统计局每月定期向国家统计局上报安全月报，敏感时期上报安全日报。14 个市州每个月上报安全月报到省局。目前，此项工作开展顺利，但也存在个别市州漏报现象。

7. 加强统计信息安全日常监测

目前，入侵监测和安全审计系统正常运行，由专门的安全技术人员对两个系统进行管理，查看数据，发现异常情况及时报告，并及时处理。湖南省统计局网络管理工程师定期或不定期监控防火墙上的数据流量，将市州出现的数据流量异常情况反馈给安全员，通知市州管理人员及时处理。

（三）保障统计联网直报业务平稳运行

联网直报现已成为统计系统的核心业务，全省用户按时登录平台完成数据采集、报送、处理已经成为习惯。2015 年以来，联网直报平台保障了日常统计任务不断不乱，2015 年月报、季报顺利完成，湖南省各专业报送率均在 90% 以上，直报率接近 100%，审核率、验收率最高的也达到 90%。其间，系统更新升级了 10 余次，功能日趋完善稳定。

此外，参加国家统计局举办的联网直报新增功能培训，并及时传达给各市州局和县区局；组织京云万峰对新进联网直报的投资专业人员开展培训，提高其专业数据处理能力；积极探索省直部门纳入一套表的可行性，配合设管等部门多次开展调研、讨论与方案设计。

加强了对市州联网直报工作的指导，尤其是部分市州的制度二次开发，如株洲市开展的文化体育产业调查、长沙市新旧联网直报系统对接等，尽最大可能提供技术指导和咨询服务，有力支持了市州工作的开展。

（四）其他统计工作亮点和特色

一是重视锻炼和培养干部。派出技术人员参加国家信息安全测评中心组织的 CISP 培训，并通过考试、获得证书，既达到省级统计局必须配备两名具有 CISP 证书的安全管理专业人员的要求，也使干部更新了技术、开阔了视野。

二是深入研究探索大数据在统计领域的应用。通过与国防科学技术大学的多次调研座谈，明确了统计在大数据开发领域的方向；撰写的《基于大数据分析工具的经济普查资料开发展示创新研究》在湖南省经济普查课题评选中获得了一等奖，体现了大数据研究的价值。

三是虚拟化试运行效果显著。省统计局于2014年10月投入30多万元完成了5台刀片服务器的虚拟化。2015年，该资源池共计部署了13台服务器，分别用作联网直报设计平台、视频会议、1%人口抽样资料开发、安全防护、普查中心地理信息系统开发、财基处用友软件开发等，省去诸多采购环节，部署快、效率高，达到预期目的。

四是积极拓宽统计信息化应用思路。在完成统计信息化建设任务的同时，坚持思考信息化应用的方式和方法。通过对同方、双扬、京云等公司在统计应用方面的调研，提出省统计局统计数据应用方案。

二 2016年发展展望

（一）扩大虚拟化范围，搭建湖南统计云平台

2016年计划进一步扩大虚拟化范围，将网络、存储、客户端虚拟化一并实施，搭建一个属于湖南的统计云平台，开放给市州、区县共同使用。特别是民调中心提出资源紧张、人手困难等现实问题，搭建云平台后，可以调动市州、区县的力量，人人都能成为访问员。

（二）启动统计数据库体系建设

实施联网直报的最终目的，就是及时向各级党政领导、各职能部门及社会公众提供真实可靠的统计数据。有了统计云平台这一强有力的基础体系后，数据库体系建设应该抓紧实施，这既是统计工作的主要职责之一，也是充分展示统计成果、提供统计服务的主要途径。

数据库体系包括省级基层数据库、省级综合数据库和省级发布数据库，其中省级基层数据库是与联网直报工作配套，用于储存统计调查对象上报的数据，按照国家规定和保密要求，该库只能保存24个月的基层数据；省级综合数据库主要保存历年各类综合数据等，主要用于政府统计机构和经允许的其他人员进行经济分析；省级发布数据库用于保存可向外公布的各类综合

统计数据，同国家、兄弟省市和相关部门交换数据，采用表格、灵活查询、地理信息系统、短信服务、电子邮件、APP 等多种方式发挥统计服务作用。

其中，最容易见成效的是省级发布数据库，可开发在手机、平板等移动终端使用的产品，结合“数字湖南”“智慧城市”等当前热门题材，创造湖南统计的又一品牌。

（三）进一步加强统计信息安全建设

信息安全不是一劳永逸的事，按照等保整改要求及国家统计局安全督查的整改意见，湖南省统计局还有大量工作要做，必须严格落实，从各方面切实提高统计信息安全防护水平：一是制定可以落地的信息系统安全管理制度，请专业的安全服务团队协同专家组进行相关秩序评定；二是按照三级等保整改方案进行安全系统建设；三是定期开展信息安全检查和风险评估工作；四是进行三级等保和风险评估。

（四）完善统计联网直报平台

按照国家统计局的统一部署，按照信息安全等级保护的要求，初步实施将原物理集中的统计联网直报平台改造为逻辑上集中、物理上分布的采集平台、交换平台和处理平台，将三个平台分别部署在不同的数据安全等级功能区中。数据采集和数据处理分离并通过交换平台进行同步，改造后平台功能定位更加明确，安全保证更具有针对性、实效性。调整完善现有统计信息网络结构，搭建统计数据生产专网，确保统计数据审核、汇总和整理的业务联通性，保证数据的安全。

市（州）篇

City Reports

B.14
2015年长沙市电子政务工作报告及2016年发展展望

长沙市电子政务管理办公室

一 2015年工作回顾

2015 年，长沙市电子政务工作立足于长沙市经济社会发展实际，紧紧围绕全市发展的中心工作，创新发展思路，强化发展举措，积极推进电子政务应用建设，优化网站管理服务，完善电子政务网络体系，加强政务信息资源统筹规划，在改善公共服务、加强社会管理、服务科学决策、节约财政资金等方面发挥了重要作用。

（一）加强网站建设和管理，优化公共服务环境

通过不断深化重点领域信息公开，强化重点办事服务，拓展网络问政功能，强化新技术应用，积极回应社会关切，正确引导网络舆情。2015 年，长沙市政

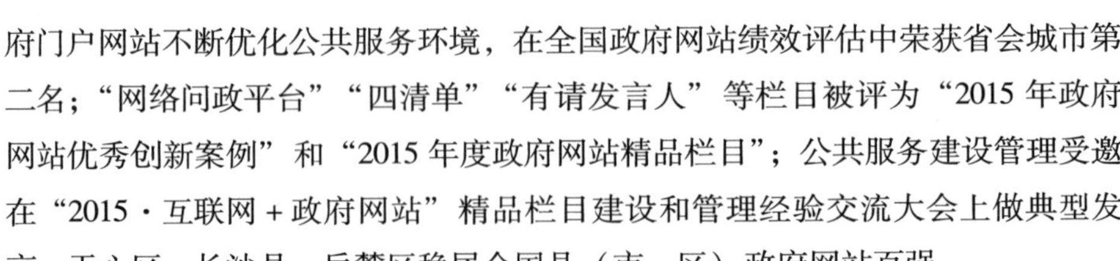

府门户网站不断优化公共服务环境，在全国政府网站绩效评估中荣获省会城市第二名；“网络问政平台”“四清单”“有请发言人”等栏目被评为“2015年政府网站优秀创新案例”和“2015年度政府网站精品栏目”；公共服务建设管理受邀在“2015·互联网+政府网站”精品栏目建设和管理经验交流大会上做典型发言。天心区、长沙县、岳麓区稳居全国县（市、区）政府网站百强。

1. 加强政民互动交流，提供及时高效的咨询服务

市政府门户网站开通了“市长信箱”“咨询投诉”“民意征集”“在线访谈”“新闻发布会”“有请发言人”“民意征集”等网络问政栏目，搭建了全市统一的党政网络问政综合管理平台，及时回应市民关切，实现政府与网民的良性互动，为公众提供及时高效的咨询服务，被《人民日报》等媒体重点推介。2015年，“市长信箱”共收到有效信件8458封，办结回复8365封，信件回复率为98.9%，收到表扬信件13封；“人民网”市长留言51条，已回复47条，4条正在处理中；完成“在线访谈”21期，“新闻发布会”在线直播10期，开展“民意征集”9期，“有请发言人”发布视频新闻70期。

2. 深化政务信息公开，提供权威的信息查询服务

市政府门户网站通过“回应关切”“政策解读”“便民查询”“智能知识库”“重点信息公开专栏”“专题专栏”等栏目，及时公布政策法规解读信息，深化公共服务等重点信息，发布社会热点难点信息等，为公众提供24小时的权威信息查询服务。2015年，主动公开各类信息10.1万余条，发布《政府公报》10期、《长沙新闻联播》365期，上报省政府门户网站信息2250条，转载中央门户网站重大决策信息6830条，更新维护市门户英文网站信息837条，重点信息公开专栏公开重点领域信息10065条，建设与维护专题栏目16个。

3. 强化网上办事能力，提供方便快捷的办事服务

建设“重点办事服务专栏”“四清单”等栏目，不断拓展官方微信、微博等新技术办事渠道，强化网上办事能力，为公众提供方便快捷的办事服务。一是提供标准、规范的服务资源，打造“重点办事服务专栏”，对11个重点办事服务专题和办事六大核心要素进行标准化梳理，为公众提供标准、规范的服务资源。二是优化权力流程清单，提供精准化的办事指引。率先在市政府门户网站建设了“四清单”专栏，梳理公布3612项权力清单、300项（含子项）行政审批流程清单、4417项责任清单、22项禁止类和4项限制类试点负面清

单，建立了“权界清晰、分工合理、权责一致”的政府权责体系，为公众办事提供了精准化的办事指引。三是拓展办事渠道，优化用户体验。运营官方微博和官方微信账号，提供人性化、一体化、高效、便捷的服务，目前，官方微博粉丝量达26099人，官方微信粉丝量达10984人。

（二）推进信息资源共享互通，提高应用系统的经济社会效益

建设和完善多部门的综合性应用系统，推进信息资源之间的共享互通，提高数据的综合利用价值，进一步发挥应用系统的经济和社会效益。

1. 完善综合治税信息平台，提高税收收入

社会综合治税信息平台通过共享全市41个部门的涉税信息，进一步拓宽财税部门获取纳税人涉税信息的渠道，实现立体化、全方位的“信息管税”，解决纳税和征税之间信息不对称等问题，加强漏税征管，提高税收收入，营造公平的税收环境。2015年，社会综合治税信息平台查补入库9.95亿元，累计成果为20.78亿元。2015年8月1日上线试运行的综合治税移动终端应用，通过共享税务、财政、统计等部门的信息，为领导提供了方便快捷的决策服务。

2. 完善商事服务管理信息平台，激发创业活力

2014年8月1日上线试运行的商事服务管理信息平台实现了29个部门的信息共享，有效支持了全市商事改革，降低创业门槛，有效激发了创业活力。2015年，新设立商事主体10.7万户，增长8.7%。2015年4月1日上线试运行的“三证合一并联审批系统”，通过共享工商、质监和税务部门的审批数据，实现“一窗受理、一窗办结”，提升了审批效率，受理办结办件10599件。9月1日上线试运行的“一照一码”模式，实现“统一发照、统一赋码”，2015年共办理办结件29373件。2015年，基于市政府门户网站展现的“长沙市商事服务管理信息平台”被电子政务理事会评为优秀案例，被中国软件测评中心评为“2015年政府网站优秀创新案例”。

3. 完善网上政务服务和电子监察系统，提速政府效能

2015年，在原169项行政许可和50项非行政许可办事事项的基础上，实现了全市46项行政确认、271项（包括子事项）行政许可项目、133项行政备案、4项其他事项（共计454项事项）的在线办理。2015年，共受理办件293.5万件，办结293.5万件，办结率为100%。按照市委、市政府行政审批效

能整体提速 50% 的要求，长沙市启动了政务服务一体化管理平台建设工作，升级网上政务服务和电子监察系统，提升审批效率，提高政府效能，助推服务型政府建设。

4. 筹建长沙市基层工作平台，提升基层服务能力

按照智慧城市的建设要求，为加强基层服务和创新社会治理，长沙市积极筹建基层工作平台，通过在全市范围内共享审批、服务等相关信息，在四级（市级、县级、街镇级、社区级）实体大厅、网上大厅、移动大厅实现各类政府服务、行政审批的“一窗办理、共享联动（后台协理）、全城通办”，加强基层服务能力，进一步打通政务服务的“最后一公里”。2015 年在多轮调研的基础上，完成了项目的方案论证和编制工作，即将启动建设。

2015 年，开福区开通了开福居民网上家园网站，下沉 70 项事项至社区，实现了社区事务“一窗受理、一网协同”；岳麓区网格化管理平台整合了全区 80 万人房户数据，实现了与应急联动平台、“12345”市民热线、“三服务一线”工作系统的整合应用，积极推动湖南首个智慧街道服务平台“咸嘉里手”顺利上线。

5. 推广网上办公，提高政府内部工作效率

利用协同办公系统和政务信息专报系统，实现公文交换、会议管理和信息报送的在线办理，实现办公信息的上传下达，提高了会议通知收发、公文传输、领导信息报送的效率。2015 年，通过协同办公系统发送会议通知 1885 条；市政府公文传输系统收文 110937 条，发文 5169 条；市委公文传输系统收文 25634 条，发文 427 条；政务信息专报系统中市委信息报送 585 条，政务信息报送 3042 条。

（三）加大资源整合力度，实现电子政务集约建设

通过筹建全市统一的政务云平台、加强项目技术评审、统一线路租赁等方式，提升电子政务建设技术服务能力，实现共建共享，减少财政投资，加速电子政务的集约发展。

1. 筹建全市统一的政务云平台，提升电子政务建设技术服务能力

为有效解决长沙市电子政务信息孤岛林立、财政重复投资、服务效能偏低等问题，大幅度提升电子政务建设技术服务能力，长沙市依托电子政务已有资

源，构建高度集约、高效利用、广泛协同的政务云平台，全面支撑部门业务应用发展，推动政府部门之间的资源共用、信息共享和业务协同，实现应用与网络、技术、产业、安全协同发展，创建电子政务发展新模式。2015 年进行了项目可行性研究报告的编制，2016 年将全面启动项目建设。

2015 年，长沙县已建成全省首个公共信息平台；整合了全县 100 余个县直部门的政务网络，新建乡镇（街道）、行政村（社区）光纤专网，形成覆盖全县的“县—乡镇（街道）—行政村（社区）”三级电子政务内外网；新建了云计算中心机房，将县内所有软硬件设备全部集中到新建机房内；搭建了长沙县政府网站平台集群系统，20000 余台电脑终端接入县政务网站，充分满足各级政府部门的网络带宽、信息安全等需求。

2. 加强电子政务项目统筹管理，实现共建共享

加强对全市电子政务项目的技术评审工作，2015 年对全市 10 个重点项目提出了项目评审意见，在统一机房、统一网络、统一网站集群、加强数据整合的指导原则下，有效防止重复建设，促进共建共享。同时，雨花区信息化项目已实现扎口管理，由区财政局会同市电子政务办，对区级财政投资的信息化项目进行审核、把关，节约了财政资金，确保了信息化项目规范、有序推进；宁乡县出台了《关于进一步加强政府投资信息化项目管理的通知》，促进了县政府信息化项目建设的规范化、集约化，避免了重复建设，提高了财政投资效益。

3. 统一线路租赁，减少财政投资

采用“整体打包、统一招标、分散采购”的方式，统一全市各市直部门的线路租赁，有效降低了采购价格，减少了财政投资。2015 年，根据市直部门的调研结果，新增了部分网络通信租赁服务品目，丰富了定点品目，营造了更好的竞争环境，增强了网络的可靠性，有效减少了财政投入。

（四）完善信息基础设施建设，提高基础支撑能力

完善信息基础设施建设，推动网络基础、机房和视频会议室等建设，提供良好的网络、机房等基础条件，进一步提升电子政务的基础支撑能力。

1. 推动网络基础建设，确保网络互联互通

根据市政府领导的批示，启动了三办网络建设项目，基本实现了三办公楼与市电子政务外网和党政工作专网的互联互通。为适应移动互联网的发展，启

动了市委、市政府办公区域无线网络建设，以实现无线网络办公区域的全覆盖，目前已在市纪委试点运用，系统运行稳定后再逐步推广使用。为确保国家网络安全，根据《关于进一步加快全省政府系统电子政务内网建设的通知》（湘政办函〔2015〕55号），长沙市已着手筹建电子政务内网平台，目前项目已通过了省级评审，2016年将全面启动。

2. 加强机房建设，提供良好的环境支撑

为统筹分配机房资源，改善机房支撑环境，长沙市启动了市电子政务中心机房改造项目，2015年完成了可研方案编制和论证工作，并进行了深化设计。

3. 建设远程幻真呈现系统视频会议室，提高沟通效率

为方便省市领导的工作交流，提高工作效率，长沙市建设了远程幻真呈现系统视频会议室，并全力做好会议保障，确保了市领导如期参加省长召开的全省市州长工作调度视频会议。

（五）加强安全管理，提升网络信息安全保障能力

为提高网络信息安全保障能力，加大网站安全检测力度，启动政府网站支撑平台升级及安全防护保障项目，防御市电子政务外网受大规模攻击，确保政府信息安全。同时做好日常运维工作，全年共发现并处理安全事件70242起，未发生重大网络安全事故。

1. 启动政府网站支撑平台升级及安全防护保障项目，提升门户网站的安全抵抗能力

为加强政府部门门户网站的安全管理，提升门户网站的安全抵抗能力，长沙市启动了政府网站支撑平台升级及安全防护保障项目，升级改造市政府网站安全支撑平台、市政府网站服务器群和存储等硬件支撑保障平台。

2. 防御市电子政务外网遭受大规模攻击，确保政府信息安全

2015年，长沙市电子政务外网遭受来自互联网的针对骨干网络负载均衡设备拒绝服务的大规模攻击，致使网络出现拥塞。为确保网络及业务安全稳定运行，长沙市启动了电子政务网络安全事件应急预案，有效地抵御了多次网络攻击，确保政府网站没有遭受篡改和信息外泄，最大限度地减少攻击造成的不利影响。

3. 加大网站检测力度，确保机关事业单位网站未出现重大安全事件

为确保长沙市机关事业单位网站的安全稳定运行，对全市机关事业单位网站开展了4次全面安全检查，对长沙市328个重要网站定期进行安全检查，共发现148家单位存在漏洞，并督促其限期整改，确保了本年度长沙市机关事业单位网站未出现重大安全事件。

（六）紧抓电子政务顶层设计，促进电子政务统筹发展

为促进智慧长沙建设，以电子政务现状和实际发展需求为基础，结合智慧长沙中智慧政务建设的核心内容，紧抓电子政务顶层设计，促进电子政务统筹发展。精心编制了《长沙市电子政务“十三五”发展规划》，统一规划和指导未来五年全市电子政务建设。出台了《关于加快推进党政电子政务发展的若干意见》和《关于印发〈2015年长沙市电子政务工作要点〉的通知》，明确电子政务近期发展任务，对全市电子政务发展提出指导意见。

二　2016年重点工作计划

2016年，全市电子政务工作将围绕“一云三政策、一站一标准、两网两库多应用”的总体建设目标，努力开创电子政务建设新局面。

“一云”即长沙市政务云云平台，2016年将启动政务云平台建设，搭建云资源池和信息共享交换平台，努力破除政府部门信息孤岛，让数据多跑路、群众少跑腿，推进智慧政府建设。“三政策”，即出台《长沙市电子政务“十三五”发展规划》《长沙市政务信息资源共享管理暂行办法》《长沙市电子政务项目联合审批管理办法》三大引领电子政务发展方向的政策文件，为推进电子政务建设提供指导。“一站”即做大、做优、做强长沙市政府网站集群。“一标准”即争取出台长沙市电子政务建设地方标准中的重点模块。“两网”即按照中央办公厅和省委办的要求建设和完善长沙市电子政务内网（涉密网），升级改造电子政务外网。“两库”即启动人口库和法人库建设。“多应用”即根据党的十八届三中全会精神，对外启动便民服务和政务数据公开服务平台建设，对内强化行政审批、协同办公等系统建设，同时进一步完善和升级综合治税和商事登记平台，逐步提高行政效能与政务服务水平，创造更多的社会和经济效益。

B.15

2015年“智慧株洲”暨电子政务建设发展报告及2016年工作展望

株洲市“智慧株洲”建设领导小组办公室

2015年，株洲市以国家实施网络强国战略、大数据发展战略和“互联网+”行动计划为契机，统筹推进“智慧株洲”及电子政务建设，加快“智慧株洲”投资、建设和运营模式创新，取得了较好的工作成效。

一　2015年发展情况

（一）以顶层设计为引领，全面加快“智慧株洲”建设步伐

一是“智慧株洲”总体规划全面完成。株洲市在上一年做好前期调研工作的基础上，聘请北京大学电子政务研究院精心编制了《“智慧株洲”建设总体规划》，重点打造了“一顶一底”总体框架，规划了“智慧株洲”云计算中心、城市数据交换共享平台、智能路灯、网上无纸化行政审批服务系统、智慧社区（农村）综合服务平台、电子眼、城区智能停车收费、市民一卡通等33项智慧项目，基本涵盖了株洲市今后3～5年信息基础设施建设、大数据资源整合应用以及政务管理、城市建设、民生服务、产业发展等各项智慧应用领域的需求，成为株洲市最权威、务实、合理的智慧城市和电子政务建设规划。2015年4月，总体规划顺利通过专家评审，规划实施的重点项目正在有序推进。

二是“智慧株洲”运营模式取得重要进展。2015年以来，为推动《“智慧株洲”建设总体规划》落地，株洲市在与国内10余家IT和互联网公司广泛交流的基础上，提出了以“互联网+”为主导的“智慧株洲”投资、建设和运营模式，即通过政府融资平台引入国内有实力和成功运营经验的智慧城市运

营商成立合资公司，以网上无纸化行政审批服务系统为切入点，打造覆盖市、县、乡、村四级开放融合的“智慧株洲”综合服务平台，并依托综合平台线上线下资源集聚功能，推动政府大数据开放应用，挖掘政府大数据的价值，带动社区（农村）服务、宽带网络、电子信息、电子商务、物流商贸、旅游文化等城乡产业发展，形成一套可复制推广和快速落地的商业模式，以市场创造的巨大效益反哺株洲市智慧城市及电子政务建设，减少财政投入。目前，这个创新模式已吸引中国电子信息产业集团、上海仪电集团等多家大型企业与株洲市开展深度合作对接。

（二）以网络建设为前提，不断夯实信息网络支撑体系

2015年以来，株洲市以提升信息基础设施服务水平和承载能力为核心，坚持基础先行、适度超前的原则，加快建设完善电子政务外网、下一代互联网应用示范城市和信息安全等工程，对“智慧株洲”建设发挥了重要支撑作用。

一是加快推进了政务网络整合和拓展。以推广应用株洲市协同及移动办公系统为抓手，开展了全市电子政务网络优化改造，推动了市交通局、市旅游局、市司法局、市文化执法局、市档案局等30多个市直机关接入和使用电子政务外网，使全市电子政务网络承载能力得到有效提升，应用范围进一步拓展。目前，株洲市电子政务网络已延伸到市、县、乡三级，互通率达到100%，每年直接为市财政节约网络租赁费用达500多万元。下一步，随着网上无纸化行政审批服务系统的应用，市电子政务外网将逐步延伸到村、社区综合便民服务点，进一步提升基层公共网络服务水平。

二是扎实开展了国家级宽带网络示范工程建设。推动了国家下一代互联网应用示范城市的试点项目建设，配合国家信息中心和省政府发展研究中心完成了IPV6核心网络设备在株洲的部署，使IPV6技术在株洲市得到了快速应用和推广。全力支持运营商完成网络核心层IPV6改造，实现了IPV4与IPV6互通；加快了“光网城市”“无线城市”等宽带网络基础设施建设，为“智慧株洲”建设提供了更加稳定、高速的网络环境。目前，全市城区光网覆盖小区已达3660个，光纤入户小区达1285个；所有乡镇实现了光网全覆盖，光网入户行政村达到953个；开通4G基站4413个，4G用户数超过50万户。

三是有序推进了网络和信息安全保障工作。2015年，株洲市与中电长城

网际公司共同开展了电子政务安全云平台建设的前期调研和论证工作，项目建成后将为“智慧株洲”建设提供强有力的网络和信息安全平台；加强了CA数字认证工作，已累计发放各类工商企业年审证书800余张，切实保障了株洲市经济社会信息应用领域的安全。

（三）以资源整合为抓手，加快构建统一有力的公共基础服务平台

一是进一步强化了IDC数据中心整合能力。近年来，株洲市通过充分发挥“数字株洲”IDC数据中心的资源整合功能，有序推动了各部门信息化项目的集约化建设、资源共享，避免各部门大量重复建设。截至目前，已有株洲市城市建设公共信息平台、综合治税、国资监管、出租车服务、数字城管、地下管网、公共自行车等19个应用系统进入中心实施集约化建设和管理。这种集约化建设模式，为市财政年均节约运维费用1000多万元。同时，依托IDC数据中心统筹建设的优势，株洲市深入推进政府各部门基础数据和业务应用资源的整合，为2016年向“智慧株洲”云计算中心迁移打下了良好基础。

二是有序推进了“智慧株洲”云计算中心项目的前期工作。“智慧株洲”云计算中心建设，主要包括不少于1000平方米的云计算数据中心机房、1000平方米的体验展示中心和1000平方米的综合指挥调度及运营管理中心三个子中心。目前，株洲市已对天元区高科总部壹号大楼、石峰区中南服饰批发市场和云龙示范区株洲市就业创业指导中心等满足“智慧株洲”云计算中心建设需求的地址完成了现场勘查和初步设计，在市政府最终确定云计算中心建设新址后，将启动项目建设。

三是积极引入智能路灯综合网络基础平台。按照市政府对“智慧株洲”平台整合的要求，株洲市积极引入上海仪电集团投资建设的智能路灯综合网络基础平台，依托遍布全市的路灯杆，有效融合LED智能改造、电子眼、智能交通、智能停车收费、汽车充电桩、无线通信基站等公共服务功能，逐步推动节能路灯、电子眼、宽带网络、充电桩等重要基础设施向广大社区、农村基层覆盖，避免智能公共设施重复建设，提升市民幸福指数。

（四）以应用带动为核心，不断深化电子政务应用系统建设

按照“小步快跑、稳步推进”的思路，株洲市围绕解决政府职能转变、

经济转型升级、城市管理服务创新、民生改善等重难点问题，全面统筹推进多个“智慧株洲”重点应用项目建设。

一是政府门户网站群实现优化升级。借鉴中央、湖南省及部分市州门户网站建设经验，全面优化了网站界面布局，将栏目进行重新梳理，形成了界面整齐美观、色彩基调统一、服务功能丰富的地市级政府公众服务综合门户。启用了更加稳定高效的新站群后台系统，包括建设全市统一的内容管理系统和信息公开平台，目前全市已有 22 家市直单位和荷塘区迁移到市政府网站平台上；建设全市统一的互动访谈平台，通过数据接口与“12345”市长热线系统进行无缝对接，搭建了统一的在线访谈系统；搭载智能搜索系统，为公众提供了高效、精准的全文检索服务，进一步提升公众对政府门户网站的信任度和关注度。2015 年，在中国政府网站绩效评估中，株洲市政府门户网站建设再次进入百强行列。

二是城市建设公共信息平台已建成并投入使用。平台总投资 800 万元，以“智慧株洲”IDC 数据中心为后台支撑，在株洲市节能减排评价与推广平台的基础上，深入拓展城乡建设系统的各项应用，实现城市信息基础设施资源、城市公共信息资源的有效整合，提高建设口信息资源的使用效率，为政府、企业和公众的各类应用及协同提供平台支撑，减少城市建设信息系统的重复投资。

三是农村集体土地流转交易平台加快建设。平台将依托全市统一的地理空间框架系统，建设基于 GIS 应用的农村土地交易信息发布、监管和标准化交易系统，构建全市农村产权交易市场“统一信息发布、统一平台、统一标准、统一服务、统一监管、分业务属地管理”的“五统一分”管理体系，实现全市农村产权交易“一站式”服务，进一步保障全市农村产权网上交易的公开、公平、公正，为全国农村产权网上交易开拓新模式。此外，株洲市还建成市县政府远程幻真呈现系统、国资监管系统等一批政务应用系统。

（五）以强化管理为保障，有效促进政府信息化建设集约高效

株洲市严格落实市政府有关会议的精神，遵循集约化建设、资源整合共享的原则，不断提升行政审批效能，并为申报部门和单位提供全方位、高质量的技术咨询服务，统筹推动各部门新建和改建项目纳入“智慧株洲”总体规划

的笼子进行按需建设和集约管理，大大降低项目建设和维护成本，提高项目建设综合效益，促进部门资源的协同共享。全年，株洲市共完成城市建设公共信息平台、公共法律服务平台、农村集体土地流转交易平台、国资监管系统等12项项目的方案审核工作，审核后总造价为3249万元；相比部门报送的项目资金预算（4147万元），直接审核减少项目建设资金达898万元（不含后续招标核减的资金部分），核减率达21.7%；电子眼项目申报预算造价为38602万元，审核后建议招标造价为23023万元，直接核减建设资金15579万元，核减率达到40.4%，每年还将节约大量运维资金，实现了全市政府信息化建设的务实高效。

二　2016年工作展望

2016年，株洲市将以《“智慧株洲”建设总体规划》为蓝图，以建设“智慧株洲”综合服务平台为主线，大力实施“以应用带基础、以应用带数据、以应用带资源”的应用推进发展战略，加快推动“智慧株洲”投资、建设和运营模式的落地。对此，根据计划，株洲市2016年将推进以下三个方面工作。

（一）加快构建信息基础统一平台

在《“智慧株洲”建设总体规划》的指导下，依托全市统一的电子政务网络平台，加快建设“智慧株洲”云计算中心及网络安全中心，强力推动各部门将应用系统部署到云计算中心进行集中建设、运维和管理。继续严格控制各部门和单位的网络建设，原则上禁止再建机房设施，逐步淘汰各部门现有机房设备。统一搭建公民库、法人库（含社会诚信）、电子眼视频资源库、城市管理综合数据库等基础数据共享库，全方位构建涵盖全市人、地、物、组织、事件的大数据服务和运营中心，有力支撑“智慧株洲”综合服务平台和各级应用系统建设。

（二）重点打造便民应用示范工程

根据2016年智慧城市建设需要，株洲市将重点建设七个应用项目：一是建设网上无纸化行政审批服务系统，整合行政审批（含建设领域并联审批、三证合一等）、村（社区）一门式办事服务、规范中介服务、公共资源交易等政务服务功能，搭建“智慧株洲”综合服务平台建设覆盖市、县、乡、村四级服务的应用骨架。二是建设城区智能停车收费系统，实现城市停车管理和服务的智能化、信息化。三是推进智能路灯电子眼系统建设，为全市公众整合提供智慧照明、电子眼、无线网络覆盖、智能停车收费、电动汽车充电、网格化管理等服务。四是建设以社会保障卡为载体，整合社会保障，医疗卫生，教育文化，金融保险，商场超市及水、电、气、公交公用事业等各领域资源的市民卡系统，实现“一卡多用、一卡通用”。五是建设综合行政执法统一系统，满足全面覆盖城管、物价、交通、工商等48个行政执法部门的执法办案系统建设需求，搭建覆盖市、区、街道三级所有行政执法部门的综合执法联动平台，促进行政执法资源的集约化建设。六是建设智慧食品溯源系统，在全市范围内推广、应用餐厨废弃油脂监管系统和食品安全信息追溯平台等，为市民打造食品安全服务网。七是建设智慧水务系统，推动建立城市水务物联网，在全市积极推广水务产销差管理、原水水质监测、智能水表等智慧水务应用服务，有效节约水资源，提升生产效率，降低生产成本。

（三）着力加强技术服务能力建设

一是进一步创新政府投资信息化项目管理服务模式。探索建立由“智慧株洲”建设领导小组办公室牵头，市发改委、市保密局等多部门参与的项目并联审批机制，完善申报、立项、审核、竣工验收、绩效考核等环节管理，形成标准规范、高效务实的闭环管理体系，杜绝各种违规操作行为，使电子政务项目管理更加规范化、制度化、程序化。二是加大专业人才储备。积极鼓励各级各部门加大培养信息化专业人才力度，通过多种途径储备一批高学历、高素质、具有丰富实践经验的实战型人才，为全市电子政务建设提供强大的智力保障。三是认真做好县（市、区）和各部门信息化建设的技术指导和协调服务工作，促进智慧城市建设全面协调推进。四是继续加强网络与信息安全保障工作。进一步完善株洲市网络与信息安全基础设施，充实网络与信息安全专业骨干队伍、应急技术支撑队伍，强化监管力量，提高风险隐患发现、监测预警和突发事件处置能力，有效防范各类网络与信息安全风险。

B.16
2015年湘潭市电子政务发展形势分析及2016年发展展望

湘潭市政府政务服务中心

一 2015年湘潭市电子政务发展形势分析

2015 年，湘潭市在政务服务领域推进重大行政体制改革，在全省率先将原电子政务管理办公室和原政务全程代理中心合并，组建成立湘潭市政府政务服务中心。一年来，湘潭市坚持以电子政务为核心，以政务公开、政务服务为重点的“一体两翼”工作思路，按照同步打造线上线下“四级政务服务体系”的顶层设计，积极探索创新简政放权“主板”、补齐放管结合“短板”、打造优化服务“升级版”的“两板促一版”的“放管服”湘潭工作法，扎实推进电子政务项目建设，全市电子政务工作取得了明显成效。

（一）科学谋划顶层设计

为统筹推进湘潭市电子政务、政务公开、政务服务工作，科学打造线上线下四级政务服务体系，湘潭市起草了《关于进一步加强政务服务体系建设的实施意见》（以下简称《实施意见》），拟于 2016 年以市委、市政府两办的名义下发执行。

《实施意见》在统筹全市政务服务体系建设的基础上，重点对全市电子政务建设发展提出了明确的要求：一是建设统一的电子政务骨干传输网络。逐步实现各级各部门现有业务专网应用向全市统一的电子政务外网迁移，整合内部业务专网和向下延伸的业务应用，实现与统一的电子政务网络对接和业务融合。二是建设统一的政务服务云平台，逐步完成各级机关业务应用系统向云平台迁移，用 2 ~3 年时间基本实现互联互通和信息资源共享。三是建设统一的政务服务数据中心。加快人口、法人单位、空间地理、宏观经济四大基础信息资源库共建共享，形成全市统一的政务信息资源库交换体系及目录体系，稳步推进信息共享和协同办公。四是建设统一的网上政务服务平台。围绕网站集约化、行政审批电子监察系统、并联审批系统以及移动自助政务服务终端等全市统一的核心政务应用，建设四级联动的网上政务服务平台，同时加强大厅信息化管理平台建设，提升各级政务服务大厅标准化和信息化水平。

（二）统筹推进电子政务建设管理

1. 启动网上政务服务平台项目

按照推动电子政务与政务服务线上线下融合发展的总体目标，湘潭市创造性地提出“服务领导科学决策、服务机关协同办公、服务个人法人办事”的思路，在全省率先提出网上政务服务平台建设的理念。2015 年，启动了以网上审批监管系统为核心、以政府网站集约化建设为依托、以移动政务 APP 为终端的网上政务服务平台项目建设。对项目需求开展了大量前期调研工作，围绕信息公开、在线办事、互动交流等主要功能逐步完善建设需求。完成项目环评、行业审批、可研报告编制、财政资金评审等前期工作，即将启动项目招投标程序。届时将为群众提供 24 小时不间断的“一站式”移动政务服务；将完成全市 50 家对外服务政府网站的整合，实现政府网站“一站式”服务和管理，打造全市“一体化”的政府网站平台；将为湘潭市“大并联审批”改革提供强有力的信息化支撑。

2. 推进网上并联审批系统建设

从 2015 年 7 月开始，中心组织精干班子，反复论证和征求意见，召集相关公司在原两个中心平台系统的基础上对并联审批业务系统进行二次开发。9 月，省发改委下发建设统一的投资项目在线审批监管平台文件后，中心主动对接市发改委完成了事项梳理、网络联通、业务系统对接等工作。

3. 推行网上审批和电子监察

一是推动审批事项网上办理。积极协调具有行政审批职能部门自有业务系统逐步整合到市统一平台，完成了具有市级自有业务系统单位的对接工作，市住房公积金中心等单位对接成效明显。部分涉及部、省垂直系统上级有要求暂不能对接的单位，湘潭市也要求采取将自有业务系统数据导入或录入的方式，确保非涉密行政审批事项全部在全省网上政务服务和电子监察系统上运行。市级行政审批系统在线办件速度提升 80.15%，通过使用网上审批系统，避免了群众来回奔波，既提高了审批效率，又节约了行政成本，群众办事更便捷、更舒心。

二是完善电子监察系统。作为 2015 年省发展研究中心电子监察短信平台工作的试点城市，湘潭市选取了湘乡、岳塘等县区和部分市直单位进行试点，目前已完成各单位相关事项信息的上报、配置和短信平台开发，试点情况良好。

三是加强行政审批电子监察。与市优化办积极配合，就全市电子监察系统运行情况多次向省优化办、省发展研究中心汇报，不断加强对各级各部门行政审批运行情况的动态监管，加强对政府权力运行的监督。2015 年，全市累计办件 122663 件，电子监察系统没有因办理超时而产生红黄牌的情况。

4. 加强政府网站建设管理

一是规范政府网站管理。制定出台《关于进一步加强政府网站建设的通知》（潭政办发〔2015〕33 号），明确政府网站建设管理责任主体、承办机构和经办人员，切实强化政府网站建设各项保障措施，完善网上政务公开和政务服务体系。

二是加大政府网站信息公开力度。充分发挥市政府门户网站作为政府信息公开第一平台的作用，加强信息更新情况监测，及时准确发布政府重要会议、重大活动、重大政策等信息。加大政策法规公开力度，对政府和部门规范性文件进行动态化管理，所有规范性文件出台后，确保第一时间在网上公开。2015 年，对重点领域信息公开专栏进行了大幅度改版和提质升级，督促相关责任单位主动通过政府门户网站及时公开重点领域相关信息 1967 条。

三是及时转载国家、省重要政策信息。严格按照政府门户网站内容转载要求，在 24 小时内及时、准确转载国务院、省政府重要政策信息，截至 2015 年 12 月 24 日共转载各类信息 2239 条。

四是做好权力清单和责任清单公示工作。2015 年 6 月底，在全省率先完成权力清单和责任清单公示市平台与省平台的数据对接，完成 4022 项权力清单、1308 项责任清单的数据录入工作，实现了对权力清单和责任清单的动态管理。

五是扎实抓好政府网站普查。全市共有205家政府网站参与第一次政府网站普查，通过认真自查整改，着力解决政府网站内容更新不及时、信息发布不准确、意见建议不回应、链接不可用等问题，全市政府网站的健康性、可用性、安全性得到明显加强，政府网站建设管理水平进一步提升。5月，在全省市州政府网站普查工作通报会上湘潭市做了典型经验发言。2015年，市政府门户网站在全国地方政府网站评估中排第62名，继续跻身全国地方政府网站百强；市政府门户网站被省政府办公厅评为全省优秀政府网站。

5. 夯实网络基础设施

一是将互联网出口带宽提升至700M。2015年10月，与电信、移动、联通三家运营商分别签订了互联网出口宽带租赁协议，把互联网总出口由原来的200M提升至700M，大幅度提升了用户访问互联网的速度。同时，与电信签订了与市直部门互联的裸光纤及与县市区电路提质租赁合同，在网络线路改造方面进行了全面升级。

二是拓展电子政务外网覆盖范围。2015年，供销社等单位接入市电子政务外网，外网平台在市直单位基本做到了全覆盖。同时，提供合适的机房环境和托管部门应用设备，全力满足市直单位网络应用需求。2015年，商务局肉菜溯源系统部署在政务大厅机房，目前运行顺畅。

三是加强网络平台日常维护。加强日常检修，及时处理网络故障，全力保障各单位网上业务办理的顺利进行，未出现任何异常情况，网络运行和信息安全保障水平进一步提升。

6. 抓好市长热线、信箱规范管理

一是提升话务管理水平。重新修订了《话务员管理规定》，完善了规章制度。组织不定期培训和话务员考试，加强业务培训，对话务员严格实行首问责任制、日清周结制，按月进行考核，考核结果与绩效工资直接挂钩，话务服务水平明显提高。

二是加强平台服务功能。以市应急联动指挥平台建设为契机，同步启动市长热线新系统建设，目前基本完成系统开发，即将投入运行，届时将在全省率先实现非应急平台和应急平台的融合，大大加强平台服务功能，为群众提供全方位的公共服务。同时，不断拓展优化热线网络体系，二级网络覆盖全市74家单位，基本涵盖了与群众生产生活密切相关的部门。

三是提升投诉办理质量。对群众反映的事项及时交办转办，加强催办提醒，综合运用电话督办、现场督办、领导批办、联合督办、媒体监督多种方式落实群众诉求，着力提升投诉办理质量。

四是积极做好社情民意收集。将收集的市民合理建议在通报上摘录并呈送市领导，供领导决策参考，并促成多个问题妥善解决。2015 年，市长热线共接听群众来电 20932 件次，其中咨询建议 10866 件次、网络交办事项 4714 件次，办结率达 100%，回访群众满意率达 95.6%。同时，强化市长信箱办理工作，通过整合市长热线和市长信箱平台资源，实现两条民意诉求通道的数据对接和后台统一受理。2015 年，通过“市长信箱”“咨询投诉”栏目收到群众提交的信件 1012 封，回复信件 989 封，回复率达 97.7%，满意度达 85%。各级各部门对信件的办理回复内容规范，所有来信回复都在市政府门户网站及时公布，公众反响较好。

7. 突出政府信息公开重点，深化政务公开

在市政府门户网站以设立专栏的方式集中进行重点领域信息公开，设立了“行政权力运行”“公共资源配置”等 5 个一级栏目，下设 20 个二级栏目，由市国土局等 21 家单位负责栏目内容的组织和保障工作，全年共计公开各类信息 2000 余条，充分保障了群众的知情权。

二 2016年发展展望

2016 年，湘潭市将深入学习贯彻党的十八大及十八届三中、四中、五中全会精神，按照“一流的标准、一流的服务、一流的形象”总体要求和“依法履职、用心服务、高效规范、马上就办”工作理念，统筹推进电子政务工作。

1. 推进网站集约化建设

完成市本级政府网站集约化建设，整合市直机关各单位、各县市区（园区）网站信息和服务资源，形成以市政府门户网站为主站、市直机关各单位以及各县市区网站为子站的网站集群。

2. 筹建政务大数据中心

着手筹划市级政务大数据中心建设，开展前期需求调研和论证，采取充分利旧和新建相结合的模式推进项目建设。一是结合湘潭市实际，建设和完善全

市统一的电子政务网络，完善信息安全保障体系，统筹运维体系建设。根据省市工作要求，结合湘潭市实际，抓紧完成全市统一的网上政务服务平台建设，满足政务信息化工作的新要求。二是推动政务云数据中心建设，通过建设网络基础系统、数据存储系统、数据管理系统、数据服务系统、数据挖掘支持系统和数据交换体系等，为政府各部门提供日常办公应用，为民生、经济、政务、文化等数字化应用做好基础性服务。三是完善基础性政务信息资源库建设。进一步完善人口信息数据库、法人单位数据库、基础空间地理数据库和宏观经济信息数据库的建设，建立上述四大基础数据库的公共数据共享交换平台，实现数据共享。

3. 推行项目大并联审批系统建设

深入推进国家、省、市有关行政审批制度改革文件的落实，在此基础上推进并联审批系统建设，提高并联审批的运行效率，切实服务好全市项目建设。

B.17

2015年衡阳市电子政务发展形势分析及2016年发展展望

衡阳市电子政务管理办公室

一　2015年衡阳市电子政务发展形势分析

一年来，衡阳市主动适应经济新常态，积极应对大环境，开拓创新，攻坚克难，开创了电子政务发展的新局面。电子政务主要工作继续位列全省第一方阵，“数字衡阳”被评为“中国智慧城市优秀案例”，“12345”政府服务热线获得“全国巾帼文明岗”荣誉称号，政府信息公开、政府门户网站在全省绩效评估中位居市州第二，被省政府评为优秀，网上政务服务及电子监察工作在全省名列前茅。

1. 着力拓展应用，“数字衡阳”红利持续释放

在做好“数字衡阳”一期运维管理的基础上，不断优化完善平台系统，挖掘拓展功能应用，项目整体全年运行情况良好，系统平台正常率、外场设施在线率均处于行业较高水平。市公安局利用平安城市系统迅速破获新大桥纵火、环城南路小学女生被奸杀等多起重大刑事案件，极大地改善了社会治安环境；市城管执法局通过数字城管系统有效解决各类城市管理问题，显著提高了管理效率；市交警支队使用智能交通系统有效缓解交通拥堵，抓拍各类交通违法行为40余万次，全市交通秩序得到根本性改观；市应急办通过应急指挥系统共享交换民政、安监、水利等部门数据，开展小型移动应急平台演练，充分发挥应急指挥调度作用，应急联动能力明显增强。数字环保项目顺利通过财政评审，市政府正式批准实施。完成全市“大网格化”信息平台建设需求调研，起草了《衡阳市“大网格化”信息平台项目建设方案》，并由常务副市长组织

了初步评审。“数字衡阳”推动经济社会发展、保障和改善民生的作用不断凸显。

2. 围绕提质增效，热线服务水平稳步提升

2015 年以来，衡阳市紧紧围绕市长对“12345”政府服务热线提出的“提质增效”要求，不断创新工作方式，深入结合“数字衡阳”，进一步完善工作机制，优化软件平台，加强运行管理，狠抓督办落实，强化宣传引导，充分发挥了热线“连心桥”“助推器”“减压阀”的作用。全年共接打电话 28 万次，处理“书记、市长信箱”信件 4400 余封，组织电话、短信督办 5000 余次，现场督办 400 余次；在省、市各类媒体宣传 200 余封，与都市频道合作拍摄《一线连万家，服务你我他》微视频，开发了手机客户端；开展“热线问政”5 期，多次邀请人大代表接听电话，同赴现场督查；组织热心市民到热线单位参观座谈，虚心接受建议和意见。12 月 14 日，市长亲自出席全市“12345”政府服务热线工作讲评会，充分肯定热线工作成效，为热线下一步工作指明方向，常务副市长对全市热线工作进行了深入细致的点评，会议效果很好。年内，热线共受理并解决群众诉求 21 万余件，办结率达 99.68%，市民满意率达 96.08%，切实取得了“转变作风、提高效能、解决问题、满意群众”的效果。

3. 狠抓重点工作，政府网站建设管理规范有序

一是高度重视政府网站普查。2015 年 4 月，衡阳市根据国家、省统一安排部署，迅速启动全市第一次政府网站普查，对各阶段工作进行了周密布置。出台了《关于加强政府网站信息内容建设的通知》（衡政办发〔2015〕21 号），明确政府网站建设、管理、运维和保障等要求。经过认真普查，共上报政府网站 231 家，关停 86 家。目前，衡阳市共有 145 家政府网站正常上线运行，合格率为 100%，全年未发生被国家、省通报批评事件。二是加强市党政门户网站内容保障。2015 年，市党政门户网站更新发布政务信息 13 万余条，开展在线问政 27 期，公开部门听证 9 期，发布征集调查 53 个，提供民生服务 780 项，内容保障各项指标较上年均有显著提升。三是启动政府网站集约化建设。多次组织专家对全市政府网站集约化建设技术方案进行论证，形成了较为成熟的方案，项目建设经费已经市财政评审，正在组织招投标。

4. 强化运维管理，保障电子政务内网安全稳定

为进一步加强内网日常管理，两办下发了《衡阳市电子政务内网管理办

法（试行）》，衡阳市集中组织了五期、101家单位的收发文人员参加培训。完成了市电子政务内网应用支撑平台提质升级改造工程，进一步了丰富内网应用，保障了内网安全。2015年以来，市委、市政府利用电子公文系统向下发文2986件，接收省委、省政府公文3821件，向省委、省政府报送公文787件，各委办局利用信息报送系统向市政府报送信息4153条。市电子政务内网整体运行情况良好，全年未出现重大故障。

5. 注重优化完善，网上政务服务能力不断增强

网上政务服务及电子监察是列入省委、省政府绩效考核的重点工作。2015年，衡阳市以政务中心搬迁为契机，将市网上政务服务及电子监察系统与新政务中心服务管理平台紧密结合，优化审批流程，推动数据交换，在方便市民办事的基础上大力推进网上政务服务应用。同时，增加了排队叫号、政务中心管理、实体大厅电子监察等功能，进一步提升了网上政务服务能力。目前，衡阳市非涉密的行政许可、非行政许可审批和公共服务事项全部纳入了网上政务服务办理系统，实现了审批事项全程留痕、全程可控、全程监管。截至2015年12月底，全市网上审批办件共计80余万件，没有出现黄牌和红牌。

6. 把握核心要求，政府信息公开卓有成效

2015年，衡阳市按照国家、省最新要求，进一步加强制度建设和落实，加强平台建设和管理，深化重点领域信息公开，深入推进办事服务公开，认真做好政策解读和热点回应，依法做好依申请公开工作。衡阳市在“中国·衡阳”党政门户网站上主动公开政府信息共143019条，其中市本级公开41124条，县（市、区）公开101895条；县（市、区）发布重点领域相关信息45608条，市直部门发布9349条；发布“三清单一目录”信息5027条，公开全市各部门预算和“三公”经费预算，87个部门［含县（市、区）］主动公开了2014年的政府信息公开年度报告；共收到依申请公开件40件，均按时回复。不断健全机制，细化公开目录，出台规范性文件，市政府办下发《衡阳市关于认真做好2015年政府信息公开工作的通知》《衡阳市政府信息主动公开发布制度》《衡阳市政府信息公开沟通协调机制》《衡阳市政府信息公开政策解读机制》等规范性文件。全市信息公开步伐进一步加快，信息公开实效进一步提升。

二 2016年衡阳市电子政务工作发展展望

2016 年，是深入贯彻党的十八届五中全会精神，制定落实衡阳市电子政务发展“十三五”规划的开局之年。2016 年衡阳市电子政务主要工作目标是：各项工作进入全省第一方阵；持续深化“数字衡阳”一期应用，促进“数字衡阳”市县一体化和部门信息共享，加快数字环保、衡阳数据中心、中兴网信全球共享服务中心建设；促进大数据在公共服务、城市管理、教育及产业发展等方面的应用；完善“12345”政府服务热线和政务信息资源共享交换平台，推动政府机关和事业单位数据业务外包，构建覆盖全市的电子政务网络，集约建设政府及部门网站群，关注“互联网 + 政务”服务平台建设，推动政府实体行政办事大厅向网上迁移。

1. 着力拓展“数字衡阳”功能

扩大“数字衡阳”一期工程覆盖面，推动数字环保、数字教育、数字医疗卫生、大网格化体系、公共资源交易平台、“一照一码”商事改革平台、公共信用信息及投融资平台等项目建设。不断完善云中心平台的兼容性、开放性，提高承载能力。拓展“数字衡阳”云平台功能及应用范畴，全面推进数字环保建设。结合“三网融合”“两化融合”，积极推动“数字衡阳”向县（市、区）、社区和农村延伸，加快“数字衡阳”向“智慧衡阳”转型。

2. 着力搭建全市大数据中心

注重统筹规划和顶层设计，整合全市政务服务资源，以数字衡阳、市党政门户网站、网上政务服务、综合治税监管平台、商事改革平台等应用为抓手，高标准、重实效、分步骤建设全市大数据中心；建立完善的灾备系统。出台标准规范和管理制度，整合建设人口、法人、空间地理信息三大基础库，促进“数字衡阳”市县一体化和部门信息共享。加大政务资源采集力度，认真做好数据接入工作，先易后难，循序渐进地实现面向各部门的数据共享和交换。推动政务数据资源和社会数据资源整合利用，集中构建统一的互联网政务服务平台和信息惠民平台，推动决策支持、风险预警和执行监督等大数据库应用。

3. 着力加强电子政务内网建设

一是加强内网网络平台建设。按照省最新要求，完成电子政务内网（涉密网）平台建设，形成统一规范的全市电子政务内网网络体系。二是逐步建立安全保障体系。完成对市级网络平台安全保障系统的升级改造建设，使其能够合法、合规、安全地承载涉密信息；完善市本级电子政务内网密钥管理和电子认证基础设施建设；配合建立综合监管系统，实时监控内网运行情况，保障系统平稳运行。三是深化和拓展业务应用。围绕领导决策和内部办公，建设和完善公文处理、信息采编、数据分析、值班管理、会议服务、督促检查、党内法规、应急指挥等系统；围绕内部沟通和协调，建设和完善全网统一的涉密邮件、即时通信、安全短信等公共基础应用；围绕办公无纸化，建设涉密电子文件拟制、办理、交换、查询利用和归档管理等业务应用系统。四是继续做好内网平台运维监管工作，确保内网安全、稳定、高效运行。

4. 着力提升热线服务质效

进一步加强"12345"政府服务热线整合力度，加快整合"120"急救电话，尽快出台全市"120"急救综合服务平台实施方案，建立考核机制，规范处置程序。积极创新热线工作方式，巩固前期成果，继续开展好领导接听、热线问政、工作讲评等活动。进一步加强热线建设管理，加大宣传培训、督查督办力度，注重调研分析，为政府科学决策提供有效参考，全面提升群众满意度，把"12345"热线真正办成衡阳市软环境建设的"金字招牌"。

5. 着力提高政府透明度

建立健全信息公开审核发布机制、保密审查机制。不断完善政府信息公开平台和信息公开直报系统建设，实现县（市、区）平台统一。持续推进重点领域信息公开力度，拓宽信息公开渠道，全面加强主动公开工作，强化依申请公开管理和服务。积极组织开展培训，规范信息发布流程，强化信息发布更新，加大政策解读力度，及时做好热点回应，建立健全考评机制，全面提高政府透明度。

6. 着力推进网上审批和电子监察应用

一是做好数据对接工作。按照省、市数据交换规范做好数据对接协调衔接工作，完成市本级审批系统与各委办局业务系统的数据对接，完成市本级审批系统与县（市、区）审批系统的数据对接，确保数据交换的准确性和实时性。二是加强监察考核、推广应用工作。抓好网上审批系统的推广应用工作，真正做到所有审批事项的管理100%进入网上审批和电子监察系统，对系统建而不用，对群众网上咨询投诉不及时回复，对政务服务过程中因行政不作为、乱作为、缓作为而亮红牌、黄牌等问题，严格按照《衡阳市网上审批电子监察管理办法》规定进行问责。

7. 着力做好政府网站集约化建设

全面启动全市政府网站群集约化建设。按照“统一规划、顶层设计、逐步实施、统一平台建设、统一运维管理、统一安全保障、统一绩效考核”原则，加快实现全市政府网站资源共享、互联互通。重点完成集约化建设招投标工作，规范全市政府网站群建设管理，推进政务资源整合，打通线上线下服务。

B.18
2015年益阳市电子政务发展形势分析及2016年发展展望

益阳市电子政务管理办公室

一 2015年益阳市电子政务发展形势

（一）围绕信息化、电子化，推进电子政务项目的应用

1. 积极推广项目

一是推进共享平台建设。目前，全市政务信息资源共享平台已正式启动建设。二是健全电子政务外网，实现无缝对接。政务办在首期开通81家市直单位进入外网的基础上，2015年新增58家单位，全面完成市到县、县到县直部门和县到大部分乡镇的政务外网联通工作。三是完成了“省长信箱”接入外网工作。2015年在上年已联通64家单位的基础上，新增12家单位，目前已按照省信访局的要求，全部联通并开通“省长信箱”。

2. 认真审批项目

益阳市遵循统规统管、共建共享、互联互通、注重实效、保障安全的原则，充分利用和整合各种信息资源，防止盲目投资和重复建设。2015年，先后对市中级人民法院、市公安局、市政务中心、市档案局、市公积金中心等单位的工程项目进行了认真审核和验收，全年共审查项目11项，牵涉资金1678万元，为市财政节约资金232万元，做到了严格把关，确保财政的每一分钱都用在刀刃上。

3. 科学提升和管理项目

一是完善网上政务服务和电子监察系统。做好实务大厅和虚拟大厅的有机

结合，逐步实现由实务大厅向虚拟大厅的转变，最终达到在虚拟大厅办理业务的目标。2015 年，益阳市协助市政务中心在原来实现联网单位的基础上新增了 20 家。二是加强中心机房安全管理。通过近几年机房资源的整合，中心机房已聚集了几百台设备，加强对机房的安全管理尤为重要，对此益阳市从两个方面着手管理。一方面，实行网格化管理，分区域规范各单位的设备；另一方面，与移动益阳分公司签订了维护协议，明确了双方的责权，对中心机房实行 24 小时专业技术人员值守。

（二）政府信息公开和网上办事能力不断提升

2015 年，发布各类信息 15421 条（篇），突出 9 类重点信息的及时公开。全年，网上办件累计收件 58483 件，已办结 58219 件，时限内办结率达 100%。新媒体发挥了显著作用，2015 年共发布政务微博 750 多条，发布政务微信 961 条，阅读量 10 万余人次。

（三）大力推进益阳"互联网 +"建设

经过多次协商，益阳市与腾讯湖南分公司制定了益阳"互联网 +"腾讯解决方案和腾讯・大湘网城市服务入口接入服务包合作协议书，项目正在稳步推进中。

（四）全力做好网站工作

1. 组织全市政府网站参加全国第一次政府网站普查

为响应国办发〔2015〕15 号、湘政办函〔2015〕43 号文件精神，益阳市电子政务办组成自查整改领导小组，组织全市建有网站的政府单位就此次政府网站普查工作的重要性与具体自查整改内容进行了培训学习，对网站自查和整改工作做了明确的要求。建立全市政府网站普查工作群，分批分阶段开展了政府网站普查系统填报、自查及整改指导，及时转发省办公厅下发的文件，通报并多次下发督办函督促各单位落实自查整改工作。

2. 升级改造中国益阳门户网站群系统

目前使用的站群系统是 2012 年建立的，功能不健全且已严重老化，特别是安全性能比较差。益阳市利用这次全国网站清理工作的机会，加大投入，结合益阳实际，全新打造中国益阳门户网站群系统，并将协同办公平台一并纳入建设。对中国益阳门户网站进行了全新改版升级。网站栏目和内容上，规划升级了重点领域信息公开和全流程重点办事服务等板块内容，结合全国政府网站普查工作，对网站信息公开、网上办事服务等频道栏目设置及信息内容进行了全方位梳理完善，同时加强了新媒体互动方式创新，既保留了原有无障碍阅读系统，又设置了政务微博、政务微信、手机 APP 等热门互动栏目的快速入口。2015 年 2 月 9 日，由中国软件评测中心主办的第十四届（2015）中国政府网站绩效评估结果发布暨创新发展论坛在北京举行。中国益阳门户网站在参与评估的 300 多家地市级政府网站中排名第 73 位，首次进入全国地市级百强政府网站行列。

3. 打造精品栏目

对门户网的一些优势传统栏目，益阳市确保优势、突出特点、不断完善。根据“舆情在线”“市长热线网络版”“发展论坛”“新闻发布”等栏目的不同特点，进一步办好办出特色。同时，重点打造“在线访谈”“重点服务事项”等精品栏目。

4. 加强信息员队伍建设

2015 年初，下发了《关于建立中国益阳门户网站信息员队伍的通知》，并利用网站普查的契机，整理统计了全市 60 多家市直部门单位及参公事业单位的专职信息报送人员、信息公开平台栏目内容保障人员和单位网站管理人员的详细名单和通信方式，共计 100 余人，有效扩大了网站信息的采集面，增加了信息发布总量。同时，政务办网站科积极外出参加全市大型会议及政府办活动，提供采编素材共计 200 余（篇）次，确保全年益阳门户网发布信息 20000 余条（篇）、报送省政府网站 300 余条（篇）。

二　2016年发展展望

2016 年益阳市主要围绕“六个统一”的思路，全方位推进益阳电子政务发展。

1. 构建统一的政务网络

构建市、县、乡镇、社区（村）四级网络体系。推动实施跨部门、跨层级的网上联动和协同办公，逐步统一市、县两级政府部门互联网出口。

2. 构建统一的政务云数据中心

积极探索建设益阳市政务云数据中心，引导各部门将硬件设施集中托管到政务云平台，实行集中建设和统一管理。推动政务部门业务应用系统向政务云平台迁移。

3. 构建统一的数据共享和交换平台

重点建设基础信息资源库，建设完善人口、法人、空间地理等基础信息资源库，加快推进政务信息资源共享与交换平台建设。

4. 构建统一的安全支撑平台

完善信息安全保护制度，进一步规范密钥、电子证书、认证机构的管理，为全市电子政务系统提供统一的防火墙、入侵防御、安全认证等信息安全服务；统筹规划容灾备份中心。

5. 整合全市统一的网站群服务体系

构建“一站式”网上政务大厅和网站群服务体系，创新政务微博、微信和手机客户端等新技术应用，健全公民参与和诉求表达机制。以政府门户网站为统一接入口，推进协同办公和移动办公平台建设。

6. 形成全市统一的网上审批平台框架

实现所有市级部门审批业务系统、县级审批平台与市级网上审批管理和服务平台的互联互通。推动并联审批、协同应用和部门审批等行政审批和服务事项全部上网、全程上网、规范上网、高效上网。

总之，益阳市将在省委、省政府的坚强领导和省电子政务中心的悉心指导下，团结协作，搞好2016年电子政务工作，再接再厉，争取取得更好的成绩。

B.19
2015年常德市电子政务发展形势分析及2016年发展展望

常德市电子政务管理办公室

一　2015年常德市电子政务发展形势

2015年，常德市电子政务工作紧紧围绕“智慧常德”建设而展开，按照优先搭建常德云计算中心，逐步完善信息基础设施、城市公共管理、民生服务应用和现代产业融合“四大体系”的思路，狠抓基础平台和重点应用系统建设，“智慧常德”建设工作取得了明显成效，初步形成了“一个中心、一个平台、六大应用”（常德云计算中心，信息资源共享平台，地理空间框架、智慧城管、智能交通、数字防控、综合治税、社会治理网格化综合信息平台六大系统），常德成为国家智慧城市试点，2015年湖南智慧城市论坛在常德圆满召开。

（一）继续推进常德云计算中心建设

1. 完善云计算中心硬件平台建设

组织专业机构进行了安全和性能检测，硬件平台达到了国家信息系统安全等级保护（三级）要求。在此基础上，组织了硬件平台的竣工验收，督促浪潮云投科技有限公司建章立制、充实人员，加强和规范了云计算中心的运行管理，先后组织了地理空间框架、社会治理网格化、智慧税务等20多个应用系统接入运行，常德云计算中心初步发挥了资源整合共享的作用。

2. 启动云计算中心软件平台建设

组织专业队伍编制了软件平台（信息资源共享交换平台）技术方案，并进行技术评审和投资评审，完成了软件平台的统一搭建。召开专题会议，有序推进了信息资源基础调研摸底工作，初步摸清了部分共享信息，下一步将逐步推进信息资源目录梳理。

（二）组织建设“智慧常德”协调指挥中心

1. 完成了指挥大厅建设

全面完成了“智慧常德”协调指挥中心大厅的框架加固、装修装饰、电力扩容、信息化建设等工程项目，集中接入了智慧城管、智能交通、数字防控、社会治理网格化、应急指挥等主要应用系统，实现了实时协调指挥、应用监督等功能。统一的智慧城市协调指挥中心，成为“智慧常德”的监控中心、协调平台和指挥中枢。

2. 完成了智慧大厦改造

配合“智慧常德”协调指挥中心的建设，完成了紫云办公楼的美化亮化工程，将紫云办公楼整体包装打造成智慧大厦，作为近期“智慧常德”建设的重要阵地。

（三）有序推进重点应用系统建设

1. 完善了城市管理信息化三大平台

智慧城管、智能交通、数字防控三大平台全面完成了工程扫尾。通过智慧城管建设，全市大城管工作格局初步形成，城管工作流程进一步规范，服务民生的能力进一步加强。通过智能交通建设，构建了城市道路、城市内部区间快速高效的多层级、可视化、扁平化、智能化交通协同指挥调度体系。通过数字防控建设，形成了“一点布控、全网响应、快速出警”的扁平化治安防控指挥调度模式，提高了精准打击违法犯罪的能力。

2. 完善了社会治理网格化综合信息平台

该平台包含两个子系统，即365社会管理系统和1314社区服务系统，已经完成系统开发，并与省网格化管理平台实现全面对接。项目构建起市、县、乡、村、网格五级联动的网格服务管理体系，能够提供衣、食、住、行、用等14种日常服务，最终为以人为本、信息化支撑、网格化治理、社会化服务（“一本三化”）社会治理新模式提供支撑。

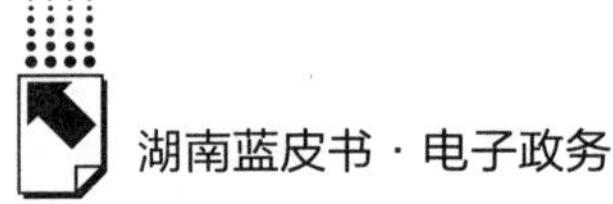

3. 组织建设了智慧税务等其他部分系统

智慧税务系统已经完成地税、国税、财政功能模块开发，系统开始投入运行，基本完成37家市直单位涉税数据采集并正在对数据进行整理完善。下一步将向其他县（市、区）推广。目前，该项目形成的“税收保障网络监控平台”已经发现税收差异金额2亿多元，全面减少税收征管漏洞。此外，正在组织建设警务云、视频资源整合、智慧环保、政府网站改版升级等项目。

（四）扎实开展政府网站普查整改工作

1. 推进政府网站内容整改

召开全市政府网站建设工作会议，贯彻落实国务院办公厅政府网站普查整改文件精神，下发工作方案，明确工作任务，并将其列入年终目标考核项目。对纳入考核的589个子网站逐一落实责任人跟踪调度，并聘请南京大汉等服务商提供技术支撑。一年来，常德政府网站全站共增补各类信息25000余条，删除空白栏目、错链死链8900多处，修补系统漏洞100多处，网站健康性、可用性明显加强。

2. 推进政府网站架构整改

全市政府网站集约化建设步伐加快，加速推进常德政府网站群改版升级项目，已经完成主网站改版升级工作，新版政府网站全面上线运行，正在抓紧推进市直单位子网站改版升级工作。此外，石门、澧县、安乡等县（市、区）也先后建成了统一的政府网站群。

（五）深入推进与浪潮集团的战略合作

1. 深化云计算中心的项目合作

浪潮集团成立湖南浪潮云投科技有限公司专门负责常德云计算中心的建设运维，使常德在湘西率先拥有了全国一流的云计算中心，为全市各类信息资源整合共享提供了核心平台。云计算中心项目不仅减少了重复建设，节省了财政资金，也为常德市探索政务云、公有云的建设、运营和管理积累了宝贵经验。

2. 拓展合作领域，打造创新基地

市政府支持浪潮集团以智慧城市建设运营商的身份通过公开招标或出售服务的方式，参与建设警务云、“智慧常德”协调指挥中心、信息资源共享平台等项目。浪潮集团在常德设立了智慧城市研究院常德分院，从事智慧城市的研究咨询、规划设计；还将筹建常德大数据创新中心，引导开放数据，发展创新应用。

3. 加快孵化云计算新兴产业联盟

浪潮集团大力支持湖南浪潮云投科技有限公司向实体企业转型，加快发展云计算产业，不断做实、做大、做强。今后，还将推进浪潮常德软件产业园的建设，逐步培育打造云计算、大数据产业链。

（六）认真落实国家智慧城市试点相关工作

1. 制订了国家智慧城市试点工作方案

2015 年初，常德市（含津市、澧县、汉寿）成功入列国家智慧城市试点，将重点开展城市公共平台及典型应用项目专项试点。市智慧办根据试点创建任务书的要求编制了试点建设工作方案并印发实施，各试点单位严格按照方案有序推进试点建设工作。

2. 推进了“智慧常德”“十三五”规划编制

成立了规划编制工作组，在外出考察调研和咨询专家意见的基础上，综合运用“四个常德”建设纲要和创建国家智慧城市试点任务书的成果，编制了《智慧常德建设“十三五”规划纲要》，初步明晰了发展目标、基本框架和主要任务。

3. 加强了智慧常德建设项目管理工作

按照“六统一”的要求，统一加强对“智慧常德”项目建设的全过程管理。全年，市本级共对 86 项智慧项目进行了技术评审，申报资金 2. 93 亿元，审定资金 2. 13 亿元。通过规范管理，既促进了信息资源整合共享，又保证了“智慧常德”项目建设的质量。

二　2016年常德市电子政务发展展望

2016 年，“智慧常德”建设工作将以国家智慧城市试点建设为主题，以资源整合共享为主线，狠抓项目建设，狠抓业务协同，狠抓应用推广，确保“智慧常德”建设工作再上新台阶。

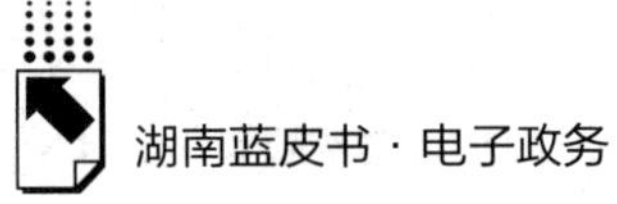

（一）建成信息资源共享平台

依据市政府与浪潮集团的战略合作协议，按照“企业投资建设、政府购买服务”的模式，由浪潮云投公司投资尽快建成信息资源共享平台，依托该平台有序推进人口库、法人库等基础数据库和信息资源目录体系建设。在此基础上，研究制定针对云计算中心的考核管理制度，督促浪潮云投公司加强内部管理，确保云计算中心安全稳定运行。选择一批条件成熟的应用系统向云计算中心迁移，新建应用系统一律部署到云计算中心，充分发挥云计算中心的资源整合共享效益。

（二）推进政务外网平台升级

按照“横向到边、纵向到底”全覆盖的目标，全面推进全市电子政务外网整体升级改造，加快实现城域网和广域网 IPV6 组网并按照三级等保要求进行建设，加快实现市直单位网络全覆盖并统一互联网出口，统一建设大数据安全分析与管理平台等，尽快解决“智慧常德”应用系统网络盲区和 IP 地址不够的问题。依托外网平台升级，选择部分条件成熟的党政机关统一互联网出口，选择部分电子政务专网应用向电子政务外网迁移，加快统一网络平台。

（三）发展完善十大应用系统

完善视频整合系统，充分发挥“智慧常德”协调指挥中心作用；完善社会治理网格化系统，丰富服务事项，拓展覆盖范围；完善综合治税系统，推进系统向县（市、区）覆盖；完善智慧环保系统，为加强环境监督管理提供信息化支撑；完善市民卡系统，推进系统综合应用；新建智慧审计系统，优先实现与财政相关系统的联网审计；新建智慧旅游系统，打造旅游综合管理服务门户；新建信用信息系统；新建精准扶贫系统；新建食药溯源系统。

（四）加强工程项目建设管理

以《常德市电子政务工程项目管理办法》为基础，研究出台《常德市智慧常德工程项目建设管理办法》，严格按照“六统一”的要求，进一步规范“智慧常德”工程建设项目的管理，形成更统一、更科学、更明确的管理规范。调整充实“智慧常德”专家组成员，建立完善专家咨询服务机制，充分发挥专家在技术评审、竣工验收、绩效评估等环节的作用，全面提升服务效率。

（五）加强“智慧常德”战略合作

支持浪潮集团以智慧城市运营商的身份全面参与“智慧常德”建设，引导扶持浪潮云投公司打造一流的云服务产品，培育一流的云服务团队，逐步做大做强云计算产业；支持浪潮集团在常德建立软件产品开发等产业基地；支持浪潮智慧城市研究院常德分院发展；支持浪潮集团常德大数据中心建设。支持引导华南光电、腾讯、电信、移动、联通、广电等优势企业积极参与“智慧常德”建设。积极跟进和推动北斗数据中心、湖南广电石门 IDC 机房、深圳腾讯“互联网 +”等项目建设。

B.20

2015年岳阳市电子政务发展形势分析及2016年发展展望

岳阳市电子政务管理办公室

2015年，岳阳市电子政务始终坚持“以需促用、以用促建”的建设原则，着力推进电子政务云平台、地理空间框架专题数据、市场主体平台和人大政协建议提案办公平台等项目建设，切实保障电子政务内、外网的平稳运行，争创全省优秀政府网站，建立健全电子政务制度，各项工作都取得重大进展。

一 2015年岳阳市电子政务建设的主要情况

（一）电子政务项目建设全面推进

1. 地理空间框架专题数据

岳阳市地理空间框架专题数据建设项目于2015年6月正式启动，项目主要建设内容为构建包含全市近30家市直单位合计约70万条专题数据的数据库。截至年底，专库数据库中已录入的数据达50余万条，数据进一步的整理工作正在有条不紊地推进。

同时，岳阳市努力深化共享服务平台应用推广工作，联合市国土局组织全市40余家单位举行了“岳阳市地理空间框架培训推广会议”，目前，已有多家单位与岳阳市协调共享服务平台接入的事宜。

2. 电子政务云平台

根据市长专题会议精神，2015年启动了岳阳市电子政务云平台项目的建设，经过1年的努力，岳阳市先后完成了前期考察、交流学习、技术论证、方案编制、专家评审、投资审核等前期工作。岳阳市电子政务云的建成将统一全市机房建设，提高电子政务基础设施的利用率；大大降低电子政务应用建设成本；进一步规范电子政务建设流程；确保电子政务应用的安全。

3. 市场主体许可审批监管信息共享交换平台

根据市政府第32次常务会议的安排，按照《岳阳市工商登记前置审批制度试点工作方案》的要求，政务办启动市场主体许可审批监管信息共享交换平台的建设。2015年7月，项目各项前期工作顺利完成，9月落实了项目资金，完成了招标程序。平台充分利用涉税系统硬件资源，节约了大量财政投资。目前，市场主体许可审批监管信息共享交换平台进入全面建设阶段，平台已于11月23日上线试运行。

4. 人大政协建议提案办公平台

建议提案办公平台是一个利用互联网办理建议提案的业务平台，实现建议提案办理工作信息化管理。按照“资源整合、信息共享、协同联动、高效便捷”的总体要求，在认真研究并借鉴省人大代表建议和政协委员提案办理平台的功能，以及深入调研对接市人大、市政府、市政协业务需求的基础上，岳阳市完成了项目技术方案编制、预算编制、评审等工作。目前，项目进入招标程序。

5. 其他电子政务项目

2015年以来，市委、市政府对电子政务建设高度重视，各地各部门利用信息技术全面优化服务管理事项，提高服务管理水平，电子政务项目建设呈现加快发展的良好势头。一年来，君山区城市治安电子防控系统（二期）、岳阳楼区网格化社会综合管理系统、中院数字法庭、两级法院执行指挥与司法查控系统、纪委悟园管理中心弱电工程、档案馆弱电（智能化）系统、建设局数字城建档案馆、城管局数字城管（二期）、国土局“四全”服务模式平台、“平安城市”四期、公安局基础信息化、技侦信息化应用平台、网安综合应用平台等多个项目全面启动，岳阳市电子政务建设呈现全面发展的态势。

（二）政务资源数据建设稳步推进

政务信息资源的整合是岳阳市2015年的一项重要工作，2015年，岳阳市下发了《关于开展全市政务信息数据共享工作的通知》（岳政办函〔2015〕29号），开启了岳阳市政务资源数据整合新阶段。第一，地理信息数据整合。2015

年以来，岳阳市在完成地理空间框架建设和地理信息基础数据整合的基础上，启动了地理空间框架专题数据的建设。第二，法人库建设。通过对涉税信息平台、商事平台和信用信息平台的建设，岳阳市已积累了近28.5万条企业法人数据。下一步将全面落实法人库的建设，进一步完善法人信息数据。第三，人口库建设。按照岳阳市的建设规划，人口库的建设已在稳步推进中。

（三）市政府门户网站取得重大突破

2015年，岳阳市政府门户网站进一步优化完善了网站群平台，深入整合资源，进行了第四次大规模升级改版，同时建设了市政府英文门户网站和网站智能问答平台。市政府门户网站获得由中国促进网评选的2015年度中国政务网站领先奖；“市长信箱”“在线访谈”荣获全国政府网站政民互动类“精品栏目”奖。岳阳市事业单位年度报告公示平台、岳阳信用信息平台也在2015年获评“精品栏目”奖。

1. 网站建设亮点纷呈

第一，信息公开突破难点。市政府网站群完成了全市45家主要部门单位子网站的整合，真正实现了网站群内容发布、信息流转、安全管理的全面一体化，市政府门户网主站、子站和政府信息公开发布平台完全被打通。2015年，市政府网站群统一平台信息发布量达7.2万多条，信息公开总量达23万多条。统一规划建设了市政府“三清单一目录”公示系统，行政权力“全透明”。公布了正式印发的部门权力清单，共修改规范11000余处，删除、冻结、合并1409项行政权力，保留2947项，精简32%。集中公开了全市各部门预决算和“三公”经费，预算公开的细化程度进一步提高和规范性进一步增强。公开内容更细，支出细化公开到功能分类最末一级的“项”级科目；公开范围更广，除列入涉密信息目录清单的事项外，其他财政安排的资金都实行公开。

第二，政民互动能力领先。“市长信箱”满意率切实提高。2015年，“市长信箱”共收到市民有效来信4006封，办结回复4006封，办结回复率达100%，满意率比上年高10个百分点。在线访谈点击率热度不减。通过与“12345”公众服务热线紧密合作，2014～2015年已陆续推出了45期电话问政专辑，栏目点击率破2万人次。调查征集参与率不断攀升。2015年，围绕公交车调价、水价格改革、公共停车位现状、社区文化建设等民生问题共开展“调查征集”10次，网民留言4000多条，网站影响力进一步提高，新媒体关注率持续攀高。

第三，智能管理安全高效。为了强化网站群技术安全保障，减轻部门单位技术管理负担，避免重复建设，岳阳市对网站群基础技术平台、网站安全管理、智能运维监测以及日常维护全部进行了服务外包，基础技术平台全面实现了虚拟化智能管理，为市政府门户网站群的安全稳定运行提供了强有力的技术支撑。全市45家部门单位子站软硬件资源现已全部整合纳入市政府门户网站统一平台管理。

2. 普查工作成绩斐然

全国第一次政府网站普查工作开展以来，在省政府办公厅的统筹领导下，岳阳市认真贯彻落实国家、省有关文件精神，精心组织、周密部署、强化措施，顺利完成了普查工作任务。普查工作期间，全市政府网站共修复错误链接5000多个，改正错别字近1000条，整改超期未更新栏目500多个，清理空白栏目200多个。经过此次政府网站普查工作，岳阳市各级各部门对网站建设高度重视，建设管理人力资源、经费普遍加大，各政府网站全面规范，“信息更新不及时、信息内容不准确、互动交流不回应、服务内容不实用”“四不”问题得到根本解决。

（四）电子政务网络平稳运行

1. 积极配合部署政务外网业务系统

根据省统一安排，完成了全省信访系统、全省交通信息网络、发改委重大项目在线审批系统的接入，保证政务外网到业务单位的网络正常运行。根据应用系统需要，增加了15家政务外网接入单位。配合厂家施工，在较短时间内完成了商事改革、岳阳楼区社会治理和服务创新系统硬件部署及网络联通。

2. 完善市政府门户网站安全系统

针对出现的网络攻击现象，增加了抗DDOS设备及Web应用防火墙，并及时更换损坏的隔离网闸，保障了门户网站的安全可靠运行。

3. 保障电子政务内网的顺利应用

随时掌握系统的运行情况，每日记录各类运行动态数据，分析系统运行情况，每月对所有的系统运行数据进行统计分析，整理项目相关资料报表。同时，加强内网应用，督查系统业务流程，对收发文件、会议通知等数据流进行跟踪，检查系统应用的效果，并对业务开展过程中出现问题的单位及时提醒和督促，共计解决各市直联网单位故障100多次，保障系统有效运行。

2015年是电子政务外网平台建成后运行的第四年，部署在政务外网上的业务系统没有出现网络中断情况，也没有出现全网大规模中断事故，电子政务内、外网全年稳定运行。

二 2016年岳阳市电子政务发展展望

2016年，市电子政务工作将全盘谋划，继续开拓进取，主要做好以下几个重点工作。

1. 全面完成岳阳市电子政务云平台建设

第一，利用云计算推进岳阳市电子政务基础设施建设方式向集约化转变。充分利用现有基础，建设集中统一的行业性、区域性电子政务公共云平台，实现各领域政务信息系统整体部署和共建共用，大幅度减少市直单位自建数据中心的数量，充分利用云计算遏制分散建设和重复投资现象。

第二，利用云计算推进共性应用平台建设，促进业务协同和信息共享。着眼于岳阳市经济发展和社会管理共性需求，通过梳理各单位信息化过程中亟待解决的问题，分析潜在应用需求，通过多种鼓励手段引导基础较好、特征明显的重点领域发展。

2. 加快推进大数据交换平台建设工作

第一，建立政府数据采集更新机制，以政务应用需求为导向制定数据资源规划，建立公共基础数据资源的标准，完善数据资源采集、共享、利用和保密等相关制度，完善政务信息资源目录体系，扩大数据的采集和交换共享范围。创新数据更新和校验策略，以增强数据的完整性、准确性和及时性。

第二，出台数据开放政策，构建统一的政府数据开放共享平台，奠定岳阳市大数据应用的基石。基于该平台，开放政府及其支撑机构掌握的非涉密信息，特别是积极向社会开放地理、人口、法人等政府基础信息以及其他有关管理机构的数据资源，鼓励社会力量积极参与政府数据资源的深加工和再利用，从而扩展电子政务大数据的应用范围，盘活政府信息资源，把政府数据转化成社会财富。

3. 深化电子政务项目管理工作

第一，尽快制定出台岳阳市电子政务项目建设管理办法，规范电子政务项目主管部门、建设部门、监督部门的相关职责，明确电子政务项目立项、技术审核、项目审批、组织实施、竣工验收、效益评价等各环节流程。

第二，抓好电子政务项目立项论证、工程监理和竣工验收的全过程管理，协调跨部门政务协同工作；研究电子政务投资核算和应用效果评价指标体系，提高科学估计电子政务项目经费的能力。

4. 积极推动重大项目建设

按照市委、市政府的有关工作部署，结合岳阳市电子政务“十三五”规划的要求，2016 年，岳阳市将积极推动“平安城市”四期、公安局基础信息化、市公安局技侦信息化应用平台、网安综合应用平台、智能交通、地下管线、“数字城管”二期、市档案馆信息化、数字城建档案馆、金审三期工程、诚信体系、公共资源交易、政府协同办公系统、应急指挥系统、气象突发事件发布系统、市国土资源局“四全”服务模式平台、岳阳两级法院执行指挥与司法查控系统、人大代表建议和政协委员提案办理平台、市电子政务内网、东洞庭湖国家级自然保护区公众实时视频观鸟系统等重大项目的建设。

B.21

2015年邵阳市电子政务发展形势分析及2016年发展展望

邵阳市电子政务管理办公室

一　2015年电子政务发展情况

2015 年，邵阳市电子政务以信息资源整合为目标，抓住拓展电子政务外网应用和政府网站建设两个重点，积极推进电子政务建设，在资源整合、基础设施完善、应用拓展、网站建设等方面取得了较好的发展，电子政务基础设施建设得到明显加强，公共服务水平得到显著提高。

（一）完善基础建设，形成了稳定可靠的基础支撑平台

1. 逐步更新淘汰机房老旧硬件设施，增强机房设备运行的可靠性

邵阳市电子政务外网中心机房于 2011 年建成，经过多年的使用，许多设备已陈旧老化，性能已远远不能满足现有的电子政务需求。为保证电子政务服务工作能够持续稳定地开展，政务办在 2015 年对机房的 UPS 电源、服务器、空调等硬件设施进行了更换和维护。UPS 电源方面，增加了一个 160 千伏安模块化主机，更换了 4 个 12V ×100AH 的电池组，增强了机房 UPS 电源的可靠性，使机房 UPS 电源在停电情况下，能保证对机房设备持续供电 10 小时以上。服务器方面，新部署了一批机架式和刀片式服务器，替换掉了原有的旧设备，保证政府网站和其他电子政务应用系统更加稳定的运行。

2. 电子政务外网接入范围和带宽不断增大

2015 年，先后有市消防支队、综治办、交通学校等 11 家单位接入了邵阳市电子政务外网，到目前为止邵阳市共有 91 家市直单位接入了电子政务外网，基本上涵盖了所有的市直单位，为促进政务服务电子化、实现资源整合提供了

良好的基础网络支持。考虑到目前邵阳市电子政务系统部署得越来越多，带宽需求进一步加大，政务办积极争取资金，把原来电子政务外网到各单位最低4M的带宽提升到了最低10M，保证了各单位电子政务系统的流畅运行。

3. 积极探索尝试新技术的运用

在虚拟化技术、实时容灾备份等新技术方面都有积极的尝试。考虑到传统服务器部署慢、使用效率低等弊端，2015年政务办在虚拟化技术方面进行了有益的尝试，部署了一批虚拟化服务器，实现了服务器的快速部署、高效使用，也促进了电子政务应用系统部署效率的大大提高。为了保证政府网站服务的持续和可靠性，运用了实时容灾备份技术，当提供服务的某台硬件服务器出现故障时能够实时地切换至另一台正常的服务器，实现无缝对接，进一步提升了对外服务的能力。

（二）推进应用建设，促进了电子政务资源的整合

2015年，邵阳市以整合电子政务资源为抓手，积极推动电子政务应用建设，先后开通运行了“数字邵阳”地理空间框架、邵阳市综合治税、数字城管等电子政务系统。

2015年7月30日，“数字邵阳”地理空间框架建设项目顺利通过专家组验收并向社会公开发布，标志着邵阳市面向公众、专业部门及政府部门唯一的权威地理信息公共服务平台正式启用，成为邵阳市信息化工作的一个里程碑。“数字邵阳”地理空间框架是“数字邵阳”的重要基础，为邵阳8县1市3区的经济建设和社会发展提供科学、权威和即时的地理空间数据支撑。目前，依托地理空间框架，建成了国土资源“一张图”和地质灾害、建设用地、矿业软管理、储备用地计划管理、天地图等应用系统。数字城管系统、数字警用系统也正在利用平台数据进行深度开发建设。

为加强税收征收管理，构建税收保障长效机制，切实保障邵阳市财政收入稳定较快增长，结合邵阳市实际，搭建涉税信息管理系统平台，实现涉税信息网络平台传输功能，并通过税收预警平台、税收征管台账、专项征管主题建设达到科学协税、护税的目标。目前该系统正在调试运行中。

为提高城市管理效能，提升城市品位和对外形象，助力“数字邵阳”“数字湖南”建设，邵阳市围绕“省内一流、国内先进”的建设目标，把数字城

管作为重要的民生工程来抓，到目前为止已建成数字城管指挥系统和数字城管监督指挥中心。邵阳市数字城管系统实行“两级监督、两级指挥”，实现了“重心下移、以区为主”的管理目标。同时，有效整合资源，市国土部门无偿提供1∶500的电子地图，提速数据普查工作，实现与市电子政务外网、智能交通、平安邵阳视频监控资源的无缝对接。

（三）加强网站管理，提升了网上服务的质量

1. 进一步完善了政府门户网站建设

邵阳市政府网站于2014年进行了改版升级，通过试运行并综合各部门和广大市民的意见，2015年政务办对网站相应栏目进行调整，就一些细节处进行打磨，使网站版面更加美观大方、重点更加突出、访问更加便捷，大大提升了网站访问的体验度。全年，市政府门户网站按要求及时转载国务院、省政府重要政策信息共1890条；市政府本级主动公开各类信息14485条，各部门在信息发布平台上发布各类信息4592条、在重点领域信息公开平台上发布各类信息512条；2015年根据市情设置调查问卷6期，开展网上访谈3期。

2. 认真做好网站普查工作

根据《国务院办公厅关于开展第一次全国政府网站普查的通知》（国办发〔2015〕15号）和《湖南省人民政府办公厅关于开展全省政府网站普查的通知》（湘政办函〔2015〕43号）要求，全市各地各部门在2015年开展了政府网站普查工作。通过强化组织领导、业务骨干分片联系指导、线上线下业务培训、及时督促检查等措施，邵阳市按时、按质、按量完成了第一阶段统计摸底工作以及第二阶段检查整改工作。有效解决了辖区内401家政府网站“不及时、不准确、不回应、不实用”等问题，更好地体现了政府网站信息公开、政民互动、办事服务三大功能。

3. 着力完善政府网站管理机制

建立了有效的信息保障机制，市直各单位已基本建立内部科室信息报送机制，单位各科室的公开信息由本单位信息员统一审核提交，报送市政府门户网。为进一步强化内容保障，各单位的信息报送量还被纳入年底各单位的绩效考核项目中。下发《中共邵阳市委办公室邵阳市人民政府办公室关于推行网络问政的实施意见》（邵市办发〔2015〕15号）文件，有力地促进了政府网

站“政民互动”等栏目的建设管理。

4. 加速推动了集约化建设

以政府网站普查检查整改为契机，对市直部门网站提出集约化建设要求，到 2015 年底，共有 18 家市直单位网站整合到市政府门户网站中，整合后达到信息资源共享的目的。

二 2016年发展展望

（一）继续抓好基础设施建设，进一步整合资源

目前，邵阳市电子政务外网机房建设正在如火如荼地进行，新机房占地 420 平方米，规划设计摆放机柜 120 台，2016 年的工作将抓住这一契机，做好硬件、网络资源的整合。对各单位电子政务外网和互联网的出口进行统一管理、统一维护，按需分配，增强各单位网络的可控性和安全性。对目前其他单位拥有的一些小型机房进行整合，对各类分散部署的电子政务系统进行集中部署，积极探索虚拟化技术的运用，把现有的一些服务器等硬件设施集中起来进行充分利用，提高使用效率。加大安全方面的投入，新机房的装修、设备选型和网络架构完全按照三级等级保护的要求进行设计施工，保证基础设施的安全可靠。

进一步拓展电子政务外网联接的深度和广度。继续抓好电子政务外网的联接工作，建立一个“纵向到底、横向到边”、安全可靠的基础网络，充分发挥国家基础骨干网络的作用，为各单位部署运行的电子政务系统和“数字邵阳”建设提供有效的网络支持。

（二）继续抓好电子政务建设，进一步拓展应用范畴

继续抓好综合治税系统的调试工作，完善数字城管系统的应用，深度挖掘“数字邵阳”地理空间框架等各类应用系统的服务资源，有步骤地做好服务资源的融合，为全面建设“数字邵阳”打好基础。

以重点电子政务项目为抓手，特别是关乎民生的电子政务项目，要做出一批有影响力的电子政务应用系统，充分发挥示范作用，减少电子政务资源整合

的阻力，促进电子政务又快又好发展。

做好电子政务人才的培养，为邵阳市电子政务建设提供人才支撑。目前，邵阳市各单位电子政务方面的人才比较缺乏，且流动转岗较快，电子政务推广应用存在一定的难度。根据这一实际情况，一是要争取省电子政务中心的支持与指导；二是要加强与省内其他市（州）电子政务部门的交流，认真学习，取长补短；三是要认真做好县（市、区）和各市直单位电子政务建设的技术指导和协调服务工作，提高电子政务建设的整体水平；四是要加大对业务骨干的培训力度，科学制订人才培训的年度计划，从而建设一支高水平、高素质的电子政务工作队伍。

（三）继续抓好政府门户网站建设，进一步提升服务水平

充分发挥政府网站作为政府信息公开第一平台的作用，抓好信息公开工作，落实好政府网站内容保障机制，主动、及时、全面、准确地进行信息公开。对群众关切的一些重点领域信息公开工作，要细化到每个单位、具体到个人，认真抓好组织实施，进一步强化督查通报，确保重点领域信息公开工作有序推进。

充分发挥政府网站作为政府“窗口”的作用。认真贯彻落实邵市办发〔2015〕15号等文件精神，推进“市长信箱”“公众问答”“调查征集”“在线访谈”等栏目的建设工作。进一步提升政府网站的影响力和服务水平，充分发挥政府网站联系群众、服务群众的作用。

充分发挥政府门户网站作为服务平台的作用。继续实行集约化发展，把分散的政府部门网站整合起来，建立一个有机联动的政府网站群，为提供更好的网上服务打好基础。以建设智慧门户为目标，深度挖掘现有政府门户网站资源的利用潜力，充分发挥分散在各政府部门和社会机构中的服务资源，实现资源统筹、服务协同的大格局，真正让市民借助政府门户网站平台获得更安全、更便捷、更实惠的全方位、一站式服务。

B.22
2015年郴州市电子政务发展报告

郴州市电子政务信息中心

2015年，郴州市电子政务工作通过科学谋划抓重点、强化措施攻难点、务实创新树亮点，其建设发展水平、综合管理效益和支撑服务能力得到了较好的提升。

一 突出资源整合，推动网络平台向集约化、广域化发展

科学规划和统筹推进网络平台基础设施建设，筑牢电子政务基础支撑。一是着力拓展电子政务外网覆盖范围。全面完成了审计信息专网、统计信息专网、交通运输信息专网、卫生信息专网的并网运行工作；先后将市委政法委行政执法与刑事司法衔接信息共享平台、市综治办综治信息系统、市发改委投资在线审批监管平台和“12358”价格举报管理信息系统、市信访局网上信访信息系统部署接入全市统一的电子政务外网，在保障全市电子政务外网97家入网单位安全稳定运行的同时，实现了相关职能部门业务专网的国家、省、市、县四级联动以及部门间信息数据的有序交互共享。全面梳理、汇总、分析郴州市电子政务外网建成运行以来存在的问题和不足，按照国家、省工作要求和相关技术标准，在充分调查研究的基础上，编制起草了《郴州市电子政务外网扩容改造技术方案》和《郴州市电子政务外网信息安全等保技术方案》，着手启动外网平台二期建设。

二是租赁建设全市统一的视频监控专用网络。依托“智能天网”项目建设，通过公开招标，统一租赁了一条安全规范、标准一致、资费合理，能够承载市本级各单位涉及城市和社会综合管理的视频业务应用，联接9个县市、10家市直单位、16个公安分局和派出所、3198个前端摄像头的视频监控专用网

络，全面完成了“智能天网”六大汇聚机房、视频专网网管系统和网络线路故障受理系统以及视频专网核心层、汇聚层、接入层的组网布线和联网调试等建设任务，先后实现了市公安局“智能天网”和“平安城市”一期、市城管局“数字城管”系统、市公路局“数字治超”系统、市市政工程总公司“市政监控”系统、市城投中心郴江河坝视频监控系统等平台视频网络的并网整合以及各级各有关部门视频监控信息资源的共享利用，每年可为市财政节约资金574万元以上。

三是稳步推进电子政务内网光纤线路改造。将74家带宽不足或网络存在故障的市直及国家、省驻郴单位的电子政务内网从极速通接入方式改造成4M光纤线路接入方式，全市214家内网接入单位共完成光纤改造122家，确保了网络顺畅、快速安全。

二　积极深化应用，促进系统建设向规范化、协同化发展

注意紧扣全市各阶段中心工作，以加快政务系统建设应用为抓手，大力推动电子政务工作与政府行政管理服务创新的深入融合。一是全力深化网上政务服务。制定下发《郴州市完善行政审批电子服务平台建设工作方案》，将相关工作纳入全市综合绩效考核，统筹推进各级行政审批部门、事项、流程100%覆盖入网。2015年，全市网上政务服务和电子监察系统共受理行政审批事项3826633件，办结3813037件，办件量在全省14个市（州）排名第2位，办结率为99.64%，提速率达80%，全年无红、黄牌预警发牌记录。继续深化行政处罚和电子监察系统应用，47家市直有关单位全面实现了对行政执法过程的网上运行、透明办理和实时监督以及对自由裁量权行使情况的重点监控。2015年，全市行政处罚和电子监察系统共受理案件1680件，累计结案1611件，办结率为95.89%，累计罚没金额2008.95万元，实缴罚没金额1717.21万元，及时发现和纠正自由裁量权行使不当案件30件。

二是努力助推经济社会发展。贯彻落实市委、市政府关于加快推进商事登记制度改革工作的总体部署安排，启动实施郴州市商事登记信息管理平台（二期）建设应用工作，全面实现了市、县两级相关职能部门间商事主体登记

备案、行政许可审批公示、商事主体信息分发、后续市场联合监管的业务联动和数据共享。全市商事登记信息管理平台共处理、流转商事登记信息 43189 条，11 个县（市、区）子平台均产生有效数据，极大地提升了市场准入效能，有力地加强了后续监管。将市城区涉税信息共享平台系统功能延伸到两区（北湖区、苏仙区）、两园（郴州高新技术产业园区、郴州经济开发区），切实做好应用支撑保障工作，通过比对 100 多家单位、300 多万条相关数据的逻辑关系，国税部门共查补收入 17533 万元，地税部门共查补收入 3900 多万元，有效地堵塞了征管漏洞。

三是着力完善政务管理平台。优化改造“12345”市长公开电话多媒体网络系统，统一建设县（市、区）长公开电话平台，完成了系统语音通话数字化转变、应用操作便捷化管理、反馈信息智能化分析、受理事项网络化办理，实现了市、县两级的上下联动和资源共享。完成了人大建议和政协提案网上办理系统二期建设，新增了代表委员履职管理功能，开通了移动 APP 业务，建议提案的提交、查询、办理等均可实现全程网上流转，有效提升了人大代表、政协委员管理以及建议提案工作的信息化、科学化水平。搭建郴州市值守应急和政务信息报送平台，通过信息化手段保障和增强各单位之间新闻、简报、专报、应急事件等信息上报与下发的时效性、准确性，提升政务信息服务政府决策的质量与水平。

四是倾力做好技术服务支撑。积极履行单位职能，发挥技术优势，认真做好“智能天网”设备变更、安全生产监督应急管理平台、“数字治超”扩容升级、统计信息系统安全达标、“智能交通”平台、“智慧旅游”工作方案等一批全市跨部门和重大电子政务建设项目的方案支撑、技术把关、评审论证服务，全力推进各部门电子政务建设应用的业务协同、网络对接、机房合并、资源整合工作，极大地提升了财政资金的效益。

三　努力夯实基础，加快政府网站向智能化、便捷化发展

把夯实基础、强化服务作为保持政府网站永恒生命力的基本途径，不断提升政府网站的宣传展示、信息公开、政务监督、社会管理和公共服务水平。一

是深入开展政府网站普查工作。严格按照国家、省关于开展第一次全国政府网站普查工作的部署安排，认真制订实施方案，分解落实主体责任，提请市政府召开3次全市工作会议、约谈3个县（市、区）和4个市直单位，着重加强对政府网站内容建设规范、普查指标体系分解和普查评分系统操作的指导培训，顺利组织完成了对市本级50家政府网站、县（市、区）147家政府网站的统计摸底调查、数据审核上报和检查整改核查工作，按要求关停、整合不合格网站61家。运用技术手段搭建网站普查监测平台，对全市各级各部门政府网站的可用性、信息更新情况、互动回应情况、服务实用情况等进行实时监测分析，通过监测数据对网站自查整改工作进行统筹指导、审核复查、督促落实，切实解决群众反映强烈的政府网站“不及时、不准确、不回应、不实用”等问题，全市政府网站实现零通报，上报的197家网站全部合格达标。

二是逐步完善站群建设管理机制。深入推进郴州市政府门户网站群建设工作，完成了全市57个委办局和主要机构网站的统一建管，形成了集站群内容管理与发布服务平台、政府信息公开平台、网上办事服务平台和网上互动交流平台于一体的政府网站群平台以及统一规范的技术标准体系和站群内容管理体系。进一步完善站群信息采集、审查发布、保密审核、内容保障、自查自纠、读网阅评、日常运维和应急处置工作机制，坚持实施日常管理监测和安全监控防护，精心组织开展全市政府网站绩效评估工作，切实保障网站日常管理向制度化、规范化、科学化方向发展。

三是持续强化网站内容保障建设。对市政府门户网站进行全面改版升级，重新规划设计了政务信息公开发布平台，全面规范部门信息公开目录，切实加大信息公开工作力度。2015年，郴州市政府门户网站共发布政务信息8.4万余条，开设专题专栏14个，开展在线访谈13期、专题网上调查7次、意见征集活动6次、网上直播9场，参加省政府门户网站在线访谈两期；市长信箱共收到信件1884封，处理回复1851封，回复率为98.25%，满意率达60.24%；市政府门户网站新浪官方微博发布信息1906条，微信平台发布信息462条；市政府英文门户网站更新新闻736条，发布专题8个。选取15项公众关注度高、需求量大、覆盖面广的重点办事服务、公共服务资源，与全球最大的中文搜索引擎百度阿拉丁智能搜索平台进行整合，实现了郴州市政府网站信息和优质服务资源在百度检索结果中的优先展现、准确定位。市政府门户网站在工信部计算机与微电子发展研究中心（中国软件评测中心）组织的2015年第十四届中国政府网站绩效评估中，位列全国301个地市级政府网站第15名；被中国信息协会评为“2015中国政府网站新媒体传播力湖南省地市政府网站第一名”；“市长信箱”被国家电子政务理事会评为“2015政府网站政民互动精品栏目”。

四　强化运维支撑，保障运行管理向精细化、高效化发展

通过优化基础平台、完善工作制度、夯实安全体系、加强运维管理，有力保障了电子政务应用系统安全、有序、稳定运行。一是筑牢基础平台。创新市政府中心机房传统堆积式IT架构模式，采用虚拟化技术，将现有的服务器进行系统整合，向各业务平台统一提供基础架构服务，提高硬件资源利用率，减少硬件新增投入，降低系统运维成本。建设市政府中心机房数据备份系统，采用备份一体机的方式对电子政务内、外网业务系统的数据库和业务软件等进行备份，有效保障信息数据保存的安全性和容灾运行恢复的连续性。搭建市政府政务短信平台“10639250”，分别与移动、电信、联通三大运营商的短信网关相联，通过对目标用户手机号码的自动识别判断，实现短（彩）信的统一受理、智能分发、统计管理，同时提供统一开放的短信接口，实现与各业务系统的无缝对接。开发应用全市统一的网上政务服务电子签章，对各类跨部门协同应用的系统数据进行有效的防篡改识别、真实性检验、合法性认证。

二是巩固安全体系。进一步完善市政府中心机房安全管理办法、值班管理制度，健全安全管理体系，定期维护防火墙、入侵检测、杀病毒软件等软硬件设施，升级改造CA数字认证系统，部署抗DDOS系统、堡垒机系统、安全运维与审计系统。组织开展市政府重要信息系统和门户网站信息安全检查工作，聘请专业网络安全机构进行协助防护，定期对各电子政务应用系统的运行状况和基本性能进行全面审核与综合评价，有效制订实施安全监测、评估、加固方案。

三是精心组织运维。建立和落实针对应用平台的5×8小时现场值守、7×24小时技术支持、分级别系统故障应急响应和“日巡检、周总结、月报告”

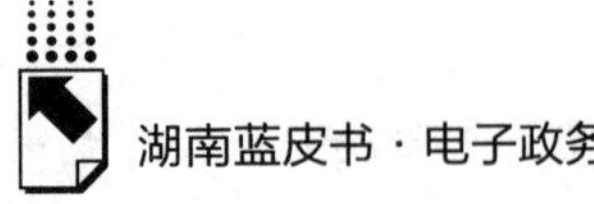

模式的系统运行维护工作机制。完成市政府远程幻真呈现系统建设，市政府常务会议室、818 会议室电子显示屏改造。认真做好市政府高清视频会议系统、市政府远程幻真呈现系统、市政府会议室影音设备的运行维护和安全值守工作。2015 年，共对 6 次幻真视频会议、89 次视频会议和 298 次多媒体会议进行了值守服务；及时处理全市电子公文传输系统故障 13 次，保障了 214 家单位 3060 份文件的网上正常收发。

四是加强交流培训。成功主办了华为 ICT 解决方案技术研讨会、2015 EMC“未来，互联网 +”高峰论坛、浪潮创新数据中心巡展等活动。先后开展网站普查整改、商事登记信息管理平台、政务短信平台、人大建议和政协提案办理系统操作应用和管理维护等学习培训 7 期，累计培训 500 多人次，有力提升了电子政务系统管理运维人员的实战能力。

B.23
2015年娄底市电子政务建设情况及2016年发展展望

娄底市电子政务管理办公室

2015年，娄底市大力推进全市电子政务资源整合，建设完善政府门户网站群和电子政务外网平台，积极推进网上政务信息公开以及网上政务服务等电子政务工作，全面完成各项工作任务。

一 2015年电子政务建设情况

（一）加大投入，电子政务外网平台基础夯实

2015年，政务办以不断建设完善标准统一、功能完善、安全可靠的全市电子政务纵向及横向的网络平台，提升网上政务服务水平为目标，全力推进外网平台建设工作。第一，投资190余万元建设完成电子政务数据中心机房搬（扩）建项目，机房由原来的50平方米增加至200平方米，符合国家二级机房标准，为下一步全面整合市直各部门电子政务小微机房、建设全市统一的电子政务数据中心机房提供了条件。第二，建设完成投资105万元的政府门户网站改版与安全加固、近56个子站的整合、市政府视频会议系统改造、远程幻真会议室装修等项目，并通过验收安全运行。第三，根据省、市的统一部署，积极做好全省发改系统、信访系统、综治系统、交通系统、行政执法与刑事司法系统的综合平台及全市综合治税系统信息平台部署的技术支撑工作和相关28家市直单位接电子政务外网工作。市本级直属部门横向外网接通率达100%。第四，县（市、区）按照有关要求，加强电子政务外网平台的建设，加快了县（市、区）直属部门和乡镇外网线路的铺设工作，其中直属部门外网接通率达100%，乡镇外网接入率达96%以上。

（二）丰富内容，网上政务信息公开及时、准确、全面

按国家、省、市政务公开指南和2015年政府信息公开要点工作安排，市政府门户网站及时调整与增设相应的栏目，强化了市委、市政府及市直部门重点领域信息公开和国务院、省政府重要政务信息的转载。全年，围绕市委、市政府中心工作，共建设了“三严三实专题教育”“创建全国文明城市”“市政府部门权力和责任清单”等8个热点专栏。在“重点领域信息公开”栏目集中发布了行政权力运行、财政资金信息、公共资源配置等15项政府重点信息事项。全年，市政府门户网站累计发布各类政务信息18708条，向省政府门户网站报送信息1352条，转载国家、省政府各类重要政务信息2796条；各县（市、区）政府门户网站共发布各类政务信息76101条。

（三）加强沟通，政府网站政民互动多样化

为更好地倾听民声、集中民智、关注民生，市政府门户网站进一步完善了“书记市长信箱”“嘉宾在线访谈”“民意调查”“咨询投诉”“常见问题”等政民互动交流栏目，认真做好对民情民意的征集和投诉处理，有效增强了政民互动，提升了政府网站公信力。2015年，市政府门户网站“书记市长信箱”受理群众有效来信1179封，分送50家单位承办，办理回复1126封，回复率为95.5%；邀请部分县（市、区）政府、市直单位主要领导就社会热点开展了嘉宾在线访谈8次；配合有关部门开展了3次社会民生领域网上民意调查，为政府政策决策提供了有力依据。各县（市、区）政府门户网站也结合实际情况加强了对网站政民互动栏目的建设。

（四）整合资源，政府门户网站群建设加快

按照《娄底市电子政务资源整合和建设管理办法》相关要求，至2015年底，“中国娄底”政府门户网站已整合部门子网站56家。同时，按照国办、省政府办公厅、省政府发展研究中心及市政府要求开展了政府门户网站自查整改工作。通过组织召开全市政府门户网站电视电话工作会议和开展组织培训、普查填报，对全市189家政府网站进行检查整改、抽查核查和强化监督考核，关闭60家长期不更新的部门网站，并将关闭的子站内容迁移到新改版的市政

府门户网站。对保留的129家政府网站进行定期检查，及时通报整改情况，有效解决了政府网站存在的“更新不及时、内容不准确、互动不回应、服务不实用”等问题。

（五）完善管理，市政府电视电话和远程幻真会议系统运行正常

为确保市政府电视电话会议系统和远程幻真会议系统正常运转，政务办进一步理顺了会议系统使用管理机制，制定完善了会前衔接、调试，会中值守，会后巡检、保养、应急故障处理等一系列流程制度，规范了运行程序。全年，累计顺利完成市委、市政府98场电视电话会议、4场远程幻真会议的召开，保障了会议系统零故障。

二 2016年电子政务发展展望

娄底市电子政务工作虽然取得了长足的发展，但在实际工作中也存在诸多问题，主要表现在：一是全市电子政务资源整合依然存在很多困难。出于历史原因，娄底市电子政务各部门项目统一调度力度不够，“信息孤岛”现象依然突出。二是电子政务业务系统整合有待进一步加强。目前，全市通过不同的网络环境建设和使用国家、省或自建业务系统的情况比较普遍，将其整合到全市统一的电子政务外网平台需要一个过程。三是电子政务专业技术人才不足。当前，娄底市政府机关电子政务专业技术力量薄弱，特别是市本级尤为突出，中高级专业人才屈指可数。四是“四不”网站依然存在。少数单位对网站内容保障的主动性不强，工作动态信息报送不及时、质量差；民生重点领域的服务类信息存在盲点。有的单位网站部分栏目长期不更新，空白栏目比比皆是，部分未列入全国政府网站普查的部门网站，成为典型的“僵尸网站”“睡眠网站”。

展望2016年娄底市电子政务工作，主要是以整合电子政务资源、促进跨部门信息共享和推进网上政务服务应用为抓手，继续强化电子政务平台建设，提高政府信息公开水平和网上政务服务能力，积极推进公共服务事项和社会信息服务全人群覆盖、全天候受理和“一站式”办理，提高政府信息的透明度和政府工作效率，增强政府服务能力。

（一）加快政府门户网站群建设

2016年底前，加快对市、县部门网站的整合工作，基本建成以市、县（市、区）政府门户网站为主站、各级部门网站为子站的统一平台，统一互联网出口、统一公共软硬件系统、统一安全防护措施的政府网站群。同时，加大对“四不”政府网站的普查、督促整改力度，丰富网站政务信息公开内容，拓展网站政民互动功能，提高政府网上政务服务和社会管理水平，着力提升政府网站公信力。

（二）加速推进网上政务服务和电子监察系统的应用

2016年，全市电子政务主管部门将进一步加大组织领导力度，加大对网上政务服务办事人员的技术培训力度并加强应用系统的技术维护，在系统应用提质、加速、增效上狠下功夫，扎扎实实地解决系统应用中的技术难题，加速推进网上政务服务和电子监察系统的应用。

（三）推进全市电子政务外网平台二期工程建设

督促县（市、区）电子政务主管部门，积极协调娄底电信、移动等承建运维公司，力争2016年底前所有县（市、区）外网纵向100%联通乡镇、街道办事处，建立起由多层级构建、安全可靠的娄底市电子政务硬件支撑和软件支撑综合平台。

（四）推进全市电子政务资源整合

严格按《娄底市电子政务资源整合与建设管理办法》的要求，将小微型机房和商业托管的服务器整合到市电子政务数据中心机房统一管理，以节约成本，建设完善统一的电子政务外网平台。完善市直部门电子政务项目建设审核机制，明确相应工作制度和工作流程，推进电子政务规范化、集约化建设，杜绝重复建设和无序建设。认真开展电子政务建设管理、信息资源交换共享、应用系统业务协同等方面的规范标准调查研究，推进全市电子政务资源共享。

（五）加强电子政务人才队伍建设

着力提高电子政务干部队伍素质，科学制订干部培训计划，采取“走出去、请进来”的方式大力培养适应新时期电子政务工作需要的技术和管理人才。2016 年，计划举办市直各部门电子政务业务应用人员培训班 3 期、100 人次，以提升部门电子政务应用水平。市电子政务办计划公开招聘或引进专业技术人才两名，充实全市电子政务技术支撑保障力量。

B.24
2015年永州市电子政务建设情况及2016年发展展望

永州市政府政务服务中心

一　2015年电子政务建设情况

2015 年是全面推进“智慧永州”建设的关键一年。“智慧永州”建设全面启动，电子政务建设和管理取得了新突破，为法治服务型政府和品质活力永州建设提供了强有力的信息化支撑。

（一）以政府机构改革为契机，开创电子政务工作新局面

根据机构改革工作需要，市电子政务办并入市政务中心，工作职能进行全面整合。机构合并后，市政务中心作为市政府直属事业单位，承担电子政务、政务公开和政务服务三大职能，电子政务工作机制、工作力量进一步强化。一是明方向，工作力量得到加强。改革后的政务中心由副处级升格到正处级，人员编制增加到32 人（含下属事业单位市电子政务服务中心编制4 人），极大地增强了电子政务工作力量。市政务中心根据工作实际，找准定位，明确方向，就“智慧城市”建设应用和“互联网 + 政务”提升服务效能开展集中研讨、学习与交流，干部职工干事业的积极性得到极大提升，达到“1 + 1 > 2”的要求。二是重管理，工作制度得到完善。印发《市政务中心管理制度汇编》，完善电子政务制度建设，推进精细化管理，提升管理水平。三是强作风，工作水平得到提升。结合“三严三实”“一进二访”“扶贫结对”等活动，听取群众意见，为群众解难事、办实事、做好事；公开选聘政务服务社会监督员，强化对机关干部工作作风、服务态度等的监督；建立健全党风廉政建设责任制和惩防体系，增强机关干部廉洁从政、依法行政的自觉性。

（二）以信息公开深化为导向，促进政府职能和管理方式转变

坚持“以公开为常态、不公开为例外”的原则，创新政府服务管理方式，进一步推进重点领域信息公开，深化公开内容，进一步加强信息发布、解读和回应，完善制度建设，及时发布《永州市政府2014年政府信息公开报告》和《2015年信息公开工作要点》。

1. 突出主动公开的亮点，推进“三清单一目录”公开

在市政府网站和市政务中心大厅设立“三清单一目录”专栏，及时发布《市政府工作部门权力清单》《市政府工作部门责任清单》《企业投资项目管理负面清单》《市政府核准的投资项目目录（2015年本）》。

2. 做好主动公开的日常工作

8月，组织市直各单位重新发布了公开机构及人员信息。2015年，市政府网站发布动态信息超过6万条，市政务中心（分中心）接受审批服务咨询超过30万人次。市政府信息公开平台发布政务信息11589条，市政府以及194家单位公开了2015年度财政预算和“三公经费预算”，34家单位公开了2014年度财政决算。发布政策解读1500多条，就市民关心的“两会”、创建国家森林城市、创建国家模范交通城市、“三清单一目录”等全市工作重点、民生工程开设专题专栏进行全方位解读。

3. 妥善处理依申请公开

2015年，市政务公开办共收到公开申请5件（含1件行政复议件），市政府信息平台收到公开申请6件，均依法及时给予回复。

4. 积极拓展公开渠道

完善政府网站、广播电视、报刊、政务公开栏等传统公开平台，完善政府微信、微博、互联网等新媒体信息公开平台，推进网上政民互动和在线访谈。2015年，“永州发布”微信刊发290多期，微博发布1000多条，微信粉丝数超过10.5万人，每日阅读量约2.5万人次，分享转发量约1300人次。2015年，市政府网站完成在线访谈13期，网上调查8期，民意征集15期，互动信箱公开信息280多条。市政府网站政务微博发布信息1017条，市政务中心公共微信平台于12月1日上线，成为网上办事和信息公开的有力补充。

（三）以智慧城市建设为重点，打造社会治理、城市管理、公共服务应用实践新标杆

“智慧永州”项目建设启动以来，永州市按照“投资要省、技术要新、标准要高、把控要严”的建设要求，集聚各方力量，协同推进，基本完成了一流的云计算中心建设，一批标杆应用项目建设完成，“智慧永州”建设取得了实质性进展。

1. “智慧永州”基础设施建设不断加强

一是云计算中心已正式投入使用，电子政务集约化建设迈出新步伐。采用世界先进的技术平台构建全市统一的云计算平台，具备云计算、云存储、云管理、云安全等功能，为各级各部门提供云服务。目前，云计算中心已配置完成30台高端服务器、2台核心交换机、4台接入交换机、2台光纤交换机、2台防火墙、4台安全网关、1台SSL-VPN安全设备、EMC存储设备、ORACLE一体机的安装部署。

二是电子政务外网与本地运营商移动互联网进行安全对接，网络应用覆盖能力大大提升。运用安全网关和VPN等网络安全技术，从本地三家移动运营商的机房汇聚节点到电子政务外网的汇聚交换已经打通，永州市范围内的移动终端都可以可控接入电子政务外网。

三是三区网格化平台完成建设，指挥中心、社区网格化工作站配套设备部署到位。已完成中心城区39个社区的120台电脑、60台电视机、60个视频会议摄像头、60台打印扫描复印传真一体机、60部电话、视频会议终端、600个职能移动终端的硬件配套。

2. 社会治理、城市管理、公共服务综合应用平台建设强力推进

一是完成了综合应用平台建设。基于市电子政务公共平台（云计算中心）、政务数据中心和电子政务外网网络，融合社会治理、城市管理、社区公共服务各项业务，构建资源共享、信息共享、业务协同和网格化管理综合应用软件平台。建设市级调度指挥中心、区级调度指挥中心、社区网格工作站三级网格化工作和管理体系，实现网格员、社区网格工作站、区直部门、市直部门、调度指挥中心等不同层面各种业务的网上流转、网上办理，实现信息流转、工作处置、信息反馈、调度指挥和监督管理一体化的高效运行。2015年8

月 25 日综合应用平台上线试运行，到年底，已采集各种数据 40 多万条，处置各类业务和服务事件 1 万件。

二是基本完成政府统一的视频资源共享平台建设。以公安系统已建成的公共安防视频资源为基础，规划建设市政府统一的视频资源共享平台。完成了视频资源共享基础平台建设，新建 80 路视频监控资源并共享对接“公安天网”的 110 路视频监控资源以满足智慧城管等职能部门对视频监控资源的需求。

三是网格化应用上线运行。以电信、移动、联通三家移动网络与电子政务外网安全对接为基础，广泛开展网格化移动应用。移动终端应用平台现已完成开发，三区网格化应用移动终端设备已发放到位，目前已经实现的功能包括事件上报、线索核实、事件复核、电子签到、地图浏览、工作记录、通知公告、监督考核等。

3. 政务数据中心建设全面完成

一是政务数据共享交换平台建设全面完成。2015 年 11 月初，政务数据交换平台、资源目录平台正式运行；数据资源申请、数据产品服务、数据监控、个人数据中心等相关功能已完成开发部署；《智慧永州综合应用及电子政务公共平台基础数据库标准》《智慧永州综合应用及电子政务公共平台信息资源目录》《永州市空间地理信息系统项目对接技术标准》等规范完成了制定。

二是部门数据共享及对接基本实现。完成法人库与省质监局的数据对接；完成市国土资源局电子地理空间数据及国土资源相关专题数据的采集；完成市教育局、市民政局、市委组织部等单位相关人口数据的采集；完成市消防支队消防重点单位数据的采集；完成市人社局、市教育局、市统计局、市房产局等单位的相关数据收集。

三是基础数据库建库及数据入库基本完成。完成了人口库、法人库、地理信息库、城市部件库、房屋房产库及经济信息库六大基础数据库以及网格化应用相关数据库的设计和开发。完成法人库与省质监局的数据对接，实现了全市法人数据落地入库。已采集约 60 平方公里区域城市部件原始数据，部件总量约 246375 个。完成了空间地理信息数据对接和采集，共采集中心城区 60 平方公里区域地理编码及地名地址约 45600 个，采集涉及主次干道约 40 条、采集

30 平方公里实景影像数据，完成对已有经济统计数据的入库。对房产房屋数据进行了数据接口的开发，开发完成即可实现数据交换入库。教育局与民政局的人口相关数据已完成了入库，人口信息采集了 40 万条。

4. 政务服务应用成效显著

一是基本实现工作网络全覆盖。工作网络已覆盖全部市直政府部门；中心城区已接入所有市区职能部门和乡镇，600 个社区网格已经实现网络覆盖。二是全面完成集中式培训。开展了社区社会治理系统操作员培训、两区指挥中心与试点社区联动处置和移动终端操作培训。三是深入推进事件处置。平台现有联动处置事项 176 项，按事件受理、派遣、处置、处置反馈、归档六步闭环处置，并实现了对每个环节的考核。截至 2015 年 12 月 30 日，系统已接收各类事件共 4865 件，事件处置归档的共 4161 件。

（四）以全市网站普查为抓手，推进政府网站建设管理水平上新台阶

永州市认真落实国务院办公厅《关于开展第一次全国政府网站普查的通知》（国办发〔2015〕15 号），政府网站普查工作扎实开展。一是精简网站数量。在全国政府网站普查中共统计上报政府网站 252 家，其中市级门户网站 1 家、市级部门网站（管理区、经开区）45 家、各县（市、区）共计 206 家，关停 40 家。按照县级部门原则上也只保留一家门户网站的要求，整合县（市、区）部门网站。

二是坚持问题整改。按照“整旧换新”的原则，对现有的市政府门户网站栏目内容进行逐项整改，删除过时信息 3000 多条，优化栏目结构 34 个，纠正错链或错字 800 多处，经国办和省办多次测评，所有指标全部通过。

三是深化督查整改。按照《全国政府网站普查评分表》相关要求，及时对永州市 53 家政府网站进行日常监测，监测结果通过《政府网站阅评》及时反馈给相关网站，要求限期整改。下发《政府网站阅评》3 期，网站整改通知 8 份，整改情况通报 3 份。

四是推进站群建设。对市政府门户网站群平台进行升级改版，建成各类子站 44 个。指导县（市、区）以现有平台为基础开展政府网站群建设，并逐步实现市级政府网站群与县级政府网站群的数据对接、信息互联互通，逐步建成

以市政府门户网站为核心、县（市、区）门户网站和市直部门网站为节点的政府网站群矩阵。

二 2016年电子政务工作发展展望

2016年，永州市电子政务工作将以“智慧永州”综合应用和电子政务公共平台建设为重点，加强电子政务网络和信息安全建设，强化电子政务工程建设项目管理，全面推进电子政务云计算应用和集约化建设，不断深化“智慧永州”综合应用，实现政务服务、公共服务工作重点由城区向乡村的延伸覆盖。

一是编制“智慧永州”（电子政务）“十三五”发展规划。依托电子政务公共平台，结合永州市经济社会发展总体规划，根据国家和省“十三五”智慧城市发展要求，顺应移动互联网、物联网、云计算等新一代信息技术发展趋势，聘请国内一流的信息化咨询机构对“智慧永州”（电子政务）“十三五”发展进行规划。

二是务实推进基础网络和基础平台建设。全面完成云计算中心、政务数据中心建设，为“智慧永州”综合应用提供强有力的信息化支撑。根据国家和省相关文件要求，结合永州的实际情况，完成市级电子政务内网的涉密升级改造。继续做好市电子政务外网的优化升级，加快推进电子政务外网向社区、乡村的覆盖。

三是深化“智慧永州”综合应用。加强统筹协调，与各相关部门紧密协作，做强做细综合治理、城市管理和公共服务三位一体的综合平台应用，有计划地开发对接智慧交通、智慧教育、智慧药监、智慧旅游、智慧医疗、智慧环保等业务系统，打造一流的城市管理应用信息平台。积极推进综合政务服务平台建设，重点建设“互联网+政务服务平台”、“互联网+公共服务平台”、智慧公交等业务应用系统。推进城市、园区、农地管理信息化建设。

四是加强政府网站建设和管理。认真贯彻落实国办发〔2014〕57号文件精神，强化全市政府网站的日常监管和年度绩效考核，完成市政府门户网站群优化升级，进一步提升政府网站的服务功能。不断建立健全市政府门户网站的日常管理机制，积极主动做好市政府网站的安全防范工作。

五是继续强化电子政务监督管理。贯彻落实好《永州市电子政务工程建设项目管理办法》，实现全市电子政务项目统一规划、统一平台、统一建设、统一监理、统一验收、统一支付，形成电子政务集约化建设新局面。以网络安全为重点，继续加强全市电子政务内、外网及重点业务系统的管理，做好网站阅评和信息公开监管工作，做好网络和重点业务系统的日常运行维护工作。

六是加强电子政务队伍建设。以“智慧永州”建设为契机，引进技术和管理人才，强化电子政务队伍建设。实施电子政务技术人员培训计划，大力提升全市电子政务工作水平，加强机关作风建设，积极开展各种文体活动和技术竞赛，不断提高全体干部职工的综合素质，努力营造良好的工作氛围。

B.25

2015年怀化市电子政务建设发展形势分析及2016年发展展望

怀化市电子政务管理办公室

2015年，全市电子政务在基础网络建设、网上信息公开、网上政务服务以及电子智能化管理和服务方面不断取得新进展和突破，对提高政府机关工作实效、转变工作作风、促进廉政建设发挥了积极作用。

一 全市电子政务基础工作开展情况

（一）政府网站建设管理水平普遍提高

市、县两级政府门户网站管理更加规范，全部实现了全天候24小时不间断服务，信息公开、网上办事、政民互动三大基本功能得到正常发挥。市直各单位子站建设得到快速发展，2015年参与本级绩效评估的部门子站达到80个，较上年增加了3个，市国土局、工商局、农业局、环保局等部门网站工作稳定规范，栏目内容充实，发挥了较好的示范作用。认真开展政府网站普查工作，全市政府网站普查工作根据国办统一要求，从4月10日正式开始，按照前期摸底、确定普查单位、组织基本信息表填报、查漏上报普查单位、自查整改、组织自查和检查评分表填报等阶段进行，到8月15日基本完成。先后召开全市专项部署会议1次，各县（市、区）政府主要分管领导（或政府办主任）参加的专题部署会12次；全市开展集中培训18次，436人次接受网站普查填报培训，一对一针对性辅导192次，132家单位接受重点指导。先后完成320家单位《政府网站基本信息表》《政府网站栏目（系统）基本信息表》的信息导入和填报工作，5家单位因不属于普查范围的申请删除工作，13个县

(市、区)共14家商务部或商务厅直属网站的申请关停工作,18家网站的整合申请关停工作,283家网站《全国政府网站普查评分表(自查)》的填报工作,282家网站《全国政府网站普查评分表(检查)》的填报工作。市电子政务管理办先后下发文件通知3期,建立了怀化市政府网站普查QQ群,及时转发上级最新通知和普查指标体系解读等15条,先后删除空白栏目1156个,合并或调整栏目875个。各级政府网站先后更新信息25632条,修改不准确信息5213条,发布意见征集1542个,关停上级所属部门网站14家,全市通过网站普查共有18家单位整合到上级门户网站。普查期间,全市所有参与普查的单位网站都没有被国办和省办通报批评,政府网站建设管理水平得到提升。

(二)政府信息公开工作向纵深拓展

充分发挥了政府网站作为信息公开第一平台的作用。以市政府门户网站为例,全年共发布信息16210条、图片264张,通过"湖南省政府信息公开发布平台"及时做好向省政府门户网站的信息报送工作,全年共向省政府门户网站报送信息666条。凡政府新出台的政策、地方性规章以及政府公告、人事任免等社会公众比较关心关注的政务信息都实现了第一时间在政府门户网站上发布;对新出台的政策专门开辟了"政策解读"栏目,使信息公开权威平台的功能得到充分体现。重点领域信息公开的力度加大,涉及财政资金安排、公共资源配置、行政权力运行、公共监管、重点项目招投标等领域,全年共发布重点领域信息4676条,极大地提高了政务信息公开工作的质量并扩展了深度。

(三)网上政民互动的方式更加灵活、效果更加突出

"市长热线""市长信箱""嘉宾访谈"形成了规范化的工作流程和机制,热线电话答复率达到100%,"市长信箱"回复率达到98.3%,"嘉宾访谈"实现了政府领导、行业主管与网民的实时在线交流,有效地实现了在线答疑和在线疏导。为了进一步加强政府与网民的网上交流,开通了"政务微博"和"公众论坛",全方位搭建了以保障公众知情权、参与权、监督权为核心的政民互动信息服务体系,有效地疏导网民情绪,避免突发舆情的大面积传播。

（四）电子政务基础网络基本形成，应用效果逐步显现

以 2011 年完成的政务服务中心园区网络建设为起点，电子政务内外网络继续向纵深拓展，全面实现了中央、省、市、县四级骨干网络的标准化管道，到 2015 年底，全市横向接入电子政务外网的单位达到 957 家，其中市本级 96 家、县级 861 家，辰溪、溆浦等部分县（市、区）已延伸到乡镇，为系统应用及部署打下了坚实的基础。目前，在电子政务外网上运行的业务已达 17 项，卫生、审计、环保、信访等网络已全部迁移到骨干网络。

（五）网上政务服务与电子监察系统正常运行

政务服务的规范化、透明度得到大幅度提升。全市以入驻政务服务中心的行政审批项目为主体，逐步实现 100% 的行政许可事项网上办理，并实现全过程网上监察。自 2011 年该系统运行以来，全市 522 项行政许可事项在系统内运行，已累计收件 266360 件，办结 265622 件，办结率 99. 72% ，极大地方便了群众，提高了行政效率和工作透明度。

（六）电子政务安全管理工作进一步加强，安全防范能力进一步提升

在电子政务外网网控中心配备和完善了安全硬件设备，实现与互联网的逻辑隔离和与内网的物理隔离，防入侵、防攻击的软件系统实现升级换代。全年，处理政府门户网站病毒攻击事件两起，有效杜绝了不法分子利用域名设置开展病毒攻击。日常安全管理措施进一步加强，安全管理制度进一步得到落实，CA 电子政务身份论证工作取得了一定的突破。

2015 年，全市在电子政务工作不断向前迈进的同时，也存在着一些问题和不足，主要表现在：电子政务缺乏统筹规划，没有发挥电子政务在智慧城市建设中的核心地位和作用；统筹协调能力弱化，电子政务资源的共享和深度开发难度加大，信息资源条块分割状态有所加剧；电子政务机构和职能配备逐渐边沿化，在行业规划和标准的设置方面难以发挥主导作用，后续发展能力严重不足；人才队伍建设严重不足，专业人才队伍与承担的工作职责难以匹配，重要

岗位难以吸引人才和留住人才。这些困难和问题对怀化市电子政务工作产生严重制约，在短期内难以得到根本解决。

二 2016年全市电子政务工作展望

2016年是“十三五”规划的开局之年，规划好开局之年的工作意义重大。全市电子政务建设将围绕市委、市政府中心工作和建设“四个怀化”的总体思路，不断拓展电子政务工作的广度和深度。以推进政府管理创新和提高机关运行效率为主线，务实部署电子政务应用系统；以推进政府信息公开为目标，继续加强政府门户网站建设；以提高电子政务管理水平为重点，积极推进资源整合和数据共享，为“智慧怀化”建设打下坚实基础。

（一）依托电子政务基础骨干网络，加大资源整合力度

严格执行中办发〔2003〕17号文件精神，积极推进各类电子政务应用项目在电子政务内外网络上的整合，根据全省建设“电子政务大数据”的总体思路，逐步摸清本市现状和发展需求，以现有电子政务数据中心为基础，建设全市规范统一的电子政务大数据中心，逐步实现电子政务资源的集约化管理，形成规范化的政府信息资源建设管理长效机制。

（二）继续抓好网站群管理，加大信息公开力度

规划建设全市统一的政府网站群，整合全市政务信息资源，进一步完善市政府门户网站“群平台”功能模块，做好内容保障，提升社会服务、政策宣传、舆论引导等处理公开信息的能力。同时，加大对全市各级各部门单位网上信息公开工作的督促和指导力度，在抓数量的同时更加注重质量，严格考核，增强各单位信息公开工作的积极性和主动性。继续开展全市政府年度绩效评估活动，逐步将政府网站工作纳入各单位的重要日常工作，并在工作中不断加以完善。

（三）继续抓好电子政务外网的互联互通，充分发挥国家基础骨干网络的作用

在市本级，必须实现具有行政管理和公共服务职能的所有单位联网，坚决

制止部门违反国家规定重建独立网络；在县级，积极推进网络向乡镇和街道级推进，探索并试点将其延伸到村级服务站，打通为百姓办事的“最后一公里”，为推进便民服务工作打下坚实的网络基础。

（四）继续抓好网络安全工作，不断强化安全意识

一是实行等级管理，对网络安全分等级、按标准进行建设、管理和监督。二是完善工作制度，有效加强网络平台的安全防护设施和手段。明确网络与信息安全工作的各项责任，规范信息网络系统内部控制及管理制度，做好网络与信息安全保障工作。三是针对当前怀化市网络和网站安全管理的工作实际，提出综合性电子政务安全管理解决方案，并在年内完成建设和整改任务。四是加强 CA 认证工作，进一步拓展全市电子政务应用领域的电子政务身份认证工作。四是加强督促检查。

（五）继续抓好人才队伍建设，努力提高全市电子政务整体工作水平

一是在全市组织 1～2 次专业知识系统培训，增强交流，提升电子政务建设管理能力。二是以政府网站日常维护和网上政务服务和电子监察系统的使用为抓手，建立怀化市电子政务应用的基本队伍。三是加强与先进地区电子政务工作的交流。四是进一步创新机制，积极营造培养锻炼人才、大胆使用人才、合理留住人才的良好工作氛围，为电子政务的健康持续发展提供强有力的人才技术保障。

B.26

2015年张家界市电子政务建设情况及2016年发展展望

张家界市政府经济信息中心

2015年，张家界市电子政务工作以整合资源开发利用为核心，以深化应用信息共享为主线，以市政府门户网站为载体，切实保障网络与信息安全，提高行政效能和服务水平，有效推动了政府职能的转变和行政效率的提升，全市电子政务工作取得了很好的成效。

一 2015年工作情况

（一）“智慧张家界”建设开始启动

一是完善了“智慧张家界”项目组织管理体系。市政府成立了由市长任组长的“智慧张家界”建设领导小组，领导小组办公室设在市电子政务办。市电子政务办的职能职责整体提升到“智慧张家界”的建设和管理层面。二是“智慧张家界”被列入张家界市2016年十大重点建设工程之一，7月开始启动。三是完成了“智慧张家界”规划编制工作，组织考察团赴青岛、上海、广州等地广泛考察学习智慧城市建设经验，做好相关工作。四是做好张家界市云计算中心建设的规划工作，提出网络建设整合方案，做好相关准备。

（二）加强和规范全市网站管理

一是保障了政府门户网站的正常运行，进一步加强了对张家界市网站的管理，整合网络资源。目前，已有106家市直及相关部门网站进入了门户网站的网站群系统。加强重点领域信息发布工作，与市政务中心联合发文《关于进一步做好全市政府信息公开工作的通知》，使重点领域的信息得到了及时的内容保障和公开。

二是按照国务院办公厅关于开展第一次全国政府网站普查的要求以及省政府发展研究中心全省政府网站普查工作会部署要求，积极开展工作，制订全市政府网站普查工作方案，共组织召开工作部署会议6次，组织集中培训6次，发文件5次。市政府办公室印发了《关于做好全市政府网站普查检查整改阶段有关工作的通知》和《关于进一步加强全市政府网站信息发布和市政府门户网站内容保障工作的通知》。通过统计摸底、检查整改和督查督促三阶段的扎实工作，市政府门户网站一共删除空白栏目20多个，增补各类信息2000余条，发现并清除错链、断链3000余处，并且对4家网站进行整合，对2家网站申请了永久关停。各级各部门政府网站的系统漏洞、页面错误、空白栏目等问题得到有效解决。各级各部门明确了网站管理人员和分管领导，实行了实名制与问责制；完善了网站管理规章制度，建立健全支撑网站信息内容建设的协调机制。完善对政府网站的监控与管理，上网信息严格按程序审批，对重要数据资料进行备份，采取严格的防范措施，确保政府网络安全运行。

三是为了加强网站的安全工作，和湖南电子所安全测评中心进行合作，对政府网站和全市106家市直及相关部门的网站进行了24小时监测，网站的安全问题得到了极大的改善。

（三）完成市政府门户网站的改版

社会形势的发展和政府职能的转变对政府门户网站的建设和维护工作提出了更高的要求，为了适应便民服务和网站绩效考核的需求，完成全国政府网站普查的硬性规定，完善政府门户网站的功能和内容，全面提高政府网站的互动能力，张家界市于2015年7月启动市政府门户网站的改版工作。根据国办要求和省电子政务中心2015年湖南省政府网站绩效评估指标体系，对张家界市政府门户网站进行了全面改版，按照考核要求对网站的栏目和框架进行了重新规划，增加了网站的全文搜索和高级搜索功能，搭建了形式多样的公众参与和互动平台，最大范围地整合了张家界市政府目录体系，实现了政府网站的新媒体推送功能，突出便民“览市情、寻资讯、看政务、找政策、享服务、可问政、用数据”等功效，将用户需求有效转化为网站栏目体系，新版张家界市政府门户网站于10月10日上线并开始初步运行，搭建了旧版网站缺乏的政府部门信息公开目录、权力清单和责任清单发布平台，并组织人员对相关信息进行添加和完善，按照计划，网站后期完善工作正在有序进行。

（四）发挥优势，利用网络平台加大张家界对外宣传力度

充分发挥张家界政府公众信息网、张家界公众论坛、张家界国际旅游网三家网站和市政府门户网站微信公众号、《舆情专报》的宣传优势，在网络舆论引导中发挥主流作用，全面系统地对张家界进行全方位的宣传推介，树立起张家界的良好形象。

一是按照市委“三严三实”专题教育工作办公室的要求，开设了“三严三实教育”专栏。大力宣传专题教育活动的重要意义和必要性以及各个环节的主要做法和经验，强化舆论引导。

二是做好全市专题教育活动的网络宣传报道工作，为全市专题教育活动营造了良好的舆论氛围。内容涉及中央、省、市专题教育活动的精神，全市各单位开展专题教育活动的做法、经验、进展情况和实际成效。

三是利用图片、文字和视频、微信、专报、论坛等多种形式开展网上宣传，加强在大型活动、旅游宣传推介、招商引资等方面的宣传报道。坚持每天至少更新、转载35条以上新闻信息，及时发布张家界旅游、交通、招商、天气、政务等信息。向省政府网站报送信息980条，被采用320条，其中多条信息被新浪网、中国网、人民网等各大网站转载，很好地完成了市委、市政府及宣传等部门交办的网络宣传任务。

四是加强张家界公众论坛的管理工作，论坛上传新帖36891条，内容涉及新闻、建议、通知公告、投诉、举报、回复等方面。同时，加强对论坛的监管，建立了值班台账登记制，单位全体人员要24小时轮流值班，对新帖和跟帖进行严格审核，及时删除处理各类不利、违规帖13583条，在及时处理一些不良信息的同时，做好对论坛舆情动向的汇报工作，争取掌握舆情主动权，使论坛真正成为广大网民交流和为张家界发展建言献策的重要平台。

五是做好张家界《舆情专报》的编撰工作，及时为市政府领导决策提供重要依据。按照市政府主要领导的要求，从8月开始，负责从互联网上搜集关于张家界市的正负面舆情信息以及与张家界市经济社会发展有关的政策信息，每天编

辑成《舆情专报》及时上报给市政府领导及秘书长，目前已报送《舆情专报》42期，舆情信息300余条，得到了市政府主要领导的高度肯定。

（五）积极推动全市各级电子政务工作的有序开展

一是年初确定了全市电子政务工作的总体思路，为加快推进全市电子政务建设步伐、全面提高电子政务应用和公共服务水平、统筹重大电子政务应用项目建设、大力整合政务信息资源、升级完善电子政务网络基础设施、促进行政管理与服务方式的不断创新明确了目标和发展方向。

二是完成了全市电子政务外网线路的维护保障工作，确保线路畅通。截至2015年12月底，张家界市网上政务服务和电子监察系统累计收件93983件，累计办结93498件，办结率为98.48%，累计黄牌6张、红牌2张，处理系统运行各类问题咨询、故障共95起。

三是为市水利局、市公安局等单位解决24起线路设备报修故障，保证了电子政务外网业务的正常运行，开展“12345”市长热线的线路维护工作，及时处理线路故障并回答相关咨询问题，有效保障了市长热线业务的正常开展。配合市信访局完成了市信访系统96家单位的电子外网线路接入工作。

四是完成了张家界网上政务服务和电子监察系统运行的技术支撑工作，配合市政务中心对28家单位共207项行政服务办理事项进行了整理录入。承担了各单位办理窗口的网络维护工作，确保了各单位的正常运转。

五是完成了市政府网站安全设备采购和市政府门户网站升级改造的招标工作，并监督产品部署到位，继续督促中标公司按合同完成相关服务。

六是强化日常监测，保障电子政务系统安全有序稳定运行，定期对电子政务网络及其承载业务系统进行现场安全配置检查和安全性技术测试，并到各县（市、区）信息中心和相关单位上门检测维护15次，及时制订安全管理实施方案及安全监测、评估、加固方案，切实巩固后台、线路的安全。

二 2016年发展展望

（一）加强网络宣传和网络舆情监管

充分利用网络宣传平台，发挥政府门户网站的主流网络宣传优势，及时向公众发布张家界市最新的权威新闻和信息，加强正面信息发布和舆论引导，树立起张家界的良好形象。及时从网上搜集关于张家界市的正负面舆情信息以及与张家界市经济社会发展等有关的政策信息，及时编辑成张家界《舆情专报》为市政府领导应对舆情和决策提供参考，不定期对涉及张家界的舆情进行专评，对本地区重大舆情进行分析评估和风险预测。

（二）加强和规范全市网站管理工作

做好市政府门户网站的运行保障，进一步加强对张家界市网站的规范管理工作，整合网络资源。及时准确发布全市重点领域和重点服务的公开信息，确保信息内容及时更新，并加强对该项工作的督促检查。按照国办普查的要求，负责督查各单位完成网站的及时维护和更新。将相关单位对政府网站的内容保障及本单位网站的维护更新情况纳入年终网站绩效考核工作中。

（三）有序推进全市各级电子政务工作

一是继续夯实电子政务应用基础支撑，逐步完成电子政务外网二期建设，按照省要求整合对接部门专用业务网络，有序完成部门互联网出口的统一，加速应用系统信息资源的协同共享。二是指导县（市、区）加快电子政务外网向乡镇（街道）的拓展延伸，建立健全省、市、县、乡四级互联互通的电子政务外网体系。三是推动网上政务服务和电子监察系统深入规范应用，及时做好系统数据的调整更新工作。保障电子政务系统和线路安全、有序、稳定运行，确保电子政务网络及承载业务系统的后台安全运行。四是推进全市电子政务安全应急体系建设。完成电子政务网络边界防护和桌面管理工作，完成各级数据中心安全等级保护工作。完善电子政务应急预案，适时组织演练。建设应用系统安全检测评估项目，提升各应用系统安全防护水平和电子政务网络维护能力，完善电子政务外网维护制度，健全绩效考评机制，实现维护标准化管理，进一步提高维护水平。五是积极推进政府网络资源整合。将各部门专网逐步整合到全省统一的电子政务网络上，协调政务内外网协同发挥作用。

（四）加强网络安全，提高市政府门户网站的网络影响力

建立健全电子政务外网网络安全的相关管理制度，落实网络安全的管理手

段和措施，建立完善的信息安全监控体系，实现动态网络资源管理、监控，优化资源配置，提高对网络攻击、病毒入侵、网络失泄密的防范和管理能力。加强政府门户网站的安全保障工作，建立健全安全管理制度，不断提高张家界市电子政务信息安全的保障水平。加大对社会热点问题的调查研究和网络跟踪访谈力度。有针对性地选择几个热点问题和重大事件、焦点人物，做网上跟踪访谈报道，进行深度分析，形成自己的观点，提高市政府门户网站的网络影响力，正确引导网络舆情。

（五）加快“智慧张家界”建设工作

一是完成“智慧张家界”规划编制工作。二是完成“智慧张家界”建设方案采购工作，确定“智慧张家界”第一期建设方案、政府与企业的战略合作模式、2016 年建设重点。三是进行招标并基本完成基础平台建设。四是研究出台“关于加快‘智慧张家界’建设的实施意见”和其他配套政策措施。五是争取有 3 ~4 个重点建设项目初见成效。

B.27
2015年湘西州电子政务工作报告及2016年发展展望

湘西自治州政府信息中心

2015年，湘西自治州电子政务工作认真围绕年度工作重点，借助全国“互联网+”发展契机，积极谋划，转变工作思路，完善工作制度，增强工作热情，强化管理服务，全力推进“互联网+湘西”暨“智慧湘西”、政府网站建设和管理、外网建设、视频会议系统改造、内网运维、新区弱电设计等工作，工作成效非常显著。

一 2015年电子政务工作情况

（一）“互联网+湘西”暨“智慧湘西”工作开创新局面

1. 战略合作全面启动

4月29日，湘西州委书记、州长带队赴北京与腾讯公司进行洽谈，并与腾讯公司签订了《互联网+湘西战略合作框架协议》，成为全国首批与腾讯公司签订“互联网+”合作协议的市级少数民族地区。5月31日，湘西州委书记带队赴深圳长虹集团电子系统公司进行实地考察并与长虹公司签订了《智慧城市战略合作框架协议》。与腾讯公司合作的微信“城市服务”取得阶段性成果，与长虹合作的智慧城市建设全面启动。

2. 宣传发动全面铺开

5月7日，湘西州委中心组第二次集中学习，邀请了腾讯学院专家团队做“拥抱互联网+时代”的专题讲座。6月9日，湘西州政府邀请了工信部电信委员会专家来州交流指导“互联网+”发展思路。7月1日，四川长虹公司高层、中国科学院物联网专家一行到湘西州就“智慧城市”建设开展对接。10月24日，“互联网+湘西”暨“智慧湘西”领导小组办公室组织了“新育林计划——互联网+湘西行”大型活动，邀请中关村电商协会会长栾润峰为湘西州320位企业代表近1000人讲授“互联网+”知识，反响强烈。“互联网+湘西”暨“智慧湘西”领导小组办公室到湘西州委党校扶贫干部培训班、泸溪县委组织部扶贫干部培训班宣讲“互联网+精准扶贫”知识两场。

3. 工作机制基本形成

根据《湘西州委常委办公会议纪要》精神，10月15日，下发《湘西自治州人民政府办公室关于成立“互联网+湘西”暨“智慧湘西”领导小组的通知》（州政办函〔2015〕80号），明确领导小组办公室设在湘西州政府办。办公室成立后，以湘西州电子政务办为主，从中国电信湘西分公司、中国移动湘西分公司等单位抽调6名工作人员形成精干团队集中办公。形成了“互联网+湘西”暨“智慧湘西”领导小组领导、办公室统筹、分管部门牵头实施的工作机制。设立了“互联网+湘西”暨“智慧湘西”领导小组办公室微信公众号，发布信息8条，编发“互联网+湘西”暨“智慧湘西”工作简报两期。起草了《湘西州“互联网+”暨“智慧城市”建设专项资金管理暂行办法》，并与湘西州财政局进行会审会签。

4. “互联网+”工作思路基本明确

根据湘西州委、州政府打造“互联网+”先行先试示范州和“中国宽带，湘西最快”的目标以及“加强基础设施建设，打通平台和通道，线上线下同步发展”的思路，起草了《湘西自治州人民政府关于推进“互联网+湘西”暨“智慧湘西”建设的实施意见》，明确了指导思想、发展目标、重点任务和保障措施，提出了“宽带湘西”“智慧旅游”“互联网+精准扶贫”“互联网+商务”“互联网+政务”五大行动计划，目前正在征求各相关单位意见。

5. 各项工作快速推进

一是湘西州电子政务办公室起草了向工信部、中国移动争取基础设施的报告，与湘西州经信委共同推动信息基础设施建设项目。二是推动湘西州旅游局启动了湘西“智慧旅游”方案设计，共同听取方案汇报两次，共同制订了外出考察学习方案并即将实施。三是起草了“互联网+精准扶贫”的技术方案，推动湘西州扶贫办、驻村办牵头实施。四是推动湘西州商务局大力发展电子商务和电商扶贫。参与了淘宝特色中国·湘西馆运营商的选定，现湘西馆已正式开馆运行。与湘西州商务局一道协助凤凰县成功争取到国家扶贫办、苏宁电器打造的电商扶贫“双百示范县”试点。组织凤凰县争取到新华网互联网小镇“一县一品”和“一县一院”两个全国示范点。两次参与和苏宁集团的对接，苏宁云商3个湘西云店正在落地建设。五是制订了智慧政务方案并组织实施。8月12日，印发了《湘西自治州人民政府办公室关于做好全州政府数据集中管理近期工作的通知》（州政办明电〔2015〕39号），加大了湘西州政府云数据中心数据采集力度，目前已入库数据4800万条。融网格化管理、应急指挥、政府热线、网络问政和网上信访等功能于一体的全州政务管理综合平台即将招标实施。以网上政务服务系统为基础的全州公共服务综合平台升级方案已制订。六是智慧城市试点进展顺利。与长虹公司共同编制《湘西智慧城市规划》，参与和推动了吉首市智慧城市建设的启动。9月1日，在湖南省与腾讯公司“互联网+”签约仪式上，湘西微信“城市服务”的5个应用正式开通，与长沙市一道成为全省第一批开通其业务的城市。与湘西州国税局联合推动了湖南省中小微企业“税银通”平台的开发，并于12月3日举办了“互联网+湘西”首推重点项目湖南省中小微企业税银互动服务平台全省首试上线启动仪式。

（二）政府网站建设管理步入“新常态”

2015年，州电子政务办以全国政府网站普查为契机，大力推动全州政府网站规范形象、保证质量、提升功能、凝聚人气，政府网站建设和管理步入“新常态”。

1. 全面完成全国政府网站普查工作

积极落实国务院办公厅下发的《关于开展第一次全国政府网站普查的通知》（国办发〔2015〕15号）和湖南省人民政府办公厅下发的《关于开展全省政府网站普查的通知》（湘政办函〔2015〕43号）等文件精神，6月16日，湘西州委常委、常务副州长邝邹飞组织专题研究部署全州政府网站普查工作。下发了《湘西自治州电子政务办公室关于做好全州政府网站普查的通知》（州电政办函〔2015〕2号），按层级负责和分工协作原则进行了责任分解。召开了全州政府门户网站普查会议，50余家部门网站负责人参会。通过近半年的努力，州政府门户网站修改完善栏目 8 个，更新信息 13000 多条，新建内容保障单位和渠道 12 个。9 个县（市、区）门户网站一级栏目调整了 56 个，更新栏目信息 30 多万条。关停不规范部门网站 3 家，整合部门网站栏目 3 个（互动交流、嘉宾访谈、部门领导信箱），合并、删除僵尸栏目 420 个，湘西州政府部门网站更新信息 5 万多条，全州政府网站普查工作得到了湖南省政府的高度认可。

2. 政府网站质量水平趋于规范稳定

湘西州政府门户网站全年共处理回复“网络问政”栏目网友有效信件 1579 封，与湘西州法制办开办了州政府权力和责任清单专栏、与州治超办开办了全州治超专题等 10 个专题专栏，向省政府门户网站报送 375 条信息，发布“州长信箱”栏目信件 287 封，回复 69 封，州政府网站日均访问量达到 8000 人次。

（三）湘西州新区行政中心智慧园区建设呈现新气象

由湘西州电子政务办规划设计、技术把关的新区行政中心智慧园区建设已基本竣工，一个技术先进、信息互通、资源共享的智慧园区已基本建成。

1. 云计算技术得到应用，政府数据中心基本建立

湘西州乾州新区机房首次引入云计算技术，对政府数据中心服务器、存储等硬件设备进行资源池化，形成运算能力强、扩展性好、资源分配自由的政务云。在此基础上，汇聚人口、地理空间、法人和经济数据，采集州直各部门和 8 个县（市、区）相关政务服务数据，形成信息互通、资源共享的政府云数据中心。目前，数据中心硬件全部竣工，软件正在调试，入库各类信息数据 4800 多万条。

2. 移动互联网得到应用，协同办公系统正在调试

新区按统一机房、统一组网、协同办公的思路，实现了国际互联网、电子政务外网、电子政务内网的科学配置，现主干网络已完成部署。在此基础上，正在开发部署 OA 自动化办公、协同办公、移动办公相结合的综合协同办公系统。随着新区的投入使用，无纸化、移动办公、协同办公、会议云等现代化办公手段将闪亮登场。

3. 物联网技术得到应用，一卡通系统已全面规划

新区一卡通系统规划了智能停车、智能门禁、智能考勤、智能消费等多种功能，实现一人一卡、一卡多用、多点认证的综合管理，随着在新区的投入使用，一卡在手就可以实现自动出入停车场、按权限进入特定区域、自动考勤、会议考勤、购物消费等便捷操作。

4. 多系统统筹部署，楼宇及园区智能互动

新区建设综合统筹了消防报警系统、公共广播系统、红外监测系统、安防监控系统、故障提示系统等。使整个园区通过烟感、温控、红外探测、高清数字视频摄像、多点音频、节点拓扑等设备和技术，实现对楼宇和园区的动态综合监测和控制。

5. 着眼于多纬度公开，打造透明式政务服务

新区建设充分考虑政务服务的公开度和便捷性，在各个楼体大厅都设置了LED 综合展示屏和交互式多媒体发布查询系统。政务中心、公共资源交易中心、会议中心可通过大屏，及时发布通知、公告以及相关服务信息。通过交互式多媒体发布查询系统触摸屏，市民可以及时了解楼层信息、办公室地点分布情况、办事指南等各类政务信息，同时，交互式多媒体发布查询系统与 WiFi 热点有机合成，提供方便的无线网络服务。与政府网站、政务微博有机链接，形成多用途的信息服务平台。现公共资源交易中心、政务中心已投入试运行。

6. 突出信息支撑，打造多功能政务管理和政务服务系统

以湘西州政府云数据中心为基础，集全州电子防控系统、应急指挥系统、网格化管理系统、政府热线、网上信访、网络问政、政务微信、政务微博等为一体的全州政务管理系统基本建成。以网上政务服务系统为基础的全州公共服务综合平台升级方案已制订。

（四）电子政务工程项目管理产生新效益

湘西州电子政务办严格按《湘西自治州电子政务工程建设管理办法》（州政办发〔2013〕26 号）和《湘西自治州电子政务工程建设管理办法实施细则》（州电政办发〔2014〕1 号）的文件精神，大力开展电子政务项目审批和技术方案审核工作。2015 年，政务办在上年基础上进一步完善电子政务项目的审核流程，实现专家审核制度、联合审核制度。全年共审核批准了湘西州人

防办呈报的湘西自治州人防指挥中心信息系统工程建设项目、湘西州公安局呈报的湘西自治州公安局业务用房智能化系统集成项目和湘西州住房公积金管理中心呈报的湘西自治州住房公积金管理中心机房建设及搬迁配套工程项目等 14 个电子政务项目的技术方案审核工作，审批项目数量同比增长 60%，核减项目资金预算 1120 万元，对规范电子政务项目建设、确保政务信息资源互通共享、节约政府财政资金发挥了积极作用。

（五）湘西州网上政务服务和电子监察系统应用良好

湖南省网上政务服务和电子监察系统是运行于全省电子政务外网上的大型电子政务应用。2015 年，湘西州电子政务办积极与州政务服务中心分工协作、保障应用，与湘西州政务中心召开系统应用研讨会 3 次，组织技术培训 2 次，为系统运行做好了技术支撑。全年，网上政务服务和电子监察系统收件 542315 件，办结 541798 件，办结率达 99.9%。收办件数量、办件质量连续 3 年居全省 14 个市（州）前列，应用工作受到省高度表扬。同时，针对系统功能缺陷，从数据对接、数据落地、出证签章、收费出票等方面进行了为期两周的调研，并在此基础上形成了全州公共服务综合平台的升级方案，正在与政务中心一起推动实施。

（六）电子政务内网和视频会议系统平稳运行

1. 电子政务内网平稳运行

2015 年，湘西州电子政务办加强了对内网设备和线路的运行维护，优化了电子公文和业务资源服务器的配置，建立了内网设备的参数及配置档案，确保全州电子政务内网的平稳运行和州、县两级政府部门电子公文的上传下达。

2. 党政视频会议系统互联互通，运行平稳

按照资源共享、互联互通的思路，实现了全州党委视频会议系统与政府视频会议系统的平滑对接，保证了线路共用、视频互传、会议共享。全年共召开各类视频会议 50 次，确保了政务公开、“三严三实”作风建设、安全生产以及信访维稳等一系列中央、省、州各级会议精神的及时传达。

（七）自身队伍建设不断加强

一是认真落实湘西州预案销号工作。全办人员按要求做好湘西州政府办的

预案销号工作，做到工作交办有计划、办结有时限、质量有保障。二是组织各类学习工作。从每周的工作例会到中央、省、州重要精神的贯彻落实，以会为媒，组织办公室全体工作人员参与，营造良好的学习氛围。三是积极提升个人素养，提高个人觉悟，发扬不怕苦、讲奉献的精神。全办人员全年内人均加班24天，并实行周末专人值班制，确保政府网站的24小时正常运行，办公室每天有人值守。

二 2016年湘西州电子政务工作展望

（一）大力推动“互联网+”及智慧城市建设

做好“互联网+湘西”暨“智慧湘西”领导小组办公室工作，发挥办公室统筹、协调和推动实施的作用。出台《湘西自治州人民政府关于推进“互联网+湘西”暨“智慧湘西”建设的实施意见》《湘西州“互联网+”暨“智慧城市”建设专项资金管理暂行办法》《湘西智慧城市规划》。推动全州信息基础设施和“互联网+旅游”建设以及“互联网+精准扶贫”工作、“互联网+商务”工作和“互联网+政务”工作的开展和实施。

（二）进一步整体推动全州政府网站提高服务水平

继续推进全州政府网站标准化建设，规范政府网站形象，提升政府网站质量，增强政府网站服务能力。

（三）进一步加强州直电子政务工程项目管理

按《湘西自治州电子政务工程建设管理办法》，加强宣传、加强管理、完善流程、加强服务，对州直电子政务工程项目进行规范和有效管理，让电子政务按统一规划发展，防止重复建设，节约财政资金。

（四）大力开发电子政务应用

做好湖南省网上政务服务和电子监察系统的升级工作，打造全州公共服务综合平台。应用全州协同办公平台，推动州直相关部门共享。对州政府云数据中心进行扩容，将9个县（市、区）电子政务数据中心纳入州政府云数据中心体系，按分布式数据中心进行升级。大力推动基于电子政务内网、电子政务外网的网络整合。大力推动各类应用整合，实现以州政府云数据中心为核心、互通共享的信息交换机制。

（五）做好新区行政中心智慧园区信息系统运维工作

做好新区行政中心云数据中心 IDC 机房、园区网络及各个信息系统的运行维护工作，确保园区的现代化和智能化，确保整个园区内网、外网及相关信息网络的畅通。

县（市、区）篇

County Reports

B.28

2015年浏阳市电子政务发展形势分析及2016年发展展望

浏阳市电子政务信息中心

一　2015年浏阳市电子政务发展形势分析

1. 电子政务网络实现全覆盖

（1）政务外网建设管理更加完善。目前，浏阳市电子政务外网覆盖了32个乡镇（街道）和所有的市直单位以及401个村（社区），出口带宽为2G。外网运行环境进一步优化，安全设施进一步完善。新购置了1台高性能网站服务器、1台防篡改设备和1台防火墙。组织对中心机房线路、服务器等进行经常性检查和更换，并加大了对各单位服务器托管的整合力度，确保了全市外网运行的安全与稳定。新增上网行为管理服务器1台，认真按照纪检部门要求屏蔽不良网站及游戏、炒股、购物等网站栏目，成为作风纪律建设的重要抓手。

（2）加强党政工作专网建设与管理。浏阳市党政工作专网共覆盖了32个乡镇街道、120家市直单位（含省、市垂直管理单位）。党政工作专网与外网实行物理隔离，采用裸光纤接入，到桌面带宽为4M，接入党政工作专网计算机近5000台。依托党政工作专网运行了大组工网、纪检、党政协同办公、综合治税、财政等业务系统。

2. 政府网站运行管理规范有序

（1）高效完成政府网站普查。2015年，浏阳市共有23家政府门户网站和部门街道网站参加普查，浏阳市主要采取早部署、早整改、勤督促以及“三天一检查、一月一点评、一季一通报”和“随发现随整改”的方法对政府网站进行完善，以此杜绝“开天窗”和“僵尸”栏目的出现。其中，共组织召开各类调度会、座谈会等9次，起草通报4期、相关文件5份，会同督查室制发督查通报、交办函3期，最终确保了浏阳市政府网站全部合格达标。

（2）优质抓好信息资源建设。2015年，浏阳市认真贯彻落实政府信息公开的法律法规、《国务院办公厅关于加强政府网站信息内容建设的意见》（国办发〔2014〕57号）及省、长沙市相关文件精神，把信息资源建设作为政府网络建设管理的第一任务，牢牢把握质量并重、时效并行的要求，狠抓数量任务，更注重信息内容质量的提升，突出更新时效性、服务实用性，信息资源建设水平有了显著提高。全年，浏阳市政府门户网站共转发央网重点信息2470条、省政府重要信息50条，发布本市级信息22000余条，按时、按质、按量保障了长沙市政府门户网站和浏阳市政府门户网站信息内容的可靠性。加大信息资源整合力度，对栏目进行优化，尤其是对重点办事服务和重点领域信息公开栏目进行了全新升级，同时，建设了“重点办事服务”“热点专题”“财政预决算”“部门权力清单”“行政审批”等专题栏目，公开了系统有效审批服务项目393项，“重点办事服务”栏目被国家电子政务理事会评为精品栏目。为响应上级文件精神，推进了以政府门户网站为主站的网站群建设，做好了整合规划，明确了标准要求，市民政局、森林公安、卫计局、商务合作局等部门网站逐步实现整合。

（3）大力推广新技术运用。2015年，浏阳市政府网站在微信、微博等智能平台建设方面加大了力度，推出“浏阳人社”“浏阳发布”“浏阳市政务服务中心”“家校通”“浏阳财政”等公众号，用户可随时在手机上查询最新政务信息，并及时收集群众意见，拉近了网民与政府之间的距离，办证市民也可随时查询办件的审批流程，让办理事项做到“有迹可循”，也加强了对各部门

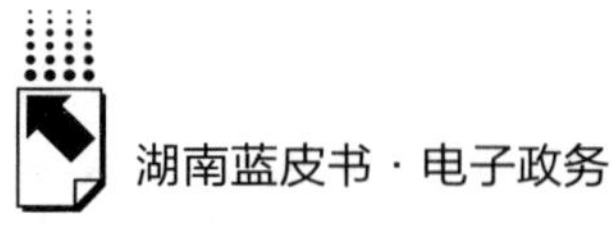

审批速度的监管。

3. 网络问政全面深入推行

切实做好"市长信箱""咨询投诉""网上调查""依申请公开"等栏目管理工作，提升政府公信力。全年，共处理省和长沙转来信件98封、市本级信件600余封、咨询投诉141件，办结率与满意率均达100%，依申请公开27起。同时，开通了网上信访和综治平台，公开各职能部门对信访事项的处理流程和处理结果，信访系统自2015年5月正式投入运行以来共办理中央、省、长沙市、浏阳本级来信、来访、咨询投诉等业务931件。

4. 电子政务项目应用凸显成效

随着信息化的普及，浏阳市力推电子政务业务的发展，2015年在电子政务项目应用方面进行了规范提升。

（1）协同办公系统进一步完善。自2014年9月上线至今，浏阳市协同办公系统共覆盖了全市166家单位，各单位共注册账号2668个，共处理文件12109份、通知公告1530份、会议通知368份。全市各市直单位（含垂直单位）、乡镇（街道）基本上实现了网上审签、传阅公文和办理相关业务等功能，业务流程实现了全市的规范统一。按照上级要求，目前已完成电子档案系统的开发工作，较好地对文件进行了归类、备份和存储。全市已实现了无纸化办公，极大地提升了工作效率，节约了办公成本。

（2）视频会议系统进一步推进。2015年，浏阳市全面完成视频会议系统建设工作，现已联入32个乡镇（街道）、4个园区的分会场以及全市市级领导和省、市各单位主要负责人办公室。具备同时召开全市视频会议、会商、远程培训等功能，并具备记录管理等其他视频资源整合功能。对会场管理人员、监控室操作人员、技术维护人员进行了专业培训，认真做好国家、省、长沙市召开的各类视频会议本级网络和信号保障工作。

（3）网上政务服务和电子监察系统高效运行。根据省、长沙市网上政务服务和电子监察工作要求，浏阳市高效运行浏阳市网上政务服务和电子监察系统软件，实现所有行政审批项目在线办理，并与省、长沙市网上政务服务和电子监察系统实时对接。2015年，系统总办件数为22790件，收费达6235万余元。

（4）综合治税平台功能进一步体现。2013年4月，浏阳市决定依托电子政务内网建设综合治税平台。目前，全市35家市直单位和所有乡镇（街道）都开通了该系统。现已采集198项涉税数据，总计1200万条。2015年，国税、地税部门查补税款4000余万元，处理或补办税务登记证约730户，很好地实现了系统建设的预期目标。

（5）社保卡业务系统初步建成应用。2015年8月，浏阳市开始发行中华人民共和国社会保障卡，可在电子政务平台实现查询、缴纳、登记等功能，截至2015年底，共发放社保卡125万张。

（6）财政业务系统促进了财政业务发展。目前，财政业务已与信息化深度融合，信息化日常维护管理工作直接关系浏阳市财政业务的正常开展，全年浏阳市对财政业务系统1500多个账套数据和1600多位操作员进行全方位管理，同时，加强对财政专网和机房硬件设施的维护，及时排除各类故障，确保了财政业务的正常开展，确保了36项86.9万户次3.17亿元涉农补贴实时准确、安全、高效地发放到农户手中。

（7）“金土工程”“平安浏阳”“数字城管”等系统进一步提高了办事效率。通过“金土工程”电子政务系统可审批国土资源业务，并可以将农村宅基地的受理、发证环节下放到乡镇，基本实现了农民足不出乡即可领取土地证书的目标；通过“平安浏阳”进行综合性治安防控；通过“数字城管”实时监控违章行为等，形成了便捷高效的业务专网服务和日趋完善的信息化管理系统。

二　2016年电子政务发展展望

2016年，浏阳市将围绕浏阳市委、市政府确定的目标任务和上级要求，完善基础设施，切实规范提升，致力推广应用，进一步推进浏阳市电子政务工作的开展。

一是抓好政府网站平台建设。继续做好政府网站的日常管理，着力推进信息的日常保障工作，加强信息审核把关，着力提高信息质量。进一步推动政府部门网站的整合工作，打造一个以政府门户网站为主站的政府网站群。

二是规范网络建设和管理。对现有网络进行升级，统一全市电子政务外网、党政工作专网网络出口，规范政务网络的日常管理，确保政务外网、党政专网安全、稳定、顺畅运行。

三是重点推广业务应用。努力整合政务资源，优化业务流程，做好数据存储备份和保密管理工作，逐步推动大数据发展，强化数据资源共享和应用，保障政务外网业务推广。

四是完善电子政务制度体系。出台网站、网络建设管理办法，制定相应的管理文件，抓好电子政务年终绩效考核工作，以实现规范化、标准化管理。

五是推进人员技术培训。定期组织信息人员进行专业培训，提升其业务技能和专业素质，打造一支专业化队伍。

六是加强网站、网络和业务系统的安全管理。继续采取“人防、物防、技防”三防有机结合的方式对网站、网络进行防护。对老旧基础设施和机房环境进行改造升级，对发现的问题及时整改，确保不发生网站、网络安全事故。

B.29

智慧城市　让生活更美好

——长沙县电子政务办公室建成全省首个公共信息平台

长沙县电子政务办公室

所谓智慧城市，就是运用物联网、云计算、大数据、空间地理信息集成等新一代信息技术，促进城市规划、建设、管理和服务智慧化的新理念和新模式。建设智慧城市，对加快工业化、信息化、城镇化、农业现代化融合，提升城市可持续发展能力具有重要意义。当前，通过智慧城市建设实现对大数据的深度利用，是一个城市发展重大的时代转型，城市建设与发展面临前所未有的挑战，市民的需求也随之改变，比如办理入学登记，教育部门需要公安、房管等部门配合出示本人及孩子的身份、房产等资料，通过云数据中心，只需在云平台上向有关部门提交申请，相关部门就能迅速在数据库里调阅、授权，市民无须再费时费力地开具各种证明。

2007 年，全球城市人口首次超过 50%，被称为城市千禧。预计到 2050 年，世界城市人口比例将达到 75%。截至 2014 年，中国城镇化率已达 54.77%，城市发展正寻求新的突破口。2015 年 2 月，长沙县县长办公会通过《长沙县智慧城市顶层设计》，要求在“十三五”时期强力推进智慧城市建设。县电子政务办公室全面开展智慧城市创建工作，并率先启动智慧城市公共信息平台规划、设计和招标、采购的准备工作。

一　创新采用 PPP 模式建设公共信息平台

2013 年 8 月 1 日，长沙县获批 2013 年国家“智慧城市”试点。2014 年 2 月 19 日，长沙县第十六届人民代表大会第三次会议在《政府工作报告》中指出，2014 年主要工作中需要部署深入“开展智慧城市创建工作”，创新社会治理方式，在解放思想、改革创新上始终与时俱进。

2015 年 7 月，长沙县通过公开招标确定湖南电子信息产业集团为该项目的社会资本合作方和系统集成建设方。2015 年 9 月，长沙县星城建设投资有限公司（县政府出资代表）与湖南电子信息产业集团共同投资 5000 万元成立“长沙星城智慧科技有限公司”（项目公司）。项目公司负责长沙县智慧城市公共信息平台项目的初始投资建设和十年运营维护，并通过政府购买服务和政务大数据特许经营权两种方式获得运营收入和投资回报，运营期满后无偿交付政府。该项目是湖南省首个采用 PPP 模式建设的智慧城市项目。

湖南电子信息产业集团充分发挥技术、人才、装备、管理、运营等综合优势，快速搭建起湖南省首个集约化电子政务云平台、首个智慧城市公共信息平台。以政府大数据为中心，涵盖基础信息、政务管理、经济产业、民生服务四大体系，包含智能家居、智能旅游、智能城管、智能电网、智能交通、智能环保、智能医疗等多方面的内容。

二　“互联网 +”解决信息资源共享难题

智慧城市就是要最大限度地打破信息孤岛，实现数据全覆盖、跨部门共享。2015 年 12 月，长沙县公共信息平台项目一期顺利建成。该项目可实现长沙县智慧城市“大网络”“大机房”“大数据”三大基础设施整合、集中和共享，将建成“两网”“四库”“两中心”，为长沙县城市治理、民生服务和产业升级等信息化应用提供平台支撑，为“互联网 + 长沙县”及大数据应用提供数据支撑。

1. 大网络

智慧城市信息平台建设第一步是建成长沙县电子政务内外网，实现全县各部门机关之间网络系统的大集合，县、镇、村三级不得再租赁政务光纤外的网络进行办公。

2015 年，长沙县整合全县 100 余个县直部门的政务网络，新建乡镇（街道）、行政村（社区）光纤专网，形成覆盖全县的“县—乡镇（街道）—行政村（社区）”三级电子政务内、外网，搭建了长沙县政府网站平台集群系统，20000 余台电脑终端接入县政务网站，充分满足了各级政府部门的网络带宽、信息安全等需求。

2. 大机房

“云平台”作为智慧城市的大脑中枢，将集中对全县数据进行存储、计算、备份，为实现各部门数据存储、互联互通、交换共享提供支撑。新建云计算中心机房将集中县内所有软硬件设备。

利用云计算等现代信息技术，新建计算、存储、安全、基础软件等 Saas、Paas 基础资源云平台，整合全县所有电子政务机房、软硬件设备和电子政务应用系统，集中部署、统建共用，避免软硬件重复投资，实现基础设施和业务系统的集中管理维护与全面安全可控。同时，云计算中心是长沙县各机关单位现有系统、新建系统和未来建设系统计算资源、存储资源的唯一提供者。

3. 大数据

掌握了大数据，就掌握了未来，也将给市民的智慧生活带来更大的发展空间。加快推进试点工作，县民政局、教育局、卫生和计划生育局、城乡规划建设局为第一批数据导入试点单位，待运行条件成熟后，由县电子政务办联合 PPP 项目公司对全县所有政务数据进行融合。

大数据不仅是引导智慧城市建设的信息引擎，也是智慧城市建设的制高点。大数据打破了各部门之间信息独享的壁垒，基于大数据的数据挖掘和智能化，也将对政府决策、公共服务、产业发展乃至城镇化建设起到至关重要的作用，推动智慧城市建设一步步走向纵深。

目前，长沙县智慧城市公共信息平台利用大数据等先进信息技术，以政务数据资源开发利用为主题，以数据采集、融合、服务为主线，构建全县统一的 Dass 数据资源平台；实现跨部门、跨系统、跨网络和跨平台的数据交换、信息共享和业务协同，形成资源目录、数据采集、数据交换、数据共享、数据安全标准规范体系；建成人口、法人、地理空间和宏观经济四大基础数据库，清理县内各机关的数据资源，促进信息资源整合，从根本上解决了条块分割、资源分散、重复建设等问题，形成互联互通、资源共享、协同合作的关系。

三 信息惠民预计五年节省3亿元

长沙县公共信息平台一期项目的建成，为全县带来良好的社会效益和经济

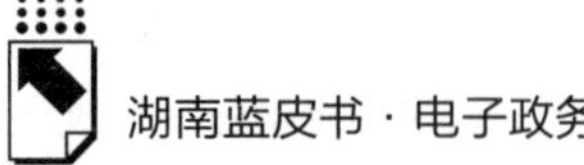

效益。利用集约化、虚拟化和云计算等技术，将为全县智慧城市建设提供高弹性、低成本、高效和低耗的统一信息化基础设施服务，避免系统重复建设，预计未来五年内将节省建设投资和运维费用约3亿元。同时，全县企业和个人将通过平台享受到更高效、便捷、人性化的一站式公共服务，为政府服务贴上“智慧”的标签，促进各部门依法行政、阳光施政；公共信息平台建设也将有利于对全县政务公开和政务服务进行统一管理，及时准确地掌握第一手信息，为政府进行宏观决策提供科学依据。

随着智慧城市公共信息平台的逐步建成，长沙县电子政务和信息化建设工作也有序推进。在县委、县政府的正确领导及县政府办的具体指导下，除智慧城市公共信息平台外，县电子政务办公室还陆续建设完成县重点建设及惠企惠民项目“长沙县电子防控系统”和“长沙县在线办理系统”。在“第十四届（2015）中国政府网站绩效评估结果发布会”上，中国·长沙县政府门户网站获得区县级“中国政务网站领先奖”第三名、2015年度中国政务网站外文版国际化程度领先奖第四名。在省政府网站绩效评估中，长沙县也取得了“湖南省政府优秀网站”的殊荣。

按照总体规划部署，2016年长沙县电子政务办公室将适时启动公共信息平台二期项目建设。二期将完成全县所有部门的业务系统入云和数据开放共享，全面实现跨部门资源整合、业务协同及政务大数据分析等，提升政府治理能力；在依法加强安全保障和隐私保护的前提下，稳步推动公共数据资源开放和大数据运营，在健康医疗、社会保障、文化教育等领域全面开展信息惠民典型应用，为市民提供智慧服务，让长沙县居民生活更美好。

B.30

2015年望城区电子政务建设情况及2016年发展展望

长沙市望城区电子政务办公室

2015 年，望城区按照全市电子政务工作及第一次全国政府网站普查工作的要求，稳步夯实电子政务平台建设，规范网站管理，切实保障政府网站栏目内容，促进望城区电子政务建设水平再上一个新台阶。

一 2015年电子政务建设情况

（一）领导重视，稳步规范电子政务建设

望城区成立了以区长为组长，区委常委、区纪委书记、常务副区长为副组长，多个部门为成员单位的望城区政务公开和电子政务建设领导小组。先后印发了《关于进一步做好市长信箱及区长信箱信件办理工作的通知》（望政办发〔2013〕122 号）、《关于做好望城区政府门户网站内容保障和日常信息维护工作的通知》（望政办发〔2013〕156 号）、《关于转发〈长沙市机关事业单位网站安全管理办法〉的通知》（望政办发〔2014〕76 号）、《长沙市望城区人民政府办公室关于做好望城区社会综合治税信息平台数据报送工作的通知》、《长沙市望城区人民政府办公室关于开展政府网站普查工作的通知》（望政办发〔2015〕66 号），为充实政府门户网站内容、加强网站安全管理、进一步规范电子政务平台建设做好了保障。

（二）电子政务平台建设和管理

1. 规范整合，有效实现电子政务资源共建共享

2013 年，望城区投资 1100 多万元建设了电子政务中心机房、内外网平台、数据中心等项目。其中，政府中心机房按照 B 级标准进行建设，共有机

柜75台，总面积约450平方米，划分为外网机房、内网机房、监控室及操作室、强弱电配线机房等功能区，具有安全保障、网络汇接、数据存储、信息交换、应用支撑、应用服务等多项功能，能满足区内外网络平台、数据中心未来5~10年信息化发展的需求。

2015年，为进一步规范管理，望城区电子政务办公室拟定了《望城区电子政务中心机房管理制度》，从机房准入和各类设备的托管、操作、安全保密、病毒防范管理以及数据文件的备份、管理等方面进行规范，保证了中心机房硬件设备和软件系统的安全、稳定运行。以新行政中心和政务服务大厅搬迁为契机，政务办对入驻新行政中心和政务服务大厅的区城管中心、财政局、人社局、住房保障局、国税局等单位的机房进行了统一整合，至此，进驻新行政中心的各部门网络、服务器等设备已全部托管至电子政务中心机房。确保了有效整合利用现有资源、无重复建设，最大限度地实现共建共享，节约了财政资金，实现了统一建设、统一网络平台、统一管理与维护的目标。对全区网络、网站进行常规维护，全年及时处理各种故障200余起，保证了望城区内外网及各种应用业务系统的无障碍运行。

2. 全面覆盖，稳步推进电子政务网络基础建设

根据统一建设、统一管理、资源共享的原则，望城区电子政务外网已实现全区党政群机关单位全覆盖。2015年，新启动的电子政务外网延伸至村（社区）、学校项目已全面完成并进行了验收。通过电子政务中心机房，望城区电子政务网络平台现已纵向联接省、市电子政务内外网，横向联接区直各部门、乡镇、村（社区）、学校，彻底改变了各单位分散建网和租网的现象，既整合了网络资源，又大大降低了运行成本。电子政务网络基础建设为望城区电子政务应用向村级平台延伸、建设教育城域网打好了扎实基础，电子政务服务水平稳步提升。

3. 提升效能，完善电子政务应用系统

2015年，望城区电子政务办公室配合大厅严格日常管理，提升服务质量，提高办事效率，实现“四个一流”的服务目标，主要开展了以下工作：一是为政务服务大厅采购安装了视频监察和即时评价系统，对窗口人员办事进行全程监督；二是积极进行网络建设，实现了政务服务大厅无线网络全覆盖，为前来办事的群众提供上网服务，利用网络平台查询相关事务；三是开通“望城

区微政务”微信公众平台，进一步加大了信息公开力度，拓宽了政民互动渠道，提高了政务服务工作的透明度和参与度。电子政务应用系统的完善，为政务服务大厅全方位提升办事效能提供了技术保障和支撑。

4. 运维外包，保障网络平台稳定运行

望城区实行电子政务网络平台运维服务整体外包，通过政府采购确定了运维管理单位，由专业运维公司对机房设备、应用系统、政务（内外）网络、数据中心、视频会议系统、入驻单位的电子政务网络和终端设备等进行运维，提供5×8小时驻场服务和7×24小时故障受理服务，保障了望城区电子政务网络平台持续、平稳运行。

（三）政府门户网站建设和管理

1. 深化公开，多渠道保障网站内容

一是专人维护。望城区电子政务办公室安排了专人对望城区主站和长沙市政府门户网站各大栏目进行维护、信息采编，确保政务信息公开内容真实、准确、更新及时。二是按月通报。为督促各单位及时更新政务信息，每月初，望城区电子政务办公室对各单位的部门信息公开目录及子网站的更新情况进行统计，并通报至各单位，通报结果纳入各单位全年绩效考核的范围。三是自查自纠。望城区电子政务办公室下发了《关于做好本级本部门政府网站自查自纠工作的通知》，围绕“有栏目无内容”“有留言无处理”“信息更新不及时”“信息涉嫌商业广告”“错链断链”等严重影响政府网站形象和政府公信力的重点问题，每月定期组织各单位做好自查自纠，督促其及时整改，多渠道促使其做好网站内容保障工作。四是围绕重点开设专栏。2015年，望城区政府门户网站紧紧围绕区委、区政府中心工作，新设了部门责任清单、行政审批项目流程清单等专栏，对各单位审批服务事项的申请条件、申报流程、所需材料等信息进行集中公开，方便群众网上查阅办事。

2015年1～11月，长沙市政府门户网站望城区信息公开目录共发布信息1700余条，望城区政府门户网站主站和子网站共发布各类信息43000余条，其中主站发布各类信息24000余条、子网站发布18000余条，各单位部门信息公开目录共发布信息14000余条，网站浏览量达到30万人次/月。

2. 严把标准，规范扎实做好网站普查工作

为推进政府网站信息内容建设的有关工作，根据国办、省电子政务中心和市政务办关于第一次全国政府网站普查的文件精神和工作部署，望城区电子政务办公室积极组织开展全区政府网站的普查工作。通过前期摸底统计，确认望城区普查单位57家，数量为9个县（市、区）之最。此次普查时间紧、任务重，结合望城区各部门和乡镇（街道）子网站的建设情况，一方面，望城区电子政务办公室及时拟定并报区政府办审批，下发了《长沙市望城区人民政府办公室关于开展政府网站普查工作的通知》（望政办发〔2015〕66号），做好宣传发动、及时答疑，引导参加普查的各单位引起高度重视、认真领会学习普查指标要求，严格按照指标要求对本单位网站进行整改；另一方面，积极组织技术力量做好对区门户网站主站及各单位子站的整改和栏目调整工作，为普查后期工作的开展打下扎实基础，确保了统计摸底、检查整改、抽查核查和通报总结四个阶段工作的圆满完成，整个普查过程中未出现被曝光、通报的情况。通过网站普查工作规范网站日常管理，部分群众反映的“不及时、不准确、不回应、不实用”等问题得以有效解决，网站互动交流、便民服务水平大大提升。

（四）电子政务安全保障

1. 实时监测，确保网络网站安全

望城区委托中国信息安全测评中心——华中测评中心安装了网络及网站安全监测软件，对望城区电子政务网络和政府门户网站进行7×24小时安全监测，一旦出现紧急安全事件，华中测评中心需即时响应。2015年，监测出安全漏洞的子网站均已督促其在4个工作日内整改到位并提交了整改报告，随后安排华中测评中心进行了漏洞复测。另外，还配合市公安局做好“全市重要信息系统和重点网站安全执法检查迎检”的自查工作，确保了网站安全。

2. 双重保险，保证数据存储及备份

望城区政府门户网站所有数据都存储在服务器硬盘上，每个服务器硬盘都做了RAID 1阵列，并定期对硬盘情况进行检查，发现有硬盘损坏情况报警，立即进行更换，保证了数据的安全。同时，启用一台专门的备份服务器，通过备份软件，每天把网站的数据（数据库和文件）定时备份到备份服务器，“双重保险”保证了数据的安全。

3. 系统补丁日志备份情况

望城区政府门户网站所有服务器都采用 Windows 2008 正版操作系统，每台服务器都开启了 Windows Updata 自动更新设置，系统会自动检测并更新补丁和漏洞，保证了操作系统的规范安全运行。政府门户网站则采用了 TRS 公司的成熟系统，安装了防篡改软件，系统日志定期记录网站运行情况，并及时进行备份。

4. 网站信息保密制度

明确了望城区各部门、乡镇（街道）电子政务分管领导，要求各单位安排专人负责政府门户网站及子网站的信息保障工作。建立健全了信息采编、审核、发布等工作制度，严格遵守“谁供稿、谁审核，谁发布、谁负责”的原则，严禁涉密信息上网。

（五）人才队伍建设情况

望城区电子政务建设工作实行“一把手”（党政正职中明确一人）负责制，同时明确了一名副职为分管责任领导，指定一名直接责任人为信息专干，负责本单位电子政务建设具体工作的实施。望城区建立了望城区政府门户网站业务 QQ 群，通过 QQ 群对信息专干进行统一管理，对区电子政务办工作人员在线进行业务指导，协助解决问题。

二　2016年发展展望

1. 加强区政府门户网站建设

深入理解和有效贯彻国务院办公厅印发的《关于加强政府网站信息内容建设的意见》（国办发〔2014〕57 号），进一步加强区政府门户网站建设，梳理整合门户主站各大栏目，加强信息公开与政民互动，回应社会关切，增强政府公信力。

2. 保障电子政务网络安全稳定运行

望城区电子政务外网已向下联接区直各部门、乡镇（街道）、村（社区）、学校，为保障电子政务内外网安全稳定运行，望城区将加强与电信、移动等运营商的沟通与协作，同时对各单位进行业务培训和技术指导，协助更新工作方

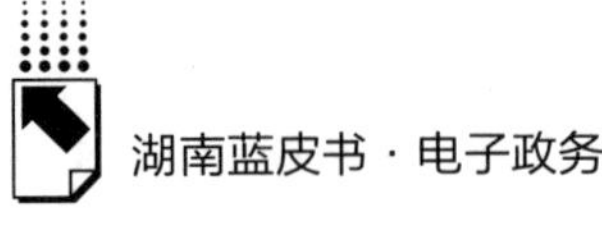

法，提高工作效率。

3. 推进电子政务内网协同办公平台建设

建设协同办公平台即公文传输系统与通用办公系统。通过公文传输系统完成跨部门公文传输，运用通用办公系统使部门内部各种办公业务活动更加有效率的完成，实现部门内部的资源共享和协作办公，完成部门内部信息有序而畅通的流转和整合。

4. 教育城域网系统升级改造

之前，教育城域网与望城区电子政务网络一并建设，和电子政务网络组成了一个大网络。据不完全统计，教育城域网终端用户超过了 3000 台，用户数量较大，给电子政务网络整体运行带来很大压力，阻碍了各项应用系统的流畅运行。2016 年，望城区电子政务办公室计划为教育城域网添置核心交换机、出口防火墙等网络硬件设备，单独组成一个网络，将其与电子政务网进行物理区隔，以减轻电子政务网络的运行压力，使教育城域网络各项系统流畅运行。该项建设由区教育局提出相关需求，望城区电子政务办公室负责方案拟订及项目建设具体实施。

B.31

湘潭经开区关于进一步完善测绘工作机制并建设全区地理数据库的设想

湘潭经开区电子政务办公室

一　湘潭经开区测绘工作现状

1. 地形图测量情况

经开区规划局委托市勘测设计院分别于2004年、2008年、2013年总计对开发区135平方公里区域进行了1∶500比例尺地形图测量，目前经开区只有2.79平方公里的区域没有进行任何地形图测量。

2. 建筑物竣工测量情况

2011年3月以来，经开区规划局组织对经开区内的小区、企事业单位进行竣工验收测量，截至2014年底，累计更新地形图4.16平方公里。

3. 小区地下管线测量情况

2013年3月，启动地下排水类管线（含雨水、污水）竣工测量，截至2014年底，共对经开区内2013年3月后建设完工的36个小区进行了地下排水管线测量，共计测得管线46.42公里，其他四大类地下管线（给水、电力、通信、燃气）没有测量。

4. 道路地下管线测量情况

目前，经开区已建成的城市道路超过100公里，但至今没有开展任何道路地下管线的竣工测量或探测工作，排水、给水、电力、通信、燃气五大类地下管线无任何实测数据。

5. 合作机制现状

湘潭经开区于2008年4月与湘潭市勘测设计院签订合作协议，明确大面积地形测量（大于1平方公里）、零星小面积地形测量、拨地测量、控制点和标高检测测量的计费标准。财政出资测绘的项目均由区规划局以任务单的方式向市勘测设计院下达，在规定工期内完成测量任务后，市勘测设计院将成果提交给区规划局验收。区规划局每半年对测绘工作量进行汇总，交由投资公司按协议价格予以结算。

二　湘潭经开区测绘工作机制存在的问题

长期以来，湘潭经开区测绘工作分散在相关职能部门，缺乏区级统筹和部门协同，没有形成标准的工作规范和流程，在城市建设和城市管理过程中产生了一系列问题。

1. 基础地理数据不具备全面性和现势性

随着经开区建设的迅猛发展，城市面貌日新月异，但地形图、地下管线等基础地理数据并未及时更新，基础地理数据的全面性和现势性存在严重不足，不能真实反映经开区的实际情况，非常不利于城乡规划、网格化社会治理、数字城管等与地图密切相关工作的进一步推进。

2. 地下管线缺乏统筹管理的数据基础

除部分小区地下管线外，湘潭经开区一直没有开展地下管线竣工测量工作，地下管线的测绘及数据管理工作已明显滞后，无法实现统筹管理，导致湘潭经开区地下管线的建设和管理实质上处于一种各自为政、条块分割的状态，铺设在地下的各种管线重叠交错、杂乱无章，产生很多管理上的问题。一方面，重复开挖现象十分严重，不但造成资源浪费，而且使得挖断其他管线、违法占压管线等事故经常发生；另一方面，存在极大的安全隐患，燃气管道被挖断极易产生爆炸、燃烧等安全事故，电力管道被挖断极易产生电力安全事故。

3. 小区地下排水管线雨污不分流现象严重

直到2013年3月，经开区才开始启动小区的雨水、污水地下管线竣工测量工作，在此之前建设完工的商品房小区和企事业单位，其地下排水管线或多或少地都存在雨污不分流现象，特别是6个征拆安置小区，出于历史原因，其地下管线完全可用“一团乱麻”来形容，居民完全不管什么雨水、污水管道，想怎么接就怎么接。雨污不分流造成了严重的后果，雨季一到，九华湖经常污水横流、环境恶化，而河西污水处理厂则水满为患、无法处理。群众对此意见较大，而相关部门在治理过程中，由于缺乏地下管线测绘数据，工作开展举步维艰。

4. 城市部件测量工作尚未开展

到目前为止，湘潭经开区从未对路灯、监控杆、井盖、垃圾桶、绿化树木等各类城市部件进行普查和精确测量，由于缺乏基础测绘数据，相关部门无法对城市部件实现准确定位和数字化管理，在城市部件需要维修时，经常搞不清该部件的一些基本属性，甚至找不到其权属单位，精细化的城市管理更是无从谈起。

5. 没有建立全区地理数据库

在目前的工作机制下，进行工程测量往往是由于工程施工、工程竣工验收的需要，测量工作完成后，提交测绘报告就了事，没有对测绘数据进行入库和汇总操作，更没有形成一个全覆盖、完整的全区地理数据库。如此，存在如下几个不利因素：一是没有电子化的数据库，查找数据必须人工翻阅纸质档案，极易造成资料遗失损坏，既浪费了大量人力物力，也降低了工作效率；二是管委会各部门之间的地理信息无法实现资源整合、数据共享；三是地理数据库是推进智慧城市建设的基础，没有测绘数据的支撑，智慧城市建设就会变为无源之水、无本之木。

三　全面推进湘潭经开区测绘工作的必要性

1. 加强对测绘工作的领导是各级人民政府的工作职责

《中华人民共和国测绘法》明确规定，县级以上地方人民政府测绘行政主管部门负责本行政区域测绘工作的统一监督管理（第四条），负责组织编制本行政区域的基础测绘规划（第十二条），基础测绘纳入本级国民经济和社会发展年度计划及财政预算（第十四条），基础测绘成果应当定期进行更新（第十五条）。

2. 地下管线测量是湘潭经开区测绘工作当前亟须解决的问题

2014 年 6 月出台的《国务院办公厅关于加强城市地下管线建设管理的指导意见》（以下简称《意见》）明确要求，2015 年底前，完成城市地下管线普查，建立综合管理信息系统；力争用5年时间，完成城市地下老旧管网改造；用10年左右时间，建成较为完善的城市地下管线体系（第三条）。《意见》同时指出，城市地下管线工程覆土前，建设单位应按照有关规定进行竣工测量（第八条），但到目前为止，湘潭经开区地下管线竣工测量工作基本上没有开展，部分单位的工作人员甚至认为有管线施工单位提供竣工图就行了，不需要再搞竣工测量，这实际上是一种错误的认识。竣工图只是对地下管线施工情况的记录，而竣工测量是测绘法规定的一项测绘活动，有规定的测绘要素（如地理坐标、地面标高等），有全国统一的测绘基准，必须由具有相应测绘资质的单位进行；地下管线工程竣工验收备案前，建设单位应同时向城建档案管理部门移交竣工图和竣工测量成果。《意见》下放后，许多地区已经开展此项工作，仅以长株潭地区为例，长沙市城区28000余公里的地下管线将在2015年内全面摸清“家底”，株洲市已对全市长度6728公里的地下管线实现“数字化”管理，湘潭市高新区、昭山示范区也已开展地下管线普查和竣工测量工作。为此，湘潭经开区全面开展地下管线测量工作已经刻不容缓。

3. 建立统一的地理数据库是湘潭经开区测绘工作下一步的发展方向

《湖南省实施〈中华人民共和国测绘法〉办法》明确规定，县（市、区）人民政府负责建立和更新本级基础地理信息系统及数据库（第八条）；《国务院办公厅关于加强城市地下管线建设管理的指导意见》指出，各城市要在普查的基础上，建立地下管线综合管理信息系统，推进综合管理信息系统与数字化城市管理系统、智慧城市建设（第十三条）。许多地区此项工作已经走在湘潭经开区前面，“数字株洲”积极探索建设数字城建档案馆，长沙市将建设地下管线“三维”档案管理系统，苏州市基本建立了以地理信息公共服务平台为核心的城市建设全生命周期智能化管理系统，宁波市大力推进智慧宁波时空信息云平台建设。与之相比，智慧九华综合平台虽然建立了部分业务应用，但地理基础数据缺乏，综合应用能力不强。

四　全面推进湘潭经开区测绘工作的建议

1. 明确测绘工作目标

一是逐步消除历史遗留的测绘工作“欠账”。在推进城市管理、智慧九华建设等工作过程中，发现欠缺相关的测绘数据时，根据需要逐步进行补充测绘。二是经开区所有的新建工程项目必须进行竣工测量。小区和企业在竣工验收前进行测量，道路地下管线在覆土前进行竣工测量，城市部件在完工后进行测量，通过以上措施，确保不产生新的测绘“欠账”，形成完整的城市测绘档案。三是测量成果必须录入智慧九华地理数据库。地理数据库是智慧九华三大基础数据库之一（另两个是人口库和法人库），推动地理测绘工作数字化是衡量一个地区城市管理精细化水平的重要指标，也是智慧城市建设的内在要求。

2. 明确费用承担原则

一是按照“谁建设、谁负责”的原则，管委会投资建设的项目由投资公司承担测绘费用，非管委会投资建设的项目由项目建设单位负责测绘费用。二是对于 2015 年以前完成的非管委会投资建设项目，原先没有进行竣工测量而现在需要重新进行测绘的，已经很难再要求原项目建设单位承担测绘费用，应当由投资公司负责。三是城市部件（已包含在其他工程测绘项目的城市部件除外）的测量费用，由投资公司承担。四是测绘数据录入到地理数据库，入库费用由投资公司承担。

3. 完善测绘合作协议

2008 年 4 月，投资公司与市勘测设计院签订的测量工程合作协议涉及的测量项目过少，需重新与市勘测设计院进行谈判，对新的测量项目收费价格进行明确。2015 年初，规划局会同智慧九华服务中心和市勘测设计院进行了初步洽谈，并从四个方面对协议进行完善：①增加地下管线竣工测量；②增加规划现场测量，如控制点、地下室、角点坐标、高度、正负零、层高、建筑物细部尺寸、规划数据、土地数据、指标统计、土方、纵横断面等；③增加城管部件测量；④增加数据标准化入库。

4. 明确部门职责

（1）规划局职责。一是组织工程项目的竣工测量和规划验收工作，经开区的所有工程项目必须完成竣工测量工作后才能进行规划验收。二是对于投资公司已支付费用的测绘项目，相关职能部门必须向规划局提交测绘工程申请单，规划局先对申请单进行确认并汇总，再向市勘测设计院派发测绘工程项目单。三是对于派发给市勘测设计院的测绘工程，规划局每半年度对费用进行一次汇总，然后提交给投资公司。

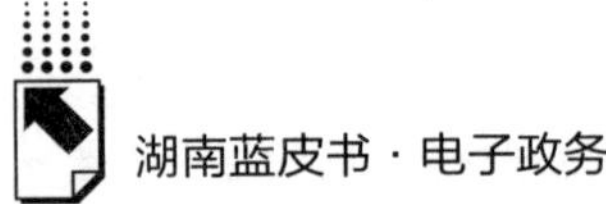

（2）住建局职责。一是住建局负责的给水和电力管线工程，在覆土前，需向规划局提交测绘工程申请单。二是对于非管委会投资建设的燃气和通信等地下管线工程，住建局负责督促项目建设单位选择有资质的测绘单位进行竣工测量，项目建设单位需承担测绘费用，并向规划局提供竣工测量资料。

（3）投资公司职责。一是根据规划局提交的测绘工程费用汇总数据，投资公司每半年度向市勘测设计院支付一次费用。二是投资公司负责的雨、污排水地下管线工程，在覆土前，需向规划局提交测绘工程申请单。

（4）审计局职责。对于管委会投资建设的工程项目，如果没有依法依规进行竣工测量，则审计局对项目不予进行审计。

（5）综合执法局（智慧九华服务中心）职责。一是根据排水地下管线整改的实际需要，向规划局提交地下管线测绘工程申请单。综合执法局依据探测数据开展整改工作，在经开区范围内逐步实现雨、污水完全分流的目标。二是统筹城市部件测量工作，根据实际需要向规划局提交城市部件测绘工程申请单。三是负责地理数据库的建设和维护，根据实际需要向规划局提交数据标准化入库测绘工程申请单。四是推进智慧城市建设，逐步消除测绘工作历史“欠账”。对于以前没有进行竣工测量的建筑物和地下管线等，如果需要进行补测，由综合执法局（智慧九华服务中心）向规划局提交测绘工程申请单。

五　测绘工作的积极影响

1. 现势性好、精准度高的基础地理信息能够积极推进湘潭经开区智慧城市建设

智慧城市是现代化城市发展的趋势，智慧城市的建设将会明显地提升城市形象和功能，提高人民群众的生活水平，而精确完整的地理信息数据库是智慧城市发展的必要支撑，测绘工作的全面推进将为全区地理信息数据库的建立打下坚实的基础。

2. 测绘工作的全面推进为湘潭经开区转型升级提供强有力的支撑

历史遗留下来的问题导致湘潭经开区测绘工作存在不完整的现象，而湘潭经开区经济和社会各个领域的高速发展，不断对停滞不前的基础测绘工作提出更高的要求，测绘工作的全面推进将为湘潭经开区管理决策、区域规划、重大

战略实施、重点工程建设等提供有力保障。

3. 测绘工作为湘潭经开区各个部门信息化管理提供统一的基础地形图

不同的部门对地理信息和地理要素的要求是不同的，由高质量测绘工作建成的统一的地理信息数据库，为各个部门的信息化管理提供统一而准确的基础地形图。

B.32
2015年衡阳市蒸湘区电子政务发展形势分析及2016年发展展望

蒸湘区政府信息化办

一 2015年电子政务发展情况

2015 年，蒸湘区将信息化工作纳入政府绩效考核，按照建设“八个一”的总体框架（“一个门户网站、一个共享交换平台、一个数据中心、一张电子地图、一张网络、一系列应用系统、一支管理队伍、一套管理办法”），大力推进信息化建设，“数字蒸湘”已见成效，“中国蒸湘”党政门户网站多次荣获全省“优秀政府网站”称号，蒸湘区政府信息化办连续八年被评为全市电子政务及信息化建设先进单位。

（一）信息化基础设施建设成效显著

全区信息化基础设施提升计划进展顺利，初步打造了一个先进、自主、可管理的宽带网络平台。宽带网络已经联通全区各部门、各街道办事处及镇村，初步形成覆盖全区的“信息高速路”。“村村通”“户户通”工程建设任务基本完成，光缆已经延伸到辖区的所有村委会，为村级信息化综合应用提供了网络基础。网络信息安全保障工作稳步推进。区域网络信息安全管理体系不断完善，成立了区级通信保障与信息安全应急指挥中心，信息安全责任制进一步落实，跨部门协调能力得到加强。信息安全综合防范能力逐步提高，制订了信息安全总体预案和子预案，开展了应急预案演练，完成了对重要应用系统的等级保护定级备案。

（二）电子政务应用迈上新台阶

“中国蒸湘”党政门户网站群建设逐步完善，由单纯的宣传型网站转变为具有较强互动性的服务型网站，办事服务与政民互动等服务能力全面提升，建立完善了区政府信息直报系统，基本形成区域内城乡一体化的电子政务公共服务体系。全区各部门基本实现数字化、网络化办公，OA 协同办公系统、网上行政审批系统、农业信息平台、企业信用信息平台、应急指挥系统等相继投入使用，电子政务应用进一步深化，在服务领导决策和政务部门业务开展方面发挥了重要作用。

（三）公共服务信息化成效突出

教育领域信息化发展良好，“校校通”工程初见成效，搭建了学校与家长沟通的网络桥梁；建立完善了教育资源库，丰富了学生的学习内容；开展网上科普、远程教育，推动了教育工作的科技创新。大力推进网上行政审批，进一步促进社会保障领域信息化，形成了社保基金监管与监控、农村劳动力就业管理、社会保险网上申报审批等信息管理系统。

（四）信息产业发展与新技术应用取得突破

信息产业已成为蒸湘区经济发展的新增长点。电子信息产品制造业规模不断扩大，一批科技型、创新型企业不断成长壮大，使蒸湘区在信息服务、计算机软件等领域的设计水平和生产能力不断提高，逐步提升了信息产业的现代化、精细化水平。信息产业的发展壮大，在以信息化手段改造提升传统产业的同时，也带动了产业结构优化升级。

二　2016年发展展望

2016 年，蒸湘区将加快信息化建设，打造“智慧蒸湘”。遵循“超常规、高水平、跨越式”的发展理念，围绕“一体化、高端化”发展战略的实施，按照大数据建设的需要，大力推进和拓展全区信息化建设的深度和广度，通过“四个领先”，推进“一个转变”（按照“网络化、智能化、高端化”的要求，推进“数字蒸湘”向“智慧蒸湘”的转变），促进“两个融合”（促进信息化与工业化的深度融合，引领高技术制造业和战略性新兴产业的发展；促进电子政务与社会信息化的有机融合，实现政府和社会各方资源的整合），建设“三大体系”（建设一流的信息化基础设施体系、国内先进的信息化公共服务体系、技术先进的信息化创新支撑体系），提升“四种能力”（实现自主创新能力、产业竞争能力、信息安全保障能力和公众信息化应用能力的全面提升）。初步构建“智慧蒸湘”框架，实现工业化与信息化深度融合、电子政务与社会信息化有机融合。

（一）推进信息基础设施建设

按照“宽带、融合、泛在、共享、安全”的要求，大力实施信息通信基础网络提速升级工程，加快电信网、互联网和广电网升级改造，促进资源共享和融合发展，全面提高信息通信基础网络建设和综合利用水平。

1. 大力推进大数据中心建设

按照国务院《促进大数据发展行动纲要》的要求，进一步整合各部门信息资源，建立全区统一的大数据中心。推动大数据发展和应用，打造精准治理、多方协作的社会治理新模式。建立运行平稳、安全高效的经济运行新机制，构建以人为本、汇集全民的民生服务新体系。进一步完善法规制度和标准体系，科学规范利用大数据，切实保障数据安全。

2. 推进无线宽带网络建设

支持运营商加快4G网络布局和商用普及，提升移动宽带速率。推动电信、广电网络运营商及相关企业在大型商圈、交通枢纽、医疗机构、政府机关、金融机构、景区、星级酒店、文化场馆、体育场所等公共场所建设免费、优质、安全的无线网络，加快实现城区主要公共区域免费WiFi全面覆盖。加快电子政务建设，逐步实现无纸化办公、网上办公和行政审批网上办理。加快“数字城管”“智慧城市”建设。发展农村现代远程教育，推进农村广播、电视、电话、网络“村村通”“户户通”工程。

3. 加快下一代网络建设与应用

加快推进下一代互联网（IPV6）建设，全面提升IPV6用户普及率和网络接入覆盖率。积极推动互联网企业、商业网站系统及政府、学校、企事业单位网络与业务向 IPV6 平稳过渡。加快推动内容分发网络向大容量、广覆盖、智能化演进，不断增强网络流量承载与分发能力。支持开展未来网络重大基础设施（CENI）项目的关键技术研究，加强相关领域产品研发和产业孵化。大力推广基于下一代广播电视网的创新业务及相关应用。

4. 加强网络信息安全保障体系建设

建立健全区、镇（街道）两级信息系统安全监测预警体系。加强对党政部门信息系统、涉及国计民生的重要信息系统以及工业控制系统的安全监管。加强数据安全、工业控制系统安全、移动互联网安全监测管理等关键网络防护和信息安全技术研发及产业化。加强网络信息安全专家、信息安全员、专业技术人才等队伍建设。

5. 加快推广应用信息终端和信息普遍服务

鼓励具备条件的工业企业及生产性服务企业加快信息终端设备更新换代速度。支持运营商为农村用户提供实用、价优的终端、业务服务，大力提高农村地区信息终端普及率。推动电信、广电网络运营商提高网速、降低资费，促进信息消费。面向农村地区、社会弱势群体提供优惠信息服务资费套餐，保障社会公众平等享有信息使用权。

（二）提高信息化服务水平

1. 促进信息化与工业化深度融合

按照建设国家“两化融合”先进示范区的标准，加快推进信息化与工业化的深度融合。通过企业信息化、智能化管理，推进产业升级改造，提高产品质量，提升企业创新能力，降低资源消耗成本，提高管理效率。提升园区信息化应用水平。聚焦重点行业，支持企业围绕产品创新、节能减排、产品质量管理等开展智能化和集成化升级改造；推动战略性新兴产业信息化应用水平进一步提升。推进生产性服务业建设。围绕金融、商务、物流等服务产业，运用软件与信息服务，强化信息化对金融创新服务的支持，完善服务支持体系。建设完善公共信息服务平台和科技支撑平台，推进电子商务与生产性服务业的共同发展。全面推动仓储物流、商务会展等领域信息化服务的深度应用和资源共享，实现现代制造业与服务业有机融合、互动发展，促进物联网、云计算等新技术在各领域的应用。

2. 推动电子政务健康发展

围绕电子政务与社会信息化的有机融合，实现政府和社会各方资源整合的目标，统筹推进电子政务和社会信息化建设，加强信息资源基础设施建设并深化应用，形成一批面向城市管理与服务的公共领域信息平台，大力推进社会事业和社区管理信息化，探索以电子政务理论为引导的区域特色社会信息化发展模式，促进经济、社会与人口、资源、环境的一体化协调发展，实现以人为本的电子政务。加强蒸湘政务信息资源整合与共享，提升蒸湘党政门户网站的服务能力。加强公益信息资源开发利用，建立完善社会服务管理模式，提升城市精细化管理水平和服务水平。

3. 增强信息化基础设施服务能力

全面加快区域宽带网、无线网、数字电视网的升级改造和完善，按照建设“三网融合”应用创新示范区的标准，全面增强信息化基础设施服务能力。实现全区宽带光缆全覆盖、移动信号无盲点覆盖的精品通信网络，推动4G移动通信技术在重点区域的应用；实现百兆到户、千兆到楼，为公众及企业提供优质的信息通信服务。在整合和完善区政务信息资源共享交换平台的基础上，完善区域数据交换中心、存储中心和信息处理中心，建设完善全区统一的数据中心和信息服务平台，支撑主题数据库的建设与应用，推动建成一批重点领域公益性数据库。大力推进政府信息系统和公共数据互联网开放共享，加快信息平台整合，推进数据资源向社会开放，增强政府公信力，引导社会发展。

（三）实施“互联网+”行动计划

1. 推进“互联网+商贸流通”

发挥互联网在生产要素配置中的优化和集成作用，加快互联网与流通产业的深度融合，发展互联网与实体相结合的新型零售业态，扶持传统专业市场建立电子商务平台，推广智慧物流。支持和鼓励企业流通方式创新、商业模式创新、服务创新、跨境贸易创新、政策服务创新，积极推进电子商务与物流快递协同发展。

2. 推进“互联网+现代农业”

探索现代农业新模式，搭建农业大数据平台，推动农业生产向“以销定产”模式发展，建设农产品质量安全追溯大数据处理中心、农产品电商公共服务中心，建设智慧农业供应链。鼓励各类电商、物流、商贸流通、金融等企业，参与农产品电子商务平台提升和运营。引导本地农业生产商贸企业、农业合作社利用自建或第三方平台开设电商专区或旗舰店，开展农产品网上批发、零售和产销对接。

3. 推动“互联网 +旅游”

加强与互联网公司、金融企业合作，落实法定优惠政策，实行特惠商户折扣。放宽在线度假租赁、旅游网络购物、在线旅游租车平台等新业态的准入许可和经营许可制度。到2020年，雨母山风景名胜区实现免费WiFi（无线局域网）、在线预订、信息推送等功能全覆盖。

4. 推进“互联网 +教育”

坚持“教育为体、互联网为用”的指导原则，从教育的核心需求出发合理使用互联网；发挥宏观调控下的市场主体作用，在充分尊重并保护新兴互联网教育企业的同时，避免互联网企业、高校、中小学进行重复的低水平建设；探索学校教育与学校以外教育的协同机制，指导和引导学校教育从知识教育向思维教育的转变，逐渐缩小由地域、时间和师资力量差异产生的教育鸿沟，重塑一个开放创新的教育生态系统。

5. 发展创客经济

大力实施创新驱动战略，坚持“众创、众筹、众智、众赢”的理念，充分发挥政策、产业、生态等后发优势，制定一系列政策措施推进“大众创业、万众创新”，加快推进衡阳创新创业基地——衡阳伊电园项目建设，将其打造成省级示范创新创业园区，加快孵化器和创客空间等新载体建设。大力发展创客经济，着力搭建创客空间、壮大创客群体、集聚创客精英、培育创客文化、打造创客品牌，引领“大众创业、万众创新”。

6. 推进互联网进社区

以社区商业实体店为依托，通过在线上平台交易下单、线下及时配送的方式，实现商品服务快速上门。为居民日常消费提供服务，逐步植入社区便利服务、社区家政、社区健康、社区养老等公共服务信息，全面释放社区全产业链、全时空、全业态的巨大潜在价值。

7. 推进互联网进农村

依托农村居民聚集区的小店铺、卫生服务所、电信营业厅等实体店，设立信息服务点，开展信息咨询、收集、发布，配备物流配送人员。贴近当地农民需要，支持农村青年网上创业，促进电子商务消费下乡和农产品、特色产品进城的双向流通。

B.33

2015年常宁市电子政务发展形势分析及2016年发展展望

常宁市电子政务管理办公室

一 电子政务发展情况

“十二五”期间，常宁市大力发展电子政务，协同办公、平安监控、应急指挥、基层管理四大核心应用系统建成使用，在服务决策、提升效能、强化管理、服务民生等方面的作用日益凸显。

（一）城乡信息网络建设大发展

常宁市共建设无线基站541个，其中电信135个、移动236个、联通170个，城乡移动信号覆盖率达到99%。2012年至今，常宁市对城区以及27个乡镇（办事处）进行了光纤网络改造，共计建设光缆30000多皮长公里，用户OBD 5481个，用户端口52848个，其中利用光纤改造行政村136个，建设OBD 816个，用户端口6528个，所有乡镇（办事处）和市直单位都开通了电子政务专网。

（二）区域信息系统建设大提升

近年来，常宁市先后建成了党政门户网站、信息公开直报系统、网上政务服务（网上行政审批）系统、电子监察系统及视频监控系统、应急指挥系统、“12345”政府服务热线、网上信访平台等，并分别建成各自的业务办公系统。如组织部门的农村党建远程教育系统和党建网格化管理、金税工程的税务信息管理、金卡工程的银行卡和智能卡、人社部门的“五险一金”、教育部门的“数字校园”工程和教师教育网上培训、公安部门的“平安常宁”及接警GPS

定位、交警部门的电子警察和路口监控、林业部门的森林防火、水利部门的山洪地质灾害防治、房产部门的商品房网上签约、财政部门的国库集中支付和非税管理及粮补直补等区域信息系统先后建成并投入运行。

（三）基础数据库建设大加强

2009 年以来，常宁市以终端延伸到乡镇、村的电子民情台账为依托，建立了全市社情民意数据库和系统业务数据库，有效整合党建、政法、民政、人社、农业、水利、交通、气象、环保等 20 多个部门各类信息资源，创立了集数据采集、决策评估、信息发布、应急处置、监督维护等功能于一体的基层社会管理信息平台。借助该平台，可及时准确地收集、存储、处理基层社会事务信息。2012 年，该平台获湖南省科学技术进步奖，填补了衡阳市自然科学中软科学的获奖空白。同时，常宁市还建立了国土部门的地理信息数据库、公安部门的人口基础信息数据库、工商部门的法人单位信息数据库等基础数据库。

（四）信息统一平台建设大融合

一是建立了平战结合的应急指挥中心。2011 年，常宁市投入 50 多万元，依托市电子政务统一平台，联合公安、交警、林业、水利、交通、气象、人防等部门，将“作战指挥、应急指挥、平安常宁、城市交通、森林防火、防汛抗旱”6 个信息网融合在一起，设立市应急指挥中心。该指挥中心视频会议会商、图像监测、数据互联、电话调度等功能俱全，有力提升了军地应急指挥控制能力。通过这一系统，可以在人武部的作战室对社会群体突发事件和城市交通应急疏散、防洪会商等应急事件进行现场式决策指挥，实现了投入最小化、效益最大化，节约资金 200 余万元。

二是建立了全天候服务的“12345”服务热线。2015 年 12 月，常宁市“12345”政府服务热线正式开通运行，和公安“110”接警中心联合办公，电子政务办具体负责日常管理监督工作。按照“一号受理、分类处理、限时办结、过错问责”的原则，全天候受理市民的非紧急类诉求。

三是建立了多方对接的监察监控体系。2010 年，常宁市通过电子政务专线将政务中心和公安、交警、民政、国税、地税、人社 6 个政务分中心相联，在衡阳市率先开通电子监察视频监控系统。通过该系统，纪检监察部门可以通过视频监控指挥中心对政务中心和6个分中心工作人员的工作状况实行即时视频监察，省、衡阳市均可在线实时调阅图像和视频资料。

二　电子政务发展展望

（一）工作思路

按照《2006－2020年国家信息化发展战略》的要求，推进资源节约型、环境友好型社会建设，提高经济与社会可持续发展能力和综合竞争力，紧紧围绕争当县域经济发展排头兵、建设数字常宁的总目标，全面推动全市信息化发展。以信息技术应用为导向，大力推进政府信息化、社会服务信息化、企业信息化、农村信息化，促进常宁经济社会资源的重组和变革；以信息资源开发利用为核心，加强基于网络的现代信息服务业的发展；以公共服务平台建设为主体，加强政府与社会资源整合和业务协同，增加信息化的服务对象和服务内容，促进信息化普遍服务。

（二）主要目标

以建设数字常宁为抓手，坚持走科学化、规范化、集约化电子政务发展之路，使全市电子政务基础设施更加完善，信息资源充分共享，电子政务建设成效明显，管理上形成科学、合理的电子政务监管评估体系；应用上形成统一、规范的电子政务业务协同体系；服务上形成高效、便民的电子政务服务体系；技术上形成安全、创新的电子政务支撑保障体系。力争到2020年，常宁市电子政务水平进入全省先进行列。

（三）主要任务

1. 推行电子政务集约化建设

开展全市电子政务顶层设计，形成电子政务总体框架，统筹指导全市电子政务建设；按照“统一建设、共享使用”的集约化模式，建设全市电子政务基础网络平台、大数据资源中心等公共信息基础设施和应用支撑平台；完善全市统一的电子政务内、外网安全支撑体系，推广数字证书应用，统一规范电子认证服务。

2. 加强政务信息资源共享利用

加快人口、空间地理等大数据库的统一建设和集中管理，实现大数据“一数一源、一源多用”。建成市政务大数据中心，建立政务信息资源共享目录体系和交换体系，健全政务信息资源共享工作流程和管理制度，规范信息资源采集流程和方法，实现信息资源动态更新、全覆盖共享。从各部门业务需求出发，重点建设一批综合应用系统，推动政务信息资源在各个部门之间交换共享。

3. 构建网上公共服务体系

坚持以群众需求为导向、以联通共用为前提、以现代信息技术为基础，加快建设教育就业、社会保障、医疗卫生、计划生育、住房保障、文化体育等公共服务信息化平台，推动信息资源整合利用，逐步实现从无差别的大众化服务向个性化、自助化、智能化服务转变。

4. 提高社会管理信息化水平

围绕社会管理创新，对承担社会管理的职能部门、条块力量、信息资源进行合理配置和组织协调，以人员要素为基础，以事件管理为主线，以业务流程管理为重点，构建全市统一的社会管理服务综合信息平台。通过建立运行稳定、安全、可拓展的社区服务管理平台，整合社区社保就业、民政养老、卫生计生、文化培训等公共服务信息，为社区居民提供“一站式”服务。

5. 推动城市建设和管理智能化

建立网格化城市管理体系，实现地下管网、房屋状况、小区物业、市容绿化、城市照明、工程安全等数字化、网格化管理。加强交通各行业部门间的信息共享与交换，提升数字交通综合服务水平，推进城市智能交通体系建设。建设和整合安全生产、危化品应急救援处置、消防、应急预警等方面的信息平台，提升城市安全监管能力。

6. 推进阳光政务建设

进一步强化政府信息网上公开，及时准确地公开经济社会发展以及与群众切身利益密切相关的政府信息，加强财政资金、重大项目、公共安全等信息公开，提高信息公开质量，增强公众获取政府信息的便捷性。深化行政监察，扩大监察范围，建设电子监察综合平台，对各级政府部门施政行为全面实施电子监察，提高行政监察的实时监控和预警纠错能力。

（四）重点项目

1. 电子政务基础设施工程

整合各部门业务网络，构建以政务内网、政务专网和政务外网为基础架构的电子政务网络平台。建成常宁市政务数据中心（政务云计算中心），为各部门提供电子政务基础设施、应用软件、信息资源等服务保障，实现各业务系统之间数据的交换共享。建立全市统一的信息安全防护和保障体系，加强网络接入管理，实施信息安全等级保护，建成全市网络与信息安全预警平台。

2. 政府大数据工程

依托国土基础地理信息数据，完善空间地理基础数据库，建设统一的空间地理基础信息共享平台。建设经济社会发展综合大数据库，为市委、市政府经济管理和宏观决策提供数据支持。制定统一的大数据交换标准，大力推动政府部门数据共享，稳步推动公共数据资源开放，统筹规划大数据库建设，推动政府治理精确化，加快民生服务普惠化。建立数据更新、维护及共享机制，实现各部门共享应用。

3. 社会综合服务和管理工程

依托全市人口基础数据库，以流动人口、老年人口、困难人口、残疾人员、优抚人员等重点人群为服务对象，建立覆盖村（社区）的社会管理服务综合信息平台，实现村（社区）事务“一站受理、一网协同”，信息采集“一次产生、多方使用”。

4. 政府网站服务工程

整合各部门网上公共服务，扩大网上服务内容和范围，推进政府门户网站以信息服务为主向以办事服务为主转变；加强常宁政府门户网站建设，为公众提供多样化的移动服务；整合政府机构、公共事业单位和社会资源，加快面向公众服务的市民网页建设，为市民提供个性化服务，实现从“人找信息”向“信息找人”转变。

5. 社会信用体系建设工程

依托全市人口和法人基础数据库，建设全市社会信用数据库和公共服务平台，逐步拓展纳入金融、工商登记、税收缴纳、社保缴费等信用信息，加强对社会法人及自然人诚实守信、失信惩戒的联动监管。

6. 行政服务工程

进一步完善行政权力网上公开运行系统，加强行政权力网上运行工作与部门业务工作相融合。梳理跨部门办理的审批服务事项，制定联合审批的相关制度和流程，建设并联审批系统，实现行政审批事项一门受理的一站式服务。整合现有公共资源和交易场所，构建全市统一的公共资源交易平台，实行统一管理和有效监督。

7. 应急指挥工程

依托公安指挥调度平台、“12345”政府服务热线，整合现有应急管理资源，完善视频监控、指挥调度和决策支持等功能，建设与衡阳市平台互联互通、共享共用的应急综合管理平台。构建统一指挥、部门联动、职责明确、资源共享的公共安全应急处置网络，全面提升应对突发事件、处置公共危机和应急综合服务的能力。

（五）保障措施

1. 加强组织领导

建立主要领导负责制，明确责任部门，落实工作职责，加强督促检查、统筹协调，推进市直部门、乡镇（办事处）电子政务工作。逐步完善项目建设管理、信息共享、网上审批等配套工作制度。进一步形成市和乡镇（办事处）联动、条块结合、部门协同的综合协调机制，促进常宁市电子政务持续健康发展。

2. 强化队伍建设

营造良好的学习实践环境，全面提升电子政务工作人员解决实际问题的能力。将电子政务列为领导干部和机关工作人员学习培训的内容，建立普及性与针对性相结合的培训机制，提高电子政务意识和素质。发挥政府带动效应，借助各种媒体，广泛宣传电子政务服务的新理念、新方法和经验做法，不断提高公众认知度和全社会应用水平。

3. 建立考评制度

建立电子政务绩效评估体系和绩效考核机制，倡导集约建设和协同共享，引入公众评价机制，加大监督考核力度。按照上级有关部门要求，开展电子政务发展水平综合评估与政府网站发展等专项评估。形成电子政务建设考核常态化机制，提高电子政务建设的经济效益和社会效益。

4. 加大投入力度

加大电子政务建设和运维资金投入力度，重点保障部门基础性业务、跨部门系统、公共基础设施和信息资源建设。鼓励电子政务服务外包和市场化参与，形成多元化投入渠道。强化规划衔接与任务落实，以建设数字常宁为依托，明确目标、落实部门、细化任务，加快项目实施。

5. 保障信息安全

加强信息安全宣传教育，落实信息化建设项目的安全防护措施，特别是加强党政机关、金融、财税等重要领域计算机信息系统的安全防范。建立完善的信息资源备份机制，确保数据安全。积极开展信息安全技术应用，大力发展信息安全产业，引导信息安全企业加强信息安全技术研发，开发具有自主知识产权的信息安全技术与产品。

B.34

2015年衡山县电子政务发展形势分析及2016年发展展望

衡山县电子政务办公室

一 2015年电子政务建设成绩

（一）推进了信息公开

以“中国·衡山”党政门户网站为主阵地，做到每日转载国务院和省政府门户网站的重要信息，及时转载国务院常务会议、省政府常务会议和政策文件解读信息。全年，主动公开县本级政府信息14600条；办理县本级国土、征地拆迁方面依申请公开信件2封，更新和规范职能部门信息公开指南和年报；办理市县“网上信箱”和“衡阳市12345政府服务热线”办件103件；发布与县域经济社会发展有关的专项主题征集调查9次；开发“三清单一目录”发布系统，公布第一批县级行政职权2590项。

（二）加强了网站管理

完成全国第一次政府网站普查，关闭一批不合格部门和乡镇网站，保留的网站实现规范化管理，网站管理由建而不管向规范化建设转变。本着庄重、适用、便民、规范的原则，突出抓好“中国·衡山”党政门户网站改版，下线过期栏目，新增5项图文并茂的重点服务事项，新设7个重点领域二级栏目，细化59个三级、四级栏目，优化部门、乡镇信息公开目录，县党政门户网站功能得到增强，布局趋向合理，版面明显精简，内容大幅度充实，安全保障可靠。

（三）完善了基础设施

县城光纤实现全覆盖，100个村实现光纤入户，宽带整体提速。公安、教育、水利、人社、民政、财政、交通、国土等重点部门机房设备设施进一步健全，新应用平安城市、教育“三通两平台”、山洪灾害应急指挥、城乡居民养老保险、社会救助资金发放、财政涉农资金发放、交通道路实时监控等业务系统。电子政务外网进一步拓展，开展县（乡）2011年以来第一批53家外网光纤接入单位的监测检查工作，全面保障政务外网线路畅通，彻底扭转电子政务外网“设而不通、建而不用”现象；结合县信访局“省长信箱管理系统”建设，新开通15家外网接入单位。认真维护政府和县委大院局域网日常运行，保障党政四大家和相关职能部门日常上网和政务办事功能。

（四）升级了网上政务服务及电子监察系统

撤换老系统，更换网上政务服务及电子监察新系统，完成系统县市数据对接，逐项补充完善办事指南、要素类别和附件下载，非涉密行政许可和管理服务类事项按照最新目录得到更新。全县全年完成网上审批办件61300件，未因行政过错在电子监察系统产生红、黄牌。

（五）建设了“12345”政府服务热线

牵头衡山县信息调度指挥中心建设，公安“三台合一”和“12345”政府服务热线在县公安局七楼合署办公，共享场地、共享基础设施，软件各自独立。高标准改造装修大厅，县（乡）警车配备PGIS警车定位系统，公安“三台合一”、350M数字集群呼叫系统上线运行，“12345”政府服务热线进场安装软硬件设施。

（六）规划了电子政务发展前景

紧抓政府机构改革，县电子政务办由县政府办归口管理事业单位转为县政府直属正科级事业机构的有利契机，紧抓县政务服务中心搬迁新建之机，紧抓“互联网+”顶层设计加速发力之机，草拟了《衡山县“十三五”电子政务发展专项规划》《衡山县“互联网+”三年行动计划工作方案》，争取县委、县政府支持，同意县电子政务办与县政务服务中心共建政务中心综合大楼，划定四、五楼为县电子政务办新办公场所和数据中心（灾备中心）建设场所，新增2个内设机构和8名人员编制，努力为全县电子政务事业可持续发展提供战略路径、基础环境、办公条件和队伍保障。

二 2016年发展展望

抢抓机遇，认真学习，仔细钻研"互联网+"、大数据行动纲要等中央和省市新出台的政策文件，聚焦问题导向，结合衡山实际，谋划开拓创新举措，抓基础夯实、抓平台建设、抓应用推广、抓制度建设、抓资金保障、抓人才素质，努力在IT向DT转变的时代大潮中，凸显衡山政务服务城乡一体化、智慧化、便民化的特色与成效。

（一）抓基础，优化网络布局和支撑平台

一是加强电子政务专线建设。按照国家、省、市要求，持续整合电子政务内、外网，将机密级及以下业务系统部署在电子政务内网上，将非涉秘业务信息系统部署在电子政务外网或党政专网上，现有部门专网业务信息系统逐步迁移到电子政务内、外网上，确保可公开信息资源和非公开信息资源规范安全运行。规范已开通的68家单位电子政务外网管理，新开通外网单位10～20家。

二是升级党政门户网站。落实党政门户网站改版升级、换平台的统一安排部署，积极争取财政预算，科学设置网站栏目，全面完善内容保障体系。强力推进集约化政府网站群系统建设，普查整顿后保留的部门网站年内迁移到县党政门户网站统一平台上，其他政府部门、乡镇政府不再单独建设网站，在县党政门户网站统一平台上开设子站、栏目等。探索人大代表建议和政协委员提案办理系统，规范网上审批和电子监察系统，打造一个具有衡山特色，集对外宣传、信息公开、政民互动、网上办事、公共服务为一体的综合性门户网站平台。

三是运行"12345"政府服务热线平台。统筹公安"三台合一"与"12345"政府服务热线话务员服务外包，拟制《衡山县信息调度指挥中心（"12345"政府服务热线）管理工作方案》，出台相关内部管理制度，召开成员单位全县会议，推动平安城市、社会管理网格化、平安交通、城市综合执法、书记县长信箱等相关业务系统上下、左右对接联通，及时完成群众诉求和

工单办结督办。

四是启动县数据中心平台建设。在县政务中心综合大楼建成装修后启动县电子政务办办公场地搬迁工作，同步启动全县统一数据中心（电子政务云平台、灾备中心）一期建设，配合国土部门做好数字衡山地理空间框架建设项目，逐步打造基于全县职能部门政务服务的交换对接支撑平台，逐步推广应用云计算、大数据、下一代互联网等先进技术，深化业务应用，扩大服务范围，不断提高政务信息化资源利用效率。

五是注重网络安全。加快建设网络和信息安全事件监控和防御体系，加强信息系统设计、建设、验收、运维全程信息安全风险评估，落实信息安全风险评估和等级保护制度。完善安全防范机制，定期进行常规性安全检测，对突发性安全事件制订应急预案。完善网络安全规章制度，强化网络安全责任制和责任追究制，切实提高网络信息安全的应急保障能力。

（二）抓培训，提高信息公开和办事服务质量

一是开展党政门户网站信息公开联络员内容保障培训。切实履行信息公开主管部门职责，加强“中国·衡山”党政门户网站建设管理和信息保障，建立信息公开联络员队伍，结合编制权力清单、责任清单、负面清单以及规范行政审批行为等相关工作，全面梳理公共服务事项目录并实行动态调整，进一步落实公共教育、劳动就业、社会保障、医疗卫生、住房保障等与群众日常生产生活密切相关的公共服务事项，逐项编制办事指南，并细化每个环节，扎实推动政府信息公开和服务公开。同时，切实强化保密工作，年内与县保密局联合开展一次乡镇党政办和职能部门办公室工作人员综合业务培训，确保全县信息公开工作和保密工作“两不误、两促进”。

二是开展“12345”政府服务热线成员单位联系人员培训。督促中标公司加快软硬件建设施工，力争热线于2016年上半年开通；在热线正式上线开通试运行之前，组织成员单位联系人员开展专题培训，确保热线按期上线、规范流程、稳健运行、服务群众。

三是开展网上审批和电子监察系统业务人员培训。结合政务服务中心搬迁工程，结合政府机构改革和“三清单一目录”完善，优化网上审批和电子监察系统布局流程，探索解决县内工商登记“三证合一”前置审批、后续监管

信息推送的现实问题，抓好中心大厅和相关职能部门分中心业务人员培训，确保系统真办事、办真事、快办事、办成事。

（三）抓学习，提升人员素质和队伍形象

一是抓政治理论学习。按时完成干部教育培训网络学院、法宣在线教育任务，认真学习《中国共产党党员领导干部廉洁从政若干准则》和新修订的《中国共产党纪律处分条例》，力促自身理想信念坚定、政治立场坚定、党性修养坚定、法纪规矩坚定。

二是抓行业政策学习。吃透《促进大数据发展行动纲要》《关于积极推进“互联网＋”行动的指导意见》《关于简化优化公共服务流程、方便基层群众办事创业的通知》《居住证暂行条例》《政府信息公开条例》《保密法》《关于加强政府网站信息内容建设的意见》《关于促进电子政务协调发展的指导意见》等法规文件精神，力促全年工作紧扣政策要求。

三是抓业务技能学习。充分利用丰富的网络资源、专业公司资源，强化全办工作人员“沉下去、走出去、钻进去”，主动参加网易云课程、腾讯课程、百度传课等在线学习，继续接洽湖南科创公司、湖南皖湘公司、湖北金拓维公司、衡阳经纬公司等专业团队，力促全办工作人员对产业行业有所了解、对市场行情有所熟悉、对动手能力有所帮助。

B.35

2015年安化县电子政务发展形势分析及2016年发展展望

安化县政务和信息服务中心

2015年，安化县全面贯彻省、市有关电子政务建设工作的精神，紧紧围绕各项中心工作，不断加强电子政务网络基础建设，提高网上政务服务水平，提升为民办事服务能力，畅通民意反馈机制。

一 2015年电子政务发展情况

（一）基础设施建设进一步夯实

1. 网络基础设施粗具规模

政务内网已覆盖除金融口之外的112家党政机关单位，网络现承载运行了纪检专网、组工专网、编制专网，内网现主要开展公文传输系统应用；政务外网已将市级到县级链路接通至县信息中心机房，网络现承载审计专网、安监视频会议、“省长信箱”和投资项目审批监管平台系统，外网现主要开展政府门户网站群系统（其中主站1家，部门、乡镇子站73家）、舆情在线系统、行政审批和电子监察系统、视频监察系统应用。

2. 重点业务系统建设不断深入

一是“金税”。国税、地税局建立了增值税发票监控网，充分运用四个业务软件系统，即防伪税控开票系统、防伪税控认证系统、计算机稽查系统和发票协查系统。二是“金盾”。县公安局已建立纵向到市局、横向到站所的公安专网，县森林公安、县消防大队应用系统也并网运行，专网承载运行110指挥系统、车辆违章查询系统、平安城市视频监控系统、人口信息系统、被盗车辆信息系统、车辆信息库系统、违法信息处理系统、出入境办理系统、重要人口系统、身份二代身份证系统。三是“金土”。县国土局已建设启用国土资源电子政务系统。四是“金财”。县财政局已建设县直单位、乡镇金财专网，网络现承载国库支付系统、非税收入管理系统、乡财使用接管系统、县级预算执行系统、工资统一发放系统。五是“金审”。县审计局已启用省、市、县三级电子数据审计应用系统。六是其他部门单位“自上而下”自建应用系统。主要应用系统包括“12345”县长热线平台、自然灾害灾情报送、社会服务统计信息管理等71个应用系统。

（二）网站服务功能进一步加强

1. 狠抓网站运维管理

安化县现有县政府门户网站1家，部门、乡镇子网站73家，有网站兼职管理员、信息员73人。政府门户网站界面的设置，主要设立开通了“政务动态”“信息公开”“网上办事”“政民互动”“党风廉政舆情在线”“党务公开”“权力运行”“网上调查”“意见征集”“新闻发布会”“安化黑茶”“安化旅游”等10多个专栏，就政策文件、行政审批、建设项目、工程建设招投标、价格和收费、环境保护、安全生产、为民办实事项目等涉及民生和群众关注的重要信息，利用门户网站或部门子站予以公布，保障了网站内容。明确4名人员专门负责网站日常管理工作，加强了网站后台密码管理，完善和充实了栏目内容，对网站上传信息进行审核把关和归档管理。坚持每天四次督网及每周数据备份、每月数据库另行备份工作，保障了数据安全。坚持每天清查新华网、人民网等网站有关对安化政务方面的负面报道内容。优化和清理服务器，清理网站无效评论3000多条，为服务器数据库减容减负。

2. 及时更新栏目内容

一是制作专题栏目。组织制作发布李克强总理出席达沃斯专题横幅；制作公众应急安全知识宣传横幅；发布安化黑茶参评投票公告，制作首页漂浮；制作“三严三实”专栏；制作“网络诚信伴我行”横副。二是调整、完善政务网站栏目。添加了“央网推荐”栏目，调整首页显示位置；调整信息公开相关栏目；页脚添加辟谣平台、网上不良信息举报平台等网站链接；信息公开页面调整显示“3+2战略实施快报”；合并黑茶与旅游栏，头条字体更换；首页取消“嘉宾访谈”，改为“视频安化”；“央网推荐”栏目改为跳转调整；完成雪峰湖子网站栏目调整与修改。三是及时发布信息。2015 年以来，“时政要闻” 栏目转发信息 294 条，“央网推荐” 转发信息 1092 条。政府门户网共发布各类信息 4900 多条，其中 “政务动态” 2258 条、“信息公开” 1190 条、“网上办事” 等 1000 多条、“政民互动” 500 余条。更新的 “舆情在线” 涉及 119 家单位、1700 余人次信息，公布了 137 家单位的行政权力运行相关制度和流程图，最大限度地满足了人民群众的知情权。四是每月向纪委报送 “舆情在线” 网站回复情况，协助纪委督促各单位及时回复百姓留言；做好 “舆情在线” 相关业务的咨询答疑。

3. 抓好网站安全保密

安化县下发了《关于加强政府门户网站和信息安全保密管理工作的通知》（安政务发〔2014〕8 号），要求各单位按照 “谁主管、谁负责，谁运行、谁负责，谁使用、谁负责” 的原则，切实履行好信息安全保障职责。年初，对政府网站下属的子网站进行全面整改，在每个子网站的登录入口，设置了醒目的安全保密警示标语，警示各单位网站管理员要严格遵守稿件发布纪律，注意保密工作。各子网站都建立了安全保密措施，制订了应急处置预案。信息中心网络机房，采取了防攻击、防篡改、防病毒等有效的软硬件安全防范措施，安全防范水平得到了较大提高。

4. 加强网站检查考核

每天浏览子网站群一次；每周对于发稿不积极的单位，通过 QQ、电话的方式催促；每月对子网站信息督查情况进行统计通报，督促子网站内容更新。采取平时检查和年终考核的方式抓子站建设管理，并将考核结果纳入全县绩效考核范围。

5. 健全网站管理制度

健全和完善政府信息公开保密审查、主动公开、依申请公开、信息发布协调、考核、年度报告、责任追究等制度，为全面推进政府信息公开提供制度保障。

（三）网站普查工作进一步严格

2015 年，安化县按照《国务院办公厅关于开展第一次全国政府网站普查的通知》和省、市政府有关文件精神，在全县范围内开展网站普查整改工作，组织各单位填写了《政府网站和栏目基本信息表》《全国政府网站普查自查评分表》《建设运维情况统计调查问卷》等，按全国政府网站普查的评分标准对安化县政府网站群进行了严格整改，对上级检查出来的安化县门户网站群错误链接、错别字、错别图片等进行了详细整改，共计修复错误链接、图片2000处，错别字及谐音字1000余个。着力消除政府网站“僵尸”“睡眠”现象，确保各单位网站内容更新及时、准确、实用，进一步强化“办网”“管网”能力，全面提升了政府网站的公信力和影响力。这次网站普查，安化县共计上报网站73家，关停自建网站9家。

（四）建设资金投入进一步加大

1. 搭建投资项目在线审批平台

根据湖南省人民政府发展研究中心、湖南省电子政务中心下发的《关于保障“投资项目在线审批监管平台”在省电子政务外网运行的通知》（湘政发研〔2015〕38）的精神，要求各县（市、区）在2015年底前确保在政务外网上部署建设投资项目在线审批监管平台，实现国家、省、市、县四级纵向贯通，涉及投资项目审批的各级部门横向联通，做到涉及投资项目审批的部门、单位的全覆盖。为解决安化县20个部门单位投资项目在线审批监管平台建设问题，安化县确定通过技术手段先从网络运营商租赁10M专线，并于2015年11月上旬完成网络组网链通工作，确保投资项目在线审批监管平台上网运行。

2. 加强电子政务外网建设

2015年以来，在省、市信息化主管部门的多次督促督查下，县政府经政府常务会议研究同意启动安化县智慧城市建设项目一期（含电子政务外网基础平台建设内容）工程。3月18日，经财政主管部门批准，安化县智慧城市建设项目一期工程采用竞争性磋商（PPP方式）招标，3月30日经开标、评标，多轮磋商后确定湖南有线电视网络（集团）股份有限公司为中标单位，经营合作期限为10年。县政府在一期项目建设完成后5年内以政府购买服务的方式每年支付400万元，总计投入2000万元。

二　2016年电子政务发展展望

（一）加快“智慧安化”建设步伐

编制全县信息化建设总体规划（2016－2020年），主要建设300平方米的核心机房，建设统一的约 1.5G 宽带的互联网出口，以全光网万兆上行、千兆到桌面的方式建设约 230 个部门单位的“裸光纤”外网链路，建设教育信息化“三通二平台”、118 所学校校园约 1500 个平安监控点和 10 套云录播教室。并分步推进重点项目建设：核心机房、智慧政务、智慧教育、智慧医疗系统、智慧城市安全系统、智慧城市指挥系统、智慧茶产业、智慧旅游、智慧社区系统。

（二）加大政务资源整合力度

对已建网络要按照有利于统一网络平台、有利于安全保密、有利于互联互通和资源共享的原则逐步进行调整和整合。除国家另有规定的外，未建或拟建的县直业务部门信息专网必须通过县政府电子政务网络平台统一传输通道与各县直部门、各乡镇联接，各县直部门不得单独新建网络传输通道向各乡镇延伸。需要建设纵向业务应用系统的部门，必须利用县政务网络平台构建网络渠道；已有的纵向业务应用系统要逐步迁移到全县统一电子政务外网上；对国家、省有相关明文规定和有特殊业务需求，需要独立建设或单独保留纵向网络的部门，可由本单位提出书面申请，报县电子政务领导小组审核批准后，方可建设或保留；今后凡属社会管理和公共服务范畴及不需要在县电子政务内网上部署的业务系统，原则上都要纳入县电子政务外网运行。

（三）强化网站改版服务功能

此次改版以“强化政府信息公开主渠道作用，增加在线审批服务功能，满足政民网络互动需求”为目标，新增调整栏目设置，升级“政府信息公开系统”和“县长信箱办理系统”两个应用系统，新建“在线服务系统”和“在线访谈系统”等应用系统，在技术和功能设计上将各县各部门的网站全部纳入站群管理，实现应用系统共用和信息共享。

B.36

2015年武陵区电子政务发展形势分析及2016年发展展望

武陵区电子政务办公室

一 2015年电子政务发展形势

2015 年，武陵区电子政务工作坚持需求导向和资源整合相结合的原则，强化为民服务理念，办好政府门户网站，推进网格化系统建设，规范电子政务工程审批，连续四年被评为全市电子政务工作先进单位。

（一）网上政务公开逐步规范

为提升网站互动能力，打造服务型政府门户网站，武陵区开通了“领导信箱”“依申请公开”“网上信访”“信息公开意见箱”“网友留言”“武陵论坛”“嘉宾访谈”七大互动平台组成的“政民互动”栏目。设立了“政府信息公开”“重点领域信息公开”“十二大类民生服务”“便民查询”“网上办事”“场景式服务”等一系列服务型栏目，及时调整完善信息公开内容，积极推行网上办事。全年，共发布新闻信息 2800 余条，“领导信箱”收到信件 50 多封，信件由专人进行收集、整理，转交相关部门办理，市民诉求及时得到处理和回复，回复率达到 100%。“嘉宾访谈”内容贴近民生，形式更加多样，6 期节目全部得到访谈单位和网民的充分肯定。自主开发的视频新闻发布系统共发布视频新闻 214 期，武陵专题 21 期，武陵观察专题 45 期。发布微博信息 200 多条，开通微信平台，及时向民众传达最新的政务动态信息。政府门户网站开设“央网转载”专栏，及时转载了国务院、省、市政府重要政策信息 1500 余条，每月底由专人向市级主管部门汇报转载情况；全面推进网上政务服务和电子监察系统应用工作，共受理各类办件 8850 件，办结率达到 99%。

（二）网站安全日趋加强

从硬件上加大投入，加强技术保障，在原有的安全设备基础上，新添置了网络负载均衡、下一代防火墙、VPN 安全网关等安全设备，对上网行为管理与流控设备进行了升级。在带宽上进行了扩容，将原有的电信 300M 出口带宽提升至 600M，并新增了联通互联网出口 100M 光纤，加上原有的 100M 移动光纤，目前武陵区总出口带宽增至 800M，保障了网络的畅通。2015 年，新购置了网站服务器 4 台，为完善网格化系统和社区网站提供了有力保障。在软件上强化管理，利用最新的 HTML5 语言重新设计了网站页面，并使用自主开发的网站后台管理程序，极大地增强了系统安全性和可靠性。完善了无人值守机房预警系统，具有视频、红外、温湿度、电源、灯光等综合智能监控功能，并可实现远程电脑和手机终端的监控与管理，为机房安全提供了可靠保障，确保网络和设备安全；完善了上网信息发布审批制度、信息发布台账和应急处理机制，凡是上网发布的信息内容，坚持编辑、审核、签发三步走的审批模式，有效地保障了上网信息安全。

（三）网站普查卓有成效

严格按照国务院办公厅对全国政府网站的要求，结合武陵区政府网站实际情况，对全区 41 家普查范围内的单位基本信息进行了系统录入，并组织召开普查会议，将普查范围扩充到区属政府部门和事业单位共计 99 家。整合内容相同的栏目信息，保证政府网站不存在空白栏目或栏目重复的情况。注重增强政府信息更新的及时性、准确性，每两周必须更新政府动态、要闻类信息，每 6 个月必须更新通知公告、政策文件类信息等。注重保证网站的可用性，不断增强了首页的可用性、链接的可用性及文件下载的可用性。对各级普查中发现的问题，全部整改到位。在下半年国家、省、市的政府网站多次普查和各项检查过程中，武陵区没有发生过因网站问题而被通报的情况。

（四）网络资源实现整合

按照国家和省、市电子政务建设的总体要求，充分利用全区已有的网络资源，建成全区统一的电子政务内、外网平台，并实现了乡镇（街道）和区直部门的100%全覆盖，区属各单位可通过政务外网对门户网站进行维护，保证了网络联接的高效性和信息维护的安全性，使全区政府系统网站群有了统一的网络基础；同时整合网站建设资源，通过区政府中心机房统一提供虚拟化系统资源等方式逐步取消了各单位原有的自建机房。这种集约式发展的路子，为全区政府系统网站建设拓展了良好的发展空间，促进了网站建设工作的快速发展。截至目前，全区87个区直部门和14个乡镇（街道）已全部建立网站，以区政府门户网站为中心站点、以各乡镇（街道）网站和区政府各部门网站为分站点的武陵区政府网站群已基本建立。年初，涵盖全区91个社区的完美社区网站群也建成并上线运行。

（五）网格化建设成绩突出

武陵区网格化建设工作在全市的统一部署下，先试先行，取得了突出的成绩，网格化社会管理综合信息系统建设与应用平台一期和二期工程完成了验收工作并上线运行。截至目前，共录入人口数据59.1万条、楼栋数据4.9万条、房屋数据26.9万条、法人机构数据3.8万条，全年共分流处置各类事件22690件，基础地理信息系统已按照市要求更换成市国土局统一制定的GIS地图，基础数据也与市网格化系统做好了对接工作，将数据推送到市级平台。“支部建在网格上”这一新的工作思路已完美地和网格化系统进行了融合，该项工作得到省领导的高度肯定并在全省予以推广。全年共接待各级领导参观考察200多场次，2015年10月底全省信访工作会议现场会在武陵区召开，11月26日“湖南省智慧城市论坛”在常德举行，会议重点考察了武陵区网格化社会治理指挥中心的建设情况，得到了参会人员的高度评价和充分肯定。

（六）信息工程审批管理有序

为进一步规范电子政务工程管理，武陵区按照省市有关要求，积极协调监察、财政等部门，一年来，相继对区人大、区政务中心、区住保办、区委政法委、区教育局等单位的13项电子政务工程项目进行了评审、监管和验收，项目报审资金为970多万元，共审减资金234多万元，审减率24.1%，优化了报审项目的建设内容，避免了重复和无序建设，节省了财政资金。

二 2016年电子政务发展思路

（一）建设信息安全保障工程

加强安全技术保障，完善病毒防护、入侵检测、安全认证、数据加密、容灾备份等系统。建立以身份认证、授权管理、责任认定为主要内容的统一信任体系。建设完善信息安全监控与防御体系，加强对政务网络与信息系统的检测和管理。完善区容灾备份中心，健全数据备份制度和数据恢复策略，完善信息安全应急预案。实施信息安全等级保护，按照分级、分层、分域保护的原则，加强电子政务信息安全风险评估和等级保护工作。

（二）完善一体化协同办公体系

以政府内部运作涉及的公文办理、会议召开、业务处理为主线，建设和集成各部门的办公自动化、视频会议、电子印章、数字证书等相应的内部办公和管理信息系统，逐步建立一体化电子工作台，全区工作人员均使用统一的工作平台办理公文和处理业务，实现各部门办公系统的网上流转，不断优化政府内部运行机制，提高协同办公水平，降低内部运作成本。

（三）完善电子政务管理机制

建立和完善电子政务项目规划、立项、审批、建设、监理、测评、验收、运维、管理和服务机制，重点完善电子政务项目资金统筹制度。完善政务信息资源共享机制，建立信息共享的长效机制，明确各部门年度工作目标。各部门利用业务系统的规划建设、升级改造或推广应用等，主动与上级业务部门和区属相关部门沟通，通过数据中心实现数据共享，突破信息孤岛，促进业务协同。加强电子政务建设绩效评估考核，将信息共享和业务协同实现程度纳入考评范围，将电子政务应用成效与项目建设资金审批挂钩。完善政府信息资源管理、政府网站管理、政务网络管理、政府信息公开等机制。

（四）加强电子政务成果推广应用

加强电子政务培训，增强全区工作人员的信息化意识并提高信息化能力。加大宣传推广力度，强化政府部门的服务意识，提升社会各界对电子政务的认知度和参与度，提高电子政务的影响力，加强电子政务成果推广，引导公众积极使用电子化服务。

B.37

2015年桃源县电子政务发展形势分析及2016年发展展望

桃源县电子政务办公室

一 2015年电子政务发展情况

（一）全力推进政府网站建设

1. 开展网站普查，推进站群集约建设

桃源县共有92家网站列入普查范围，其中县本级53家、乡镇39家，针对普查中存在的突出问题，安排专人逐家逐项进行核查，督促整改。全面启动集约化政府网站群建设，调整网站版面和栏目组合，精简栏目设置，严格遵循统一栏目架构、统一数据存储、共用统一软硬件资源的原则，推进县政府网站、105家县直部门网站和39家乡镇政府网站的集约化站群建设，完善网络安全体系，促进网上政务公开、网上政务服务、网上政民互动等信息共享。

2. 整合政务资源，加大政务公开力度

利用平台资源，逐步将网上政务公开工作覆盖到县直、乡镇政府、乡镇站所、村（居）等各单位，公开范围由单一政务公开逐步转向政务、党务、财务、检务以及其他事务公开。阳光村务平台公开39个乡镇政府、216个乡镇站所、412个村居的党务、政务、村务、财务、站所事务。阳光党务系统集中公开39个乡镇、50多家县直单位的党务。预算决算公开平台使全县91家一级预算单位和39个乡镇政府全部实现了预算网上公开。涉及全县的网上政务公开体系已成雏形。

3. 推进网上公共服务，方便网上办事

网上政务服务和电子监察系统与省、市政府政务专网互联互通，实现全县行政机关政务服务事项“一站式服务”，实现对政务服务事项的“实时监察、预警纠错、信息服务、绩效考核”等功能。目前，县监察局、县政务中心以及工商、卫生、林业等具有行政审批职能的县直单位已经应用网上政务服务和电子监察系统，开展网上行政审批。全年在线收件25125件，在线办件22675件，为打造“透明政府”“高效政府”奠定了基础。

4. 搭建网上互动平台，促进政民互动

规范“桃源论坛”管理，桃源论坛通过省、市、县网信部门审批备案，实行实名认证，目前已认证单位用户达56家，注册用户近8万人，主题帖6万多篇。以桃源政务微博为龙头，引导推进交警、公安、法院等部门相继开通政务微博，政府门户网站微信公众号正式通过审核，成为展示桃源形象的新媒体。坚持每季邀请4～5名政府部门负责人开展嘉宾访谈直播活动，引导部门主要领导就市民关心的经济、发展、民生等重大问题进行在线交流。设立“县长信箱”栏目，全年“县长信箱”共受理市民意见建议信100多封，解决、回复近百封。

（二）加快电子政务项目推进

1. 全力推进电子政务外网建设

扩大外网覆盖范围，提升外网应用水平，为全县各单位自主业务系统提供技术和网络支持，做到建设、维护、保障及时有效。目前，电子政务外网铺设已做到全县覆盖，建成了覆盖全县111家单位的政府内部专用网络——电子政务专网，全县72家县直单位、39个乡镇政府接入电子政务专网，全部采用光纤接入，实现了纵向与省市政府、横向与部门之间的互联互通。同时，重点加强专网应用，部署推广网上政务服务和监察系统、信访管理系统、全国网上价格举报系统等业务系统，为社会管理和公共服务奠定了基础。

2. 加强县政府中心机房建设管理

按照科学规划、集约管理、综合利用的原则，开展相关业务系统和数据对接工作，统一规划、统一部署，制定相关技术标准、服务规范、安全策略和管理办法，重点加强安全防护、资源整合，着力打造全县统一的电子政务数据中心（IDC），形成电子政务机房大集中、应用大整合、数据大共享、管理大统一的格局。建立机房安全管理制度，促进网控机房安全管理工作，为各级各部门政府网站提供安全稳定的网络环境。在标准化管理、安全保障、人才队伍和响应能力等基础建设中做到标准化、规范化、专业化。严格规范程序，实行专人负责，完善机房硬件设备，加强网络监测及维护，确保政务网络安全、畅通，做到无失密、泄密责任事故的发生。

（三）积极打造网络宣传平台

1. 扎实做好政务信息编报工作

严格遵守信息审核制度，对“桃源要闻”“部门动态”等栏目转载信息，由专人负责维护管理；对各部门、乡镇上报信息，由专人负责审核修改，确保政务信息真实、格式规范，增加了桃源县政务信息在省、市政府网站的采用率。桃源县政府网站全年刊发稿件3000余篇，向红网推荐发表稿件150余篇，被东方网、新浪网、墙材网等转载稿件100余篇次，编发《桃源手机报》200余期、增刊8期，准确及时地把党和政府的声音传播出去，把桃源经济社会建设成果传播出去。

2. 建好互联网新闻宣传平台——桃源新闻网、《桃源手机报》

全年，桃源新闻网自有采编政务信息2000余条，政务新闻信息1500余条，部门保障县门户网站信息数千条，配合县委政府中心工作，开辟了“解读县委经济会议聚焦两会”“‘四送下乡’惠民生”“直击‘6.2’洪灾”“特色县建设”“解读全委会议报告”等专栏。扩大《桃源手机报》覆盖面，丰富手机报内容信息，提高了手机报办报水平，《桃源手机报》征订工作纳入2016年桃源县党报党刊征订范围，重点向党政单位、医院、学校、企业等人群密集单位推介，使手机报用户覆盖到社区、乡村，预计订阅人数达10000人，极大地提升了《桃源手机报》影响力。

二　2016年电子政务发展展望

（一）强力推进电子政务建设

1. 加大电子政务平台及应用系统建设力度

加强电子政务网络监测及维护，确保政务网络安全、畅通，杜绝失密、泄密事件的发生。进一步完善县政府门户网站功能，建立信息公开长效机制。加强与各级各部门的联络，逐步实现与各级各部门信息资源的共享整合。推进网上信息公开化水平，增强网上办事服务能力。继续推进电子政务外网建设，大力推广外网平台关联应用。

2. 抓好网站群管理，加大信息公开力度

依托统一的政府网站群，整合县内政务信息资源，完善桃源政府门户网站功能模块，做好内容保障。加大对全县各部门单位网上信息公开工作的督促和指导力度，在抓数量的同时更加注重抓好质量，严格考核，增强各单位信息公开工作的积极性和主动性。按照预定计划完成县政府门户网站改版升级，结合本次乡镇区划调整改革，完成28家乡镇网站改版升级。

（二）加强信息采编工作

1. 精心设计政府信息公开专栏

对主动公开的信息进行梳理归类、明确重点，确保信息发布的准确性、时效性和规范性，做到内容涉及广泛、栏目分类科学、信息量丰富翔实。积极组织相关部门有针对性地开展工作，重新向各部门收集信息公开基础资料，进一步丰富网站内容，进一步增强为公众服务的能力。

2. 进一步提升政务信息采编质量

严格遵守新闻审核制度。对政务要闻、桃源信息等转载信息，由专人负责维护管理；对部门、乡镇上报信息，每天由专人负责审核修改，不定期组织各单位信息员参加培训，讲解新闻写作、摄影等知识，确保政务信息真实、格式规范，进一步扩大新闻报道影响力。

3. 加强采编人员的管理和培训

根据实际情况，每月安排一到两次集中培训，促进采编人员熟练掌握采集视频、文字、图片稿件的基本能力，使其较好地完成重大会议和重要活动的报道任务，增加桃源县政务信息在省、市政府网站和刊物的上稿率。

（三）抓好新闻网与《桃源手机报》的编辑运营

1. 办好桃源政府网、桃源新闻网

突出民生主题，关注地方热点，办好“嘉宾访谈”“市民留言”“桃源新闻”等精品栏目，使之成为全县经济文化、社会生活等信息的聚散地，成为政务公开的平台，成为办事服务的场所，成为政民互动的桥梁，成为企业经济信息发布与宣传的舞台。

2. 继续抓好《桃源手机报》编发工作

优化《桃源手机报》栏目的设置，积极宣传桃源的风土人情、历史文化、旅游资源和地方特产，使之真正成为宣传推介桃源的精美名片。内容采编进一步贴近干群生活，把群众急需的信息及时发送到群众手中，提高为民服务的水平。进一步完善手机报信息三审制度，对每篇稿件严格按照三审程序进行审核，注意稿件的政治性、政策性。

B.38
2015年华容县电子政务发展形势分析及2016年发展展望

华容县人民政府网络信息中心

一 2015年电子政务发展情况

1. 政府门户网站建设迈上新台阶

2015 年，华容县根据普查工作和政府网站三年一大改的原则，制订了政府网站改版方案。根据需求，三个月完成了网站改版工作，对网站功能、栏目、模板及全县政府工作部门权利和职责公示系统、在线办事大厅、政府网站手机版等进行全面规划。

2. 电子政务内网成熟发展

2007 年率先在全省县级政府建成电子政务内网，在此基础上，2015 年，依托电子政务外网平台，及时升级电子政务协同办公平台，实现与县政府门户网站的整合。目前，办文、发文、信息报送等办公行为均在网上完成，降低了行政成本，提高了行政效率。

3. 电子政务外网安全稳定运行

2012 年，建成并试运行县电子政务外网平台，完成了中央、省、市电子政务外网平台在全县的延伸，目前已贯通到乡镇。强化外网安全稳定工作，财政保证专项资金，建立回访制度和快速响应制度，定期巡检，每月要求运营商对使用情况进行回访，出现故障第一时间上门处理。2015 年，新接入自来水、国税、地税等单位，新增全省信访系统、全省交通安全信息系统、全市协税系统、全省物价信息系统、“12345” 热线平台、华容县重大项目调度系统等外网平台应用。

4. 政民互动工作重点突出

经过 7 年发展，全县政民互动已经形成以政府门户网站为支撑，以政务短信平台、“县长信箱”为重点，整合在线直播、网上信访、行政复议、建议提案、作风评议与效能监督、意见建议等的大平台。仅2015年，“县长信箱”收到信件700余封、政民互动其他信件627封，有效信件的处理率达到100%。

5. 加强“12345”热线平台建设

按照市热线办统一要求，围绕提高热线处理效率、提升群众满意度等核心，精心设计方案，一个月完成县“12345”热线平台建设。加强学习培训，全县100余家热线承办单位系统使用熟练、热线系统运行良好，提高了热线办理效率。通过建章立制、督办通报等措施，加大了热线回复、回访力度，有效提升了群众满意率。全年共收到热线工单5062条，按期办结率达到99.69%。

6. 政务短信平台效果明显

首先，采集完善手机号码库，并重新编组，确保发送精准。其次，严格短信发送流程，严格按照申请、批准、发送的流程发送。全年共发送各类短信42次、100多万条，实现零差错。

二　电子政务建设形势分析

1. 领导重视是抓好电子政务建设的根本保障

县委、县政府把电子政务建设列入重要议事日程，并成立由常务副县长任组长的电子政务外网建设工作领导小组，加强检查指导，及时排忧解难。县委、县政府主要领导带头学习电子政务常识，同时，要求各单位主要负责人定期参加网络信息中心组织的技能培训，通过督查考核积极推进电子政务建设。

2. 上下配合是抓好电子政务建设的重要保证

主动争取上级支持，市电子政务中心加大对县级电子政务建设的指导力度，对全县电子政务建设起到积极的推动作用；协调移动、电信等运营商及部分知名厂商提供技术和设备支持；以政府行文的方式明确各级各部门的工作责任，对因支持配合不力影响电子政务建设发展的单位，实行主要领导负责制。

3. 注重应用是电子政务建设的主要抓手

信息化的生命力在于应用。从县财力和技术实际出发，坚持实用、够用、适当超前的原则，采取统一规划、分步实施、分类推进的办法，在抓好硬件配置的同时，积极开发和合理利用信息资源数据库。目前，全县已经统一各乡镇和县直各部门互联网出口，建立硬件平台，接入省网上政务服务和电子监察系统、市“12345”公众服务热线处理平台。按照省、市信息化建设有关要求，着眼于政府业务和人民群众的需求，重点抓好部门的互联互通、资源共享，加强数据库建设，提高信息资源的开发利用水平，为社会提供有价值的信息咨询服务，从而达到边建设、边受益、边见效的目的。

三 2016年电子政务发展展望

1. 努力推动政府门户网站群深度整合

根据2015年全国网站普查要求，结合全县乡镇行政区划调整实际，强力整合县政府门户网站群及其子站，形成以政府门户网站为核心、乡镇和部门网站为补充的有效网站群。按照市统一安排，尽可能将县政府门户网站群向市整合，充分利用市平台，强化网站管理和服务保障。以县政府门户网站手机版为基础，利用微信技术的特征，开发政务微信平台，整合政府门户网站及子站信息资源。打通一到两个公共企事业单位的横向数据联接，利用微信平台为市民提供生活服务。

2. 全力加强政府门户网站内容保障工作

信息的动态适时更新是政府门户网站的主要职责，2015年全国政府网站普查更是加大了信息更新的权值。2016年，内容保障工作将是政府门户网站管理创新的第一抓手。对照省政府网站绩效评估指标体系和政府网站普查要求，重点做好动态栏目和政民互动栏目的内容保障工作，杜绝僵尸栏目，消灭死链错链现象。加强信息审核，重点审核图片和文字类错误，做到不因一幅图片形成负面热点，尽可能减少文字错误现象，将文字错误概率控制在正常范围内，减少网民曝光网站错误的次数。同时，在做好内容保障工作的基础上，提高政府门户网站信息的可读性，将政府门户网站打造成政府的形象窗口，确保2016年全国政府网站普查顺利过关。

3. 强力推动政府信息公开工作

做好政府信息公开工作是政府及各部门的责任和义务。2016年，积极配合政务公开办，抓好政府信息日常公开和重点领域信息公开，包括概况信息、计划总结、工作动态、人事信息、财政信息、法规公文等与人民群众生活密切相关的便民信息。搭建政府信息公开平台，规范办理依申请公开事项，完善政府信息公开责任追究制度，推动公共企事业单位信息公开。

4. 有效整合电子政务资源

积极借鉴崂山区“四统一分”（统一机构、统一规划、统一网络、统一软件、分级推进）的经验，提高资源整合度。即由网络信息中心统一负责四大网站及全县电子政务的管理、统筹、协调、推进、技术支持和电子政务项目审批及监管；依据省市电子政务工作规划，编制县级短期电子政务建设规划，以规划手段引导全县电子政务健康有序发展；坚持电子政务外网格局，严格遵守各部门不得单独建设纵向网络和横向跨部门网络的规定，保证纵向、横向之间的互联互通，新进单位和新上系统实现统一的网络平台；全县统一开发或引进应用软件，各乡镇和各部门按照网络信息中心的指导，负责分头推进本乡镇或本部门的建设和应用。2016 年底，争取县政府机房建设达到 6 台机柜的规模，取得低投入建设、大规模应用，低成本运行、高水平服务的成效。

5. 切实做好电子政务外网平台保畅通工作

强化网络平台的安全维护和管理，保证电子政务外网 14 个应用系统的畅通，加强全县电子政务统一平台的运行维护，加强网络通信及网络端口以上的小型机、服务器、交换机、路由器、防火墙及网管平台的运行监控和维护。为电子政务外网的单位用户提供技术培训和技术支持。加强对中心机房的值班和管理，及时解决系统各站点出现的技术故障，确保电子政务外网系统安全平稳运行。做好省、市、县新部署政务应用系统的上线工作，确保按时安全接入。

B.39 2015年永兴县智慧城市建设情况及2016年发展展望

永兴县电子政务信息中心

一 2015年智慧城市建设情况

永兴县在国家智慧城市试点创建过程中，是首个以智慧城市项目成功从国家开发银行融资贷款的县，首家完成云数据中心建设并投入运行的县级试点单位。

（一）智慧城市建设取得成果

永兴县计划总投资2.478亿元分三期建设智慧城市，目前，已完成一期工程建设，相继建好公共信息平台（云数据中心）、智慧城管、智慧平安、智慧建筑、社区网格化管理五大项目。

1. 云数据中心顺利完成建设并试运行

采用了华为研发的集群式集装箱机房来承载云数据中心，具备高密部署、灵活扩展、智能管理、低碳运行等特性。云数据中心机房的安装部署仅用了一周的时间，配套的供水、供电、防雷等工程保障了云数据中心的稳定安全运行。100多台服务器与核心路由交换设备、网络安全设备等都安装到集装箱机房的设备箱中，部署的云计算和大数据平台已经平稳运行近5个月时间，目前永兴县自行车租赁系统已直接部署在智慧城市云数据平台中。

2. 智慧城市调度指挥中心及各分中心完成建设

改造建设了智慧城市办公楼，设有智慧城市调度指挥中心和演示中心，功能配套，科学分区。同时，还分别在县城管局、住建局和交警大队办公楼内建设了分指挥中心，通过智慧专网直达云数据中心，可按权限调用前端监控和云数据中心所存储的视频、数据资源。

3. 前端感知设备陆续完成安装运行

一期工程项目总共规划 900 多个监控、卡口、电警、WiFi 等前端感知设备安装，目前已陆续启用。在县城及周边重要路口新建了 15 个智能红绿灯设施，并专门为前端感知设备建设独立的供电系统，确保前端监控等设备 24 小时联通。安装 70 多个公共 WiFi 热点设备，覆盖县城主要街道、车站和政务中心等公共场所。

4. 三大智慧应用系统已完成开发并部署试用

智慧城管、智慧建筑、社区网格化管理三大智慧应用系统软件和基础支撑软件已经完成开发，并部署到云计算平台进行试运行。

5. 以租赁模式建设了智慧城市专用光纤网络

采取租赁模式，政府每年支付租赁费用取得使用权，由中国电信按照智慧城市设计要求建设智慧专网并负责网络运维管理。改造建设网络汇聚机房，通过 10G 成环骨干联通云数据中心，城区和主要乡镇、重点部门通过光纤接入云数据中心，形成全面感知、广泛互联、信息共享的公共信息基础网络平台，承载各类智慧应用和各部门的业务系统。智慧专网横向联通各部门、各乡镇，纵向通过电子政务外网联通国家、省、市。

（二）智慧城市项目建设经验

1. 咬定一个目标

咬定把试点做成示范的总目标，县委、县政府高度重视国家智慧城市创建工作，举全县之力推进智慧城市建设。

2. 做到两个结合

将政投入与社会资本投入相结合、融资代建与 PPP 购买服务相结合，注重政企责任分割，降低了成本，加快了建设进程。

3. 坚持三大原则

为确保智慧城市试点建设体现“智慧的本质、永兴的味道”，永兴县始终坚持按照“适度规模、循序渐进、安全有效”的原则推进智慧城市建设，始终坚持把“提升政府管理服务能力、提升经济社会发展能力、提升人民群众幸福指数”作为智慧城市建设目标的原则，始终坚持“资源整

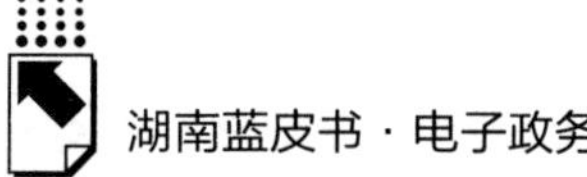

合、数据共享”的原则，禁止任何单位另行建设机房、专网和采购服务器等设备。

4. 狠抓三控两保

一是规模控制，明确基础平台建设由政府投资，将政府一次性直接投资规模控制在两亿元左右。应用系统采用购买服务和 PPP 模式等由社会资本投资建设。二是流程控制，除明确有的项目建设管理流程制度外，还针对该项目实际情况制定了相关项目管理规章制度并在党政联席会上研究通过，项目建设全过程严格按照规章制度实施。三是风险控制，邀请审计部门对项目各个环节进行全程跟踪审计，监理单位对工程建设全过程进行把关。四是人才保障，在智慧城市建设项目上会聚了应用单位、顶层设计咨询方、承建单位和设计单位等单位的专业人才，避免或减少“走弯路”。邀请有关专家担任智慧城市建设技术顾问，聘请湖南大学专家组建技术咨询团队，从项目涉及的业主单位、承建单位和设计单位抽调技术骨干组成工程技术组，确保项目技术力量支撑。五是资金保障，与省国家开发银行签订 2.8 亿元长期低息贷款合同，贷款资金根据项目建设进度拨付，保障项目建设顺利进行。

5. 应用先进技术

一是平台先进，以云计算和大数据平台为核心。利用云计算、大数据等技术，硬件资源可获得高效利用，数据共享更加便捷可靠。采用了集装箱式机房构建云数据中心，整体 PUE① 值 <1.2，绿色节能，极大地减少了数据中心的运行成本。二是安全可靠，采用高安全网络架构设计。建设了智慧城市专网，采用骨干光纤成环设计，内部网物理隔离防止信息泄露，外部网和政务外网融合有利于部门业务迁移；配备了防火墙、隔离网闸、安全接入网关等安全设备，通过安全审计等手段保障网络和系统安全。架设了电力专线并安装了避雷系统，配备了安保监控和安保人员，确保云数据中心安全运行。三是支撑有力，建设了统一的基础支撑平台。如视频共享平台、数据交换共享平台、统一认证系统、统一网管系统、云呼叫平台等，可支撑智慧城市各应用系统，解决了后续建设过程中重复投资和数据共享的难题。

---

① 注：PUE 为 Power Usage Effectiveness 的简写，是评价数据中心能源效率的指标，我国大多数数据中心的 PUE 值在 2～3。

二　2016年智慧城市发展展望

2016 年，永兴县采用 PPP 模式，稳步推进智慧政务、智慧国土、智慧安全、智慧教育、智慧医疗等工程的实施。

（一）实施智慧政务项目，打造效能型和服务型政府

主要建设内容分为智慧政务云平台和智慧政务应用两大部分。其中，智慧政务云平台建设包括云应用管理平台、电子政务外网升级改造、数字认证体系、政务短信平台（含政务服务短信评价系统）、四大基础数据库与共享平台等；智慧政务应用建设包括跨部门无纸化协同办公系统、政府门户网站改版升级（含微信公众服务平台和政务 APP 应用）、网上政务服务系统升级、行政处罚与电子监察系统、乡镇视频会议系统、应急指挥平台、社会信用信息平台等。

（二）实施智慧国土项目，构建统一地理信息服务平台

主要建设内容包括基础设施即服务、平台即服务、软件即服务三大部分。基础设施即服务主要由 GIS 平台、DB 平台、系统软件及其他应用软件组成。平台即服务由大数据层、管理层、服务接口层整合实现。其中，大数据层由基础地理信息数据、公共地理框架数据、专题数据、安全数据、其他支撑数据组成；管理层由大数据管理系统、云服务管理系统、自动搭建系统、云管理支撑系统、安全管理系统组成；服务接口层由服务层、二次开发接口层组成，服务接口层是体现 SOA 架构的关键部分，二次开发接口层即提供二次开发 API 方便平台用户快速调取平台服务层进行应用。软件即服务由天地图·永兴县、国土资源综合决策系统、国土资源移动执法系统、基准地价系统、征地监管系统等智慧国土应用系统组成，这些应用系统通过平台获取地理信息资源服务来辅助各自部门的业务决策。

（三）推进智慧安全建设，保障群众的生命与食品安全

主要建设内容分为智慧安监、智慧食药监、智慧消防、智慧平安（二期）四个子项目。智慧安监主要建设内容包括智慧安监支撑平台、安全监测平台、

WEBGIS 平台、安全监测数据采集平台（包括县内各煤矿、烟花爆竹厂、加油站、采石场、化工厂等重点场所的视频监控数据采集）、融合对接原有系统数据信息等；智慧食药监主要建设内容包括智慧食药监基础支撑平台、综合监管系统、辅助监管系统、监控与指挥系统、综合查询系统、统计分析系统、移动应用系统、广告监管系统、公众服务平台系统、企业终端应用系统、追溯码管理系统以及提供和工商及质检系统对接的接口等；智慧消防主要建设内容包括消防预警与救援服务平台、前端消防安全物联网传感设施、自动报警与灭火设施、火灾预警监控、消防设施运行状态自动巡检、消防安全监督查询、消防救灾远程控制、周边消防设施 GIS 地理信息查询与引导、车载移动应用终端管理等；智慧平安（二期）主要建设内容包括民生 100 治安监控系统、县政府大院公共区域视频监控系统，所有视频监控数据和信息将上传到县公安局中心平台，并实现与智慧城市视频共享平台的数据兼容共享。

（四）推进智慧教育建设，解决城乡教育资源均衡问题

主要建设内容包括完善教育城域网，建设教育城域网分平台、宽带网络校校通、优质资源班班通、教育资源公共服务平台、教育管理公共服务平台、校园监控系统、网上阅卷系统等。

（五）推进智慧医疗建设，建设城乡医疗健康服务平台

主要建设内容包括区域卫生信息平台、人口信息平台数据中心、区域健康档案数据中心、区域电子病历数据中心以及为达到分级诊疗和科学诊断的目的所加载的必要的应用系统等。

B.40

2015年嘉禾县电子政务发展形势分析及2016年发展展望

嘉禾县电子政务管理办公室

2015 年，嘉禾县加快推进“智慧嘉禾”建设，强化社会管理和公共服务，促进嘉禾县经济社会发展事业再上新台阶。

一 2015年电子政务工作情况

（一）积极推进“智慧嘉禾”一期工程“两中心四平台”建设

为创新和完善社会管理机制，提升公共管理部门行政效能，促进嘉禾县经济社会又好又快发展，2015 年县委、县政府决定投资 1.02 亿元启动嘉禾县“智慧嘉禾”一期工程建设，即“智慧嘉禾”云计算中心和智慧城市运行管理服务（指挥）中心及平安城市、智慧城管、智慧交通、应急指挥平台（以下简称“两中心四平台”）项目，目前，已经完成建设方案编制并通过专家技术方案评审、工程预算评审。

（二）加大信息公开力度，扩大政府门户网站影响力

为进一步贯彻落实《国务院办公厅关于开展第一次全国政府网站普查的通知》（国办发〔2015〕15 号）和《湖南省人民政府办公厅关于开展全省政府网站普查的通知》（湘政办函〔2015〕43 号）精神，嘉禾县出台了《嘉禾县政府网站门户整改方案》，根据整改方案的要求嘉禾县人民政府门户网站于 2015 年 5 月 27 日完成升级改版，并正式上线。一是网站升级改版严格按照国办要求对栏目进行了合理规划和整改；二是网站升级改版严格按照信息公开要

求，制定了信息公开目录基础架构；三是对网站建设过程中存在的问题及漏洞进行了全面梳理。如错误链接、错别字等，依托现有普查监测平台，对错误链接、错别字等进行一一修改，保障网站良好运行。通过整改，解决了政府网站存在的群众反映强烈的“信息更新不及时、信息发布不准确、互动交流不回应、服务信息不实用”等突出问题，彻底消除政府网站“僵尸”“睡眠”等现象。截至12月底，嘉禾县人民政府门户网站共发布各类信息27298条，充分发挥了政府网站在政务公开中的主渠道作用，进一步增强了政府信息公开、公共服务和公众参与功能。进一步加强市政府门户网站建设和内容保障工作，确保保障内容到位、信息报送及时、信息和服务质量提高。截至2015年12月20日，共向郴州市门户网站报送信息2283条，其中2046条被郴州市采用，采用率为89.62%。

（三）强化信息管税，提升治税成效

嘉禾县通过强化信息管税，堵塞征管漏洞，治税工作取得了一定成效。综合治税办工作人员每月对系统148类信息、208个模板报送情况进行实时跟踪、检查，全县49家涉税单位共向系统提代涉税信息50多万条，为税务部门传递了26万多条有效涉税信息，税务部门根据系统分析结果进行纳税评估、清缴税款。2015年1~12月入库税款共计4260万元，其中国税完成入库税款2660万元，地税完成入库税款1600万元。

1. 国地税协作，大力开展“纳税评估”

国税、地税部门每月根据电力部门向系统提供的企业用电量情况，通过“以电控税”税收分析找出疑点户，以发送信息或电话通知等方式进行催报催缴，对低于预警值的采取纳税评估，由纳税人自行申报、查补。目前，“以电控税”评估入库国税、地税税款达1480万元，其中国税入库1160万元、地税入库320万元，同比增长38.47%。

2. “部门控税”并入系统，“先税后证”更简便

自2015年6月部门控税正式运行以来，其9个功能环节共流转了178条记录，入库地方税收90.4万元。部门控税是将原房地产税费一体化系统并入已有的涉税信息共享系统和网络；是综合治税平台的一个重要模块；是实现税收源泉控管的重要措施；是以“先税后证”为抓手，以信息共享、数据比对

为依托，以优化服务、方便纳税人为宗旨，通过部门配合、环节控制，实现相关税收“一窗式”或“一站式”征收和专业化、信息化、规范化管理的政务服务要求。部门控税按照“部门配合、联网监控、项目跟踪、先税后证、过错追究”的征管思路，有效堵塞国家税收流失漏洞，同时整合了软件、方便了操作。

（四）强化协同办公系统推广应用

嘉禾县协同办公系统运行良好，成效显著。截至2015年11月底，系统已录入用户3800余人，2015年共发送和接收公文600余份，切实提高了办公效率，减少了行政成本，达到了互联互通、协同办公和资源共享的目标。

移动办公平台于2015年初在全县范围内全面启用以来，切实解决了协同办公系统在运行过程中存在的使用面不广、公文周转慢、审批效率不高等问题。“嘉禾掌上办公系统”三大特色主要包括：一是打破传统的办公模式，延伸办公触角，可通过手机、电脑同步办公，在手机端的操作痕迹会实时地显示在PC端上。二是集成短信实时提醒，提高办公效率。重要紧急文件通过勾选短信发送，便可提醒领导及时登录处理。三是通信资源共享，可查阅全县3800余人的电话，并且实时更新，以促进联系使业务办理更加快捷、流转更加及时。同时，嘉禾县多措并举推广移动办公：加强培训使用、列为绩效考核工作之一、开展应用督查和使用情况通报。目前，“嘉禾掌上办公系统”的推广使用在全省党政机关尚属首创，对部门领导公文无纸化办理起到了重要的“桥梁”作用。

（五）规范部门收费行为，打造阳光政务环境

为深化行政审批体制改革，强化依法行政，推进“服务型、高效型、法治型、廉洁型”政府建设，进一步营造“公平公正、阳光透明、高效便民”的项目发展和政务服务环境，2015年，嘉禾县在全省率先推进规范部门收费工作电子化、信息化改革。

一是成立了“嘉禾县缴费服务中心”。将全县具有行政审批、行政执法或行政服务职能且有收费权限的49个部门（单位）纳入规范管理，其70余项行政事业性收费、50余项服务性收费、10余项政府性基（资）金及3300余项行

政处罚类收费按照分期分批、先易后难的要求逐步纳入，由缴费服务中心统一开票管理。纳入管理的收费部门（单位）及其收费项目及标准按照国家、省、市政策变化而调整。

二是启用“嘉禾县非税收入收款专用章”。非税收入票据加盖“嘉禾县非税收入收款专用章”，其法律效力等同于原执收单位收费公章。由县非税局对纳入管理单位（部门）原领用的非税收入票据进行清理和收回，促进缴费服务中心缴费工作的正常有序进行。

三是规范收费项目和标准，实行“清单准入”。以建立“嘉禾县价格执行标准库和收费裁量基准库”为核心，发布了《关于公布2015年嘉禾县行政事业性收费项目标准目录的通知》（嘉规范收费办发〔2015〕1号）、《关于公布2015年嘉禾县服务性收费项目标准目录的通知》（嘉规范收费办发〔2015〕3号）、《关于公布2015年嘉禾县政府性基金项目标准目录的通知》（嘉规范收费办发〔2015〕4号）等文件，清理了全县67项行政事业性、服务性、政府性基金和行政处罚类收费项目及其征收标准、征收依据、征收方式。目前，系统清理了违规或者过期项目7项、搭车收费项目5项，自动取消违规收费项目5项500余万元，四类收费项目总额逐月下降，企业、群众负担进一步减轻。

四是强化依法行政，打造阳光政务环境。截至2015年12月底，缴费中心共征收规费金额7100万元，其中建设项目征收规费金额2600万元；新纳入管理的收费项目征收金额4500万元，有效解决了过去个别部门自由裁量权过大、办事拖沓、办事不公开的问题，达到“一站式服务、一窗式受理、一次性告知、一条龙审批、一单式收费”的政务服务要求，营造了阳光高效、快捷便民的政务服务环境。

（六）进一步推进网上政务服务和电子监察系统应用，构建嘉禾县电子政务外网新平台

学习贯彻《关于印发郴州市2014年深入推进网上政府服务和电子监察工作等3个实施方案的通知》（郴政办函〔2014〕82号）的文件精神，加速推进全县网上政务服务和电子监察平台的建设与应用，按照统一规划、统一标准、科学建设、成果共享的原则加速推进系统建设。配合省市对行政审批和电子监察系统进行升级，对行政审批事项进行再清理，清理规范后的404项审批

事项全部进入系统运行，要求52家单位因场地受限入驻大厅，目前已入驻30家单位，都纳入系统管理运行，全县10个乡镇接入系统专网。实现了行政审批、行政处罚与财政非税系统的对接，形成市、县、乡三级互联互通的网上政务服务和电子监察系统。截至2015年12月31日，全县10个乡镇和52家单位共受理网上审批事项416197件，办结420923件，排全市第三；发出黄牌0张、红牌0张。同时，积极做好县交通运输局、县信访局、县发改局接入省电子政务外网的工作。稳步推进行政处罚电子监察系统运行，2015年1～12月行政处罚案件办理受理315件，立案238件，结案167件。

（七）加强数字嘉禾四大信息化系统的内容保障，辅助宏观决策

信访维稳管理系统、干部人事管理系统、项目管理系统和综合数据分析系统是嘉禾县数字嘉禾建设的依托。综合数据分析系统通过对全县164家单位数据的采集和分析，形成十二类指标，可以对全县经济、农业、社会事业、环境资源、公共安全、城市建设管理、基础设施等各行各业进行报表统计分析，为县领导决策提供科学依据。干部人事管理系统主要对嘉禾县各企事业单位干部人事的基本信息、人员列表及工作计划总结信息进行采集、管理，形成嘉禾县干部人事基础数据平台，并在此平台上提供自由的组合条件统计分析功能，方便领导实时掌握各级干部基本情况，为干部人事任命提供了科学依据，现已录入8417人信息。项目管理系统主要是针对全县项目的六大阶段进行全周期动态统计和分析，帮助领导实时全面了解全县各项目的进展情况和存在的问题，为保证项目更好更快的建设实施提供了支撑。2015年已经录入储备项目31项，完善手续项目18项，竣工项目33项，开工项目35项，建设项目99项。信访维稳管理系统主要实现信访案件信息和信访人信息查询的统计分析，为了掌握、化解、稳控信访案件提供翔实的资料。系统受到省市信访局领导的高度评价，并专程前来调研，现已经录入信访信息990条。

（八）加强电子政务内网建设，确保网络安全

深入贯彻落实《中共湖南省委办公厅湖南省人民政府办公厅印发〈关于进一步加强湖南省电子政务内网建设的实施意见〉的通知》（湘办发〔2014〕

50号）文件精神，县委、县政府高度重视电子政务内网建设工作，成立电子政务内网建设和管理工作领导小组，由县委常委、县委办主任何翔凤兼任组长，县政府办公室主任欧旭斌兼任副组长。修改完善嘉禾县电子政务内网建设方案，坚持安全保密的原则，对嘉禾县电子政务内网建设方案进行改进，通过数字认证进一步加强密码安全保护，强化安全管理和运行监管，并将该方案列入《“智慧嘉禾”建设发展规划纲要（2015－2020年）》。加强网络安全保密及网络规范化建设工作，建立计算机信息系统保密管理制度等相关网络安全制度，确保网络安全；规范电子政务内网网管人员及管理工作，由县机要保密局确定操作计算机的工作人员为专职网管人员，技术上由县电子政务信息中心严格把关。

（九）县政府多功能会议室管理有序

认真贯彻落实《湖南省政府会议系统管理规定的通知》（湘政办函〔2013〕154号）的文件精神，结合县政府无纸化常务会议室及协同办公系统演示厅建设，投入220余万元，建设集县政府常务会议室、县委视频会议室、县政府视频会议室为一体的嘉禾县政府多功能会议室，并建成政府视频会议室备份线路（县电信公司五楼会议室）。2015年全年已优质无差错地承办了210余次会议（包括省市领导来嘉禾视察调研汇报会、县委常委扩大会、县政府常务会、县长办公会等）。

二　2016年工作展望

（一）加快“智慧嘉禾”建设步伐

发布“智慧嘉禾”规划，《“智慧嘉禾”建设发展规划纲要（2015－2020年）》已编制完成并通过了第一次和第二次专家评审，按程序提请县政府常务会议审议通过后正式发布实施。加快平安城市、智慧城管、应急指挥和智能交通、云计算中心、指挥中心六大系统建设，确保2016年底建成运行。加快建设地理空间框架基础数据库。启动智慧医疗、智慧教育、智慧水务等民生工程前期工作。完善各项保障机制，出台县委、县政府关于“智慧嘉禾”建设实施的指导文件。按照顶层规划、统筹建设，需求主导、市场运作，基础共建、资源共享，立足产业、拓展应用，重点突破、示范带动，开放合作、安全高效的原则，科学务实、健康有序地推进“智慧嘉禾”建设，明确“智慧嘉禾”建设任务分工表和“智慧嘉禾”建设年度重点项目表，并加强调度，加大督查、考核力度。

（二）全面深化规范收费行为改革，抓好房地产税费一体化征收

全面深化拓宽规范收费管理系统应用领域，解决房地产行业税收征管难、管理部门之间信息共享难等问题，开发房地产税费一体化征收软件，加强对国土、住建、房产、税务等部门的监督，通过软件固化工作制度框定管理流程、堵住管理后门，确保数据安全可靠、操作方便快捷，管控效果明显。

（三）全面升级改进协同办公系统，适应“互联网 + 政务”新形势

根据《党政机关公文格式》（GB/T9704—2012）的要求，在现有党政机关协同办公系统基础上进行升级改进，重点在版面风格、公文流转、手写签批、短信提醒、移动办公、查询归档、保障安全方面加以改进，实现办公自动化。

B.41
2015年双峰县电子政务发展形势分析及2016年发展展望

双峰县电子政务管理办公室

一 2015年电子政务工作发展情况

2015 年，双峰县政府门户网站共发布各类政务信息 13000 多条；向娄底市政府门户网站上报各类信息 1245 条；书记县长信箱受理网民来信 343 封，回复 343 封，回复率为 100%；娄底市政府门户网站书记市长信箱中涉及双峰县的网民来信回复率为 100%；安排嘉宾访谈节目 8 期；新增“双峰县人民政府工作部门权力和责任清单”“三严三实专题教育”“政府网站普查”等专题专栏；继续推进全县网上政务服务和电子监察系统应用，办结 20084 件。

（一）领导高度重视

1. 强化领导

把建设政府门户网站和网站普查工作纳入 2015 年政府工作重要日程，形成了县委常委、常务副县长亲自抓，县政府办公室分管副主任具体抓的工作格局，为双峰县电子政务建设提供了坚强的组织保障。

2. 落实工作经费

政府门户网站维护费用和全县政府网站普查工作经费都由县财政拨款解决，为双峰县政府网站建设和普查工作的顺利开展提供了资金保障。

3. 纳入绩效评估

把网站内容保障和网站普查两项中心工作纳入了 2015 年全县绩效评估范畴，为双峰县电子政务建设提供了制度保障。

（二）积极推进电子政务建设

1. 完成政府网站普查

一是确定普查范围，组织统一培训和集中填报。根据省、市政府网站普查统一部署，政务办通过县编委办提供的单位名单和百度搜索等技术手段，初步统计了应该纳入普查范围的乡镇、部门政府网站36家。组织36家单位进行了统一培训和集中填报，建立了普查联络员QQ群，按上级要求完成了36家单位政府网站信息收集上报工作。根据收集到的信息，政务办组织人员通过搜索引擎对普查范围内的所有网站进行第二次筛查统计，查漏补缺，确定有政府网站的单位36家，并及时通过普查信息报送系统上报省、市主管部门。

二是积极参加省、市培训。政务办组织人员分别参加了省政府发展研究中心（省电子政务中心）组织的湖南省政府网站普查工作研讨会及市电子政务办组织的市人民政府门户网站群信息内容建设培训大会，深入学习交流了网站普查指标体系以及工作方法等内容。

三是认真开展自查整改和集中互评工作。为确保双峰县政府网站合格达标，根据省、市普查要求，严格要求各单位对照《全国政府网站普查评分表》自查自纠和集中互评，查找问题并及时整改完善网站内容。

四是争取领导支持，多次召开专题会议并下发文件。县委常委、常务副县长邹学耀多次组织36家单位召开会议，专题安排部署双峰县政府网站普查和信息内容保障工作；下发了《双峰县人民政府办公室关于开展全县政府网站普查工作的通知》（双政办函〔2015〕63号）和《中共双峰县委办公室 双峰县人民政府办公室关于做好双峰县政府门户网站信息内容保障工作的通知》（双办〔2015〕53号）两个文件，有力地推动了政府网站普查工作的顺利开展。

五是经常进行专项督查，下发督查通报。为争取在上级指定时间内完成各项工作任务，形成政府网站内容保障长效机制，坚持不定期对36家单位开展网站普查和信息内容保障工作专项督查，督查各单位是否把网站普查和网站内容保障作为当前一项重要的中心工作和日常工作来抓，是否已严格按照全国政府网站普查评分表和省、市、县普查要求进行了自查整改，是否已整改到位。多次对工作不力、在规定期限内仍没有整改到位的单位下发督查通报。

2. 加强县政府门户网站内容保障

一是建立内容保障联络员工作机制。政务办已经将政府门户网站各单位内容保障栏目及账号分配绑定到位，将内容保障责任分工表通过两办下文分发至各单位。要求各单位必须明确一名熟悉网站工作的同志担任联络员，负责及时向县政府门户网站报送信息和网站普查、整改等相关联络工作。已建设部门网站的单位，可由部门网站信息内容编辑兼任政府网站联络员。

二是切实保障网站安全，严格实行信息安全保密审核制度。完善了县政府门户网站安全管理制度、机房管理制度、机房值班制度、突发事件应急预案等一系列管理制度，逐步实现县政府门户网站建设的规范化、制度化；除国家规定不准上网的信息内容外，关于政治、外事等方面的敏感问题，不宜大范围公开的各类信息和统计数据，涉及商业秘密、知识产权等方面的信息，单位内部事务，法律、法规和规章未明确的管理事项，可能产生误解的探索性做法和未决策内容等可能产生负面影响的信息均不上网发布；双峰县要求各单位通过县政府门户网站后台报送的每条信息都必须填写保密审查表；在县政府门户网站新建栏目或发布公告公示等敏感信息时，必须报请县团分管领导同意和经政务办审核。确保县政府门户网站安全可靠运行，目前网站运行良好，没有出现任何安全问题。

三是推进政府网站集约化建设。为保障技术安全，加强信息资源整合，避免重复投资，根据普查要求和双峰县实际，各部门、各乡镇（经开新区）不再单独建设政府网站，原有独立网站可以迁移到县本级政府门户网站群平台，未单独建设网站的单位可通过在县政府门户网站群平台中开设子站、栏目、频道等方式发布信息。

3. 继续推进全县网上政务服务与电子监察系统应用

2015 年，继续加大对全县网上政务服务与电子监察系统的督促力度，将网上政务服务系统办结情况纳入绩效考核范围，使之成为各单位的一项日常工作，做到及时受理、及时办结，避免出现红、黄牌警告。截至 12 月 31 日，共办结 20084 件。

4. 加强双峰县社区网格化综合管理平台建设

为满足双峰县社会综合管理、维护社会稳定、服务群众和永丰城区社区改革的需要，筹建双峰县社区网格化综合管理平台。根据 2015 年 7 月 17 日永丰城区社区建设县长办公会议精神，确定政务办负责平台的筹建及后期的运维管理工作。

在县政府领导的高度重视下，政务办组织技术人员制订了平台及指挥中心基础方案、《双峰县社会事务综合治理指挥中心筹建方案》和《双峰县社区网格化综合管理平台及社会事务综合治理指挥中心实施方案》；确定了建设场地；主动和多家项目建设公司对接，要求结合项目实际，提交建设方案。政务办综合多家公司的建设方案，已完成《双峰县社区网格化综合管理平台项目建设方案》的起草，并组织成员单位进行研讨，获得了一致通过。目前，正在进行财政投资评审。

5. 全力迎接政府网站绩效评估

2015 年，双峰县严格按照省、市关于政府网站绩效评估工作的要求，全力做好政府网站绩效评估迎检工作。认真对照有关评估细则，对网站进行了大批量数据更新和录入工作，进一步规范和丰富了网站内容，争取在省、市政府网站绩效评估排名中提升进位。

（三）努力做好其他工作

一是协助做好“三清单一清理”相关技术服务工作；二是为县政府电视电话会议室提供技术支持和相关服务；三是做好电子政务外网“省长信箱”、发改项目申报、综治系统联通等相关工作；四是做好市政府门户网站内容保障、书记市长信箱回复和嘉宾访谈工作；五是做好“三严三实”“一进二访”活动相关工作；六是完成县委、县政府交办的其他工作。

二　2016年工作展望

2016 年，为推动双峰县电子政务工作再上一个新台阶，将主要做好以下几方面的工作。

（1）积极主动向各级领导汇报，争取县委、县政府主要领导对电子政务工作的充分理解、认识和高度重视并大力支持，为今后一段时间电子政务工作的顺利开展提供政策和资金保障。

（2）理顺工作体制机制，加强自身建设，争取政务办“三定”方案早日确定，建立健全各项规章制度。

（3）加强技术队伍建设。政务办目前只有专业技术人员两名，已不能满足日益增长的业务需求和电子政务工作的开展要求，需增加技术人员，充实技术力量。组织现有技术人员参加技术培训交流，掌握网络建设和安全管理、网站管理和维护等相关专业知识和技能，跟上技术发展脚步，确保双峰县政府门户网站及电子政务外网建设工作方向准确、管理科学、技术可靠，为双峰县政府门户网站和电子政务外网正常运行和健康发展提供强有力的技术支撑。

（4）继续完善网站绩效评估等相关管理制度，推动各单位将网站信息保障、内容更新、信箱回复率、网站普查以及网上政务服务和电子监察系统应用等电子政务工作纳入日常工作，不断提高网站质量和管理水平。

（5）根据国办政府网站普查文件精神，按照“一级政府建设一个门户网站，一个部门建设一个子站”的原则建设全县统一的政府门户网站群体系。

（6）根据双峰县社区网格化综合管理平台的技术要求，对县政府中心机房进行标准化改造，加强机房的维护和管理，切实保障平台和县政府门户网站的正常运行。

（7）继续推动电子政务外网平台建设，推进网上政务服务和电子政务监察系统等应用系统的深入应用与发展。

（8）全面推进政府信息公开工作。

B.42
2015年江华瑶族自治县电子政务发展形势分析及2016年发展展望

江华瑶族自治县电子政务管理办公室

一 2015年电子政务发展情况

（一）以政府网站普查为契机，推动政府网站内容保障工作

根据中央、省、市关于开展第一次政府网站普查工作相关文件精神，在认真分析全县普查范围内各级各部门网站在栏目设置、信息更新、日常管理等方面存在的问题的基础上，专门对江华政府门户网站的板块及栏目设置进行了由大而全模式向小而精模式的改动。对于全县政府网站普查范围内的其他网站，则通过集中培训、QQ 群组指导、一对一教帮等形式进行整改。进一步建立健全和完善了网站建设、信息报送、信息审核发布等一系列制度，下发了《江华瑶族自治县政府网站普查工作方案》《关于进一步做好江华瑶族自治县人民政府门户网站内容保障工作的通知》《江华瑶族自治县政府网站检查整改工作实施方案》等一系列文件，进一步明确了全县各级各部门网站的职责，规范了信息发布流程，以确保网站建设与运维正常化。全县政府网站普查工作自 3 月开展以来，取得了较好的成绩且未受到国务院办公厅、省政府办公厅、市政府办公室的通报批评。对于重要政策信息的转载，电子政务办安排了专人每天浏览国务院、省政府、市政府网站的重要政策信息，并在 24 小时内及时转载到县政府门户网站相关栏目和有选择性地转发到“江华政务”微博、微信上。

（二）通过多种方式，深入推进政府信息公开

江华政府门户网站开展的“县长在线访谈”主要是向网民宣传江华瑶族

自治县的重大事件事项、政策文件解读、办事注意事项等信息，在线解答网友提问，听取网民对政府相关工作和热点问题的意见和建议。“县长在线访谈”是江华瑶族自治县问计于民、问需于民、问政于民，努力为群众排忧解难的文字互动栏目。2015 年共开展“县长在线访谈”22 期，解答网友提问 200 余件，现场解答率为 100%，办复率为 100%。

2015 年 6 月在新浪和腾讯开通了政务微博，在腾讯开通了政务微信，名称统一为“江华政务”。“江华政务”以江华政府门户网站发布的政府信息公开内容为基础，对外发布江华政务的开展情况，半年多来，通过“江华政务”密集发布江华瑶族自治县政务信息公开内容，其中“江华政务”微信发布图文消息 140 多条。

在县政府网站其他栏目，按照《江华瑶族自治县政府信息网上公开办法》《江华瑶族自治县政府门户网站信息发布制度》《2015 年江华政务公开政务服务工作要点》等文件要求，进一步加大网站日常政府信息公开发布力度，除继续推进重点领域信息公开外，还加强了行政审批项目流程再造、权力清单及运行流程图等政府信息公开栏目的信息发布。2015 年以来，发布信息 7800 多条。

（三）加大电子政务外网建设力度，保障外网平台上各系统正常运行

依托省网上政务服务和电子监察系统，政务办努力优化网上政务服务和电子监察系统服务应用环境，确保网上对接、同步运行、电子监察三个 100% 到位，落实公布保留的审批项目全部录入和审批“两个三分之一”提速要求，并对审批项目的申报条件、审批流程、承诺时限及标准化下载进行了完善。截至 2015 年，江华收件量与办结量均达到 65 万件。

2015 年，全面完成了全县各部门和全县 22 个乡镇电子政务外网建设。按照省、市要求开通了全国“12358”物价、残联网上直报、审计、安监视屏会议、全省信访、“两法衔接”等系统的 VPN 线路，确保与省市网络互联互通。

（四）完善网络安全运行管理制度，做好机房安全保障工作

制定和完善了有关政府信息网络系统安全运行管理、信息审查发布、账号

使用登记管理、信息保密、网络安全监测等10个内部管理制度，坚持认真做好网络系统日常管理维护和安全监控工作，及时解决网络和电脑故障，保证了整个网络安全、稳定、顺畅运行。政务办确定了由网站技术人员担任网站安全员，负责日常维护、检查工作。并在节假日前积极组织做好网络安全应急预案的落实与演练，并安排专人定期做好重要敏感数据的及时备份和网站漏洞的扫描工作，做好产品软件配置升级、数据备份、系统补丁、日志记录等安全保障措施。

（五）推进“智慧江华”建设，切实做好智慧江华·城乡社区（村）网格化管理平台开发

智慧江华·城乡社区（村）网格化管理平台是按照“信息化进网格、大数据进社区”的要求，建设集社会治理、城市管理、政务服务于一体的综合信息平台。该平台由政务办负责建设，主要建设内容包括网格化服务基础数据管理系统、软件运行基础支撑平台、用户使用终端软件、监督指挥中心后台系统、城乡管理专题应用、综治数据专题应用、移民服务专题应用、基层党建专题应用、农村土地确权专题应用、精准扶贫专题应用以及硬件和场地环境建设。

平台开发项目从4月开始启动，经过将近一年的努力，该平台已完成与江华瑶族自治县“平安城市”监控视频、交通运输车辆、110等系统的对接，已实现江华瑶族自治县社会管理和城市管理的统一采集受理、统一流程分发、分类处理与集中监督，已实现江华瑶族自治县精准扶贫中贫困村和贫困户、移民搬迁中移民村和移民户（涔天河水库扩建工程需要近3万人口的移民搬迁安置）、农村土地确权、基层党建等系统专题应用。

（六）依托“互联网+”，做好农产品销购

为抢抓国家实施“互联网+”行动计划战略机遇，立足实际，主动对接，推动经济转型升级，促进“大众创业、万众创新”的具体行动，通过政府帮助推进江华瑶族自治县以农产品、农业生产资料、休闲农业等为主要内容的农村电子商务建设，成立了县级农村电商服务中心，建立了县、区域、乡镇、村社、个体五级网络营销体系，开办网店2056家，2015年实现电商销售额7.53亿元，其中线上销售4.78亿元。

二 2016年电子政务发展展望

（一）加强基础设施建设，完善信息网络基础设施

江华地处湘、粤、桂接合部，行政村中只有乡镇政府驻地旁的村落或国、省道沿线的村落网络基础设施较好，为加强信息基础设施布局规划与城乡规划体系，优化信息设施布局，2016年启动“宽带江华”建设项目，一年内建设覆盖所有自然村的信号基站，全县519个行政村铺通光纤，重要建筑设置无线网络，实现宽带100%覆盖和宽带提速。

（二）继续做好网格化管理平台项目建设，加快推进“智慧江华”建设

进一步整合各部门的系统，做好智慧江华·城乡社区（村）网格化管理平台的集成扩展，实现平台与“12345”政府服务热线、防汛抗旱视频系统、应急指挥系统等的对接，继续做好网格化管理平台中平安e家、农村土地确权、社区服务等系统的开发和完善工作，推进网格化管理平台进入各行政村，实现多项业务的统一入口、统一处理反馈、统一指挥调度、统一监督管理。

加快推进电子政务外网延伸拓展到全县所有行政村，从而实现政务服务进乡入户，全面提升政府政务服务能力。以政务数据中心建设为先导，优化大数据共享机制，完善大数据共享平台，推进城市信息资源整合，构建“智慧江华”平台，推进区域智慧教育、智慧旅游等项目实施。

（三）充分利用“互联网+”模式，抓好产业升级与发展

利用中南大学来江华瑶族自治县开展扶贫工作的契机，以中南大学优势整合全国大专院校相关资源，以技术优势为支撑，搭建汇聚创新创业要素的综合平台，推动江华农村电子商务建设，开发、利用江华特色优质农产品资源。同时，创新江华现代物流技术和物流组织方式，重点发展集装箱物流、大宗商品物流、城市配送物流以及冷链等专业物流领域，促进农村经济发展，推动农业转型升级和农民实现创业增收。

（四）围绕政务服务，推进智慧政府门户网站建设

围绕公众诉求，建设服务型政府门户网站。通过开展网站用户需求和用户行为的数据分析，准确定位当前网站的服务短板，在 2016 年升级改版政府门户网站。新的网站建设将进一步形式多样化地加大政府信息公开力度，整合全县教育、就业、医疗卫生、社会保障、住房、公用事业、企业服务等领域的政策文件、行政办事、便民服务和互动资源，提高网站在服务公众民生和企业方面的基本办事能力，面向用户提供自动化、及时化的交流支撑服务。加强政府与公众的沟通交流，深入推进"县长信箱""咨询投诉""民意征集""县长在线访谈"等互动栏目，充分发挥政府网站了解民意诉求、释疑解惑、文件政策宣传、吸取民智的作用，提高政府工作质量、效率和公信力。同时，以县政府门户网站为平台，利用微博、微信、移动终端等渠道同步开展政务动态、政府信息公开等信息发布和重大政策的宣传解读。将政府门户网站建设成为具有感知、分析能力的智慧型网站，从而提高政府公共管理、公共服务和公共政策制定的响应速度，提升政府科学决策能力和社会治理水平，促进政府职能转变和简政放权。

（五）加强人才引进与培训工作，加强电子政务队伍建设

电子政务建设发展中新技术、新设备层出不穷，对专业技术人才要求越来越高，这就需要引进专业技术人员，同时对现有人员进行有针对性、系统性的培训。通过制定专业技术人才引进政策，吸纳优秀人才加入江华瑶族自治县电子政务队伍中，2016 年政务办计划引进专业技术人才两名，并适时组织全县从事电子政务工作的相关人员参加业务知识培训。

B.43
2015年宁远县电子政务发展形势分析及2016年发展展望

宁远县电子政务管理办公室

2015年，宁远县电子政务工作紧紧围绕全县发展的中心工作，以建设“智慧宁远”为重点，加强信息资源整合，着力强化政府网站服务功能，规范部门子站管理，不断推进电子政务工作再上新台阶。

一　2015年电子政务发展情况

（一）以项目为抓手，大力推进“智慧宁远”建设

1. 多方调研，高端设计

多次到市电子政务办进行工作衔接和汇报，同时主动邀请了五家在网格化建设领域成就较大的企业参与前期总体规划和设计。经过反复调研论证，结合宁远实际，于2015年4月起草了“智慧宁远”建设总规划方案和“智慧宁远·网格化管理及电子政务综合应用云平台”的设计方案。5月4日，县委常委会对网格化建设工作进行了研究。会后，根据会议精神对设计方案进行了修改，初步形成《“智慧宁远·社会治理综合应用云平台”规划设计方案》（以下简称《方案》）。为使方案更具科学性、实用性、前瞻性，经县政府研究同意，6月24日，特别邀请湖南省电子政务中心总工程师李建国、湖南省电子政务中心网络处处长柳松、国防科学技术大学教授张光胜等六位专家，就《方案》的可行性召开专家评审会。会上，《“智慧宁远·社会治理综合应用云平台”规划设计方案》可行性研究报告获得了专家的一致通过。

2. 全力服务，加速推进

根据《方案》，项目于9月1日正式开工建设。为确保项目建设顺利完成，

宁远县电子政务办举全办之力为项目服务。成立专门领导小组，定期召开调度会，安排专人零距离跟踪项目进度，第一时间协调处理项目建设中遇到的困难与矛盾纠纷，目前项目进展顺利。

（1）云计算中心于 11 月上旬正式投入使用。

（2）指挥中心装修已经完工，办公家具、设备及大屏系统、视频会议系统等硬件配套设施全部到位，移动、电信光缆已接入机房。县指挥中心整体预计在 2016 年 1 月中旬投入使用。

（3）城市部件库建设已完成。编制了相关技术标准及实施方案；完成对县国土局等 13 家单位的调研工作，了解了相关单位现有的信息化系统建设、数据管理和数据交换共享条件等情况。

（4）公共服务综合应用平台正按进度有序建设。网格化社会综合治理系统：完成了人房管理模块、特殊人群管理与服务模块、两新组织管理模块、社会矛盾联动化解模块、护路护线模块和消防安全管理、突发事件联动处置等功能，于 11 月 15 日正式上线测试。城市管理系统：按照县住建部数字城管的标准进行功能模块建设，并结合永州的一体化建设思路，进行“9 + X”建设规范标准，部分子系统已上线正在进行测试。联动处置系统：目前开通了 52 个部门、12 个社区、3 个试点乡镇的账号，待县指挥中心正式投入运行后可以立即应用。移动终端：网格员移动终端采购于 12 月底完成，对各社区网格员展开了使用培训，实现基层网格员的移动式办公。

（二）以普查为契机，切实加强部门网站管理

2015 年 3 月，国务院印发了《国务院办公厅关于开展第一次全国政府网站普查的通知》，政府网站普查相继在各省、市、县拉开序幕。宁远县闻令而动，迅速安排专人对 18 家部门网站进行了全面的检查，主要包括网站页面能否正常访问；网站栏目内容是否准确、完整和及时更新；网站运行是否正常，页面和各栏目能否正常访问，网站链接是否存在错链和断链；文字信息、图片、视频发布是否通过严格审核和保密审查；网站是否按照要求及时公开政务信息，交流互动栏目是否及时、准确回应五个方面。

同时，以全国网站普查为契机，从建立健全网站内容保障长效机制入手，加强对各部门网站的业务指导和管理监督。一是印发了《关于做好部门网站

整改工作的通知》，要求各部门网站按照通知要求，从可用性监测统计、网站首页更新情况、错误链接列表、错别字列表、主要栏目更新统计、空白栏目列表、无法下载附件列表、错误在线申报或查询系统列表等方面进行系统检查，做好自查报告。二是对各部门网站存在的问题，安排工作人员分包责任、全程跟踪，指导各部门网站工作人员对照自查报告，及时处理所存在的问题，及时对本单位网站进行内容更新，严防出现“僵尸网站”“睡眠网站”“有栏目无内容”“有留言无处理”等严重影响政府网站形象和政府公信力的情况，确保整改到位。三是加大处理力度，对整改不到位的部门网站实行关停处理。

宁远县把政府网站普查作为提高政府网站建设管理水平、有效解决政府网站“不及时、不准确、不回应、不实用”等问题的重要抓手，认真贯彻落实中央、省、市文件精神，积极组织协调，有效制定自查整改措施，为切实消除政府网站“僵尸”“睡眠”等现象，不断完善网站建设，丰富网站内容，提升网站质量做出了积极贡献。

（三）以服务为导向，切实加大信息公开力度

进一步充实主动公开内容，整合公开重点民生信息，同时加强对各部门信息公开的业务指导和监督考核，深化政府信息公开工作，通过完善政府信息公开，提升政府公信力，更好地发挥信息公开对建设法治政府、创新政府、廉洁政府的促进作用。

1. 转变工作方式，充实主动公开内容

为确保政府信息及时准确发布，充分发挥政府门户网站作用，为公民、法人和其他组织依法获取政府信息提供便利，专门安排三名工作人员，由县电子政务办副主任带队，深入20多家重点单位，上门收集可公开、需公开的政府信息特别是服务实用性强的民生信息，充实主动公开内容。通过主动收集，2015年县政府门户网站新增发布政府信息近2300条。

2. 整合服务资源，重点公开民生信息

为提升网站民生服务能力，进一步推动政府网站从内容导向逐步走向服务导向，宁远县政府网站以行政权力运行、重大项目建设、财政资金信息、公共资源配置、公共服务信息、公共监管信息为重点，整合教育、医疗、保障性住房、征地拆迁、社会保障、食药安全、环境保护等领域服务资源，进一步推进

信息公开。注重积极回应公众关切的民生领域的信息公开，注重发挥信息公开对经济社会发展的服务作用，注重提升政府信息公开的实际效果，不断提高为民便民服务水平。

3. 加强监督指导，抓好部门信息公开

2015 年以来，多次组织各部门工作人员召开会议，明确信息公开内容和部门责任，要求各部门认真对照规定，制订、落实方案，安排专人负责，分时段、有步骤地做好公开工作。同时，通过以会代训的形式，扩大培训范围，对工作人员在政府信息公开理念和基本知识、系统操作等方面进行业务指导，不断提高政府工作人员做好政府信息公开工作的能力和水平。

（四）以人才为基础，不断提升网站管理水平

1. 强化人才建设

采取公开招考招聘和全面培训、岗位轮训等方式，进一步加强电子政务人才队伍建设，确保人人素质全面，不论是管理岗位、技术岗位还是综合岗位，个个都能适应岗位要求，不仅懂技术、会业务，而且还具备综合管理能力。

2. 加强值班管理

实行 24 小时值班制度，责任到人，并直接与绩效工资挂钩，对值班期间网站出现状况未能按程序正确处理的，扣发当月绩效工资。

3. 明确责任分工

政府网站改版后，对网站各栏目进行了明确分工，由栏目责任人负责内容更新及日常维护，形成了网站内容保障栏目责任制，确保网站内容及时更新。

（五）以民生为重点，持续强化政民互动平台建设

在政民互动工作方面，不断创新工作机制，丰富业务知识库，做好群众来访接待工作，极大地拓宽了沟通渠道，方便了百姓办事，提高了行政效能。截至 2015 年 11 月 27 日，“12345”热线办公室共接到群众来电 800 余次，反映事项 316 件，其中直接回复 164 件，交办诉求 152 件。目前，已完成并回复当事人诉求 122 件，办理中的诉求 30 件。“县长信箱”回复网友提问 391 条，其中已回复 380 条，办理中的问题 11 条。

对受理的群众诉求，做到一周一报告、一月一总结、一季一分析、半年一

小结、年终一总结。根据各单位反馈的群众诉求情况，工作人员对每周的工作情况进行总结分析，并呈报领导，2015 年共已汇报 42 期。每月月底进行月份总结，并将当月的诉求受理记录编制成电子文档进行保存。每季度末将纸质文档按照编号整理成册并入库保存，以便日后进行查询和学习。

二 2016年发展展望

（一）全面推进“智慧宁远”建设

依托智慧宁远·网格化管理及电子政务综合应用云平台，加快建设应急信息系统、预测预警系统、无线指挥系统和视频监控系统，整合各领域信息资源，建立人口、法人单位、自然资源与空间地理信息、宏观经济、企业信息、政策法规等基础数据库，全面推进“智慧宁远”建设，提高信息采集能力、分析决策能力和协同调度能力，提高政府应对紧急突发性事件的综合指挥能力。

（二）推动政府网站从内容导向逐步走向服务导向

进一步整合教育、医疗、交通、社保、公用事业等领域服务资源，提升网站民生服务能力；细化子功能，调整栏目格局，优化网页总体布局，完善服务方式；改进互动方法，设立专门的接待室，现场回应群众建议和意见；逐步强化“网上调查”“意见征集与反馈”两个栏目，进一步丰富热线知识库，加强热线人才建设。

（三）不断拓展电子政务应用

云计算中心的建设完成，为公共服务综合应用平台提供了强有力的支撑。2016 年，将进一步加强政府数据中心建设，大力开发和推广协同办公系统、网格化社会综合治理系统、城市管理系统、公共服务系统、联动处置系统等，加强已有应用系统的整合，实现“大数据”政府，推动信息共享。鼓励更多政府职能部门将公共服务事项应用到平台上，在做到实施精细化管理、提升政府行政管理效能的同时，引导更多公众接受政府电子化服务。

B.44

2015年新田县电子政务发展形势分析及2016年发展展望

新田县网络宣传和电子政务办公室

新田是革命老区、国家扶贫开发工作重点县。近年来，新田抢抓机遇、大胆探索、先行先试，着力推进“智慧新田”建设，致力于打造智慧政务、智慧党建、社会治理、公共服务“四位一体”的治理模式，取得了明显成效。2015 年以来，新因县高度重视第一次全国政府网站普查要求，相继出台了一系列文件加强政府网站信息保障，迅速开展网站整改工作，网站结构进一步优化，信息公开服务能力全面提升。

一 社会治理创新云平台建设

1. 坚持创新理念，优化顶层设计

坚持“先策划、后规划”的开发理念，按照“一网打尽”、可持续发展的要求，分期分阶段开展“智慧新田”建设。2014 年，投入 3000 多万元，建成了全国一流的县级云平台——“智慧新田·社会治理创新云平台”，运用云计算、互联网等现代信息技术，打造集智慧政务、智慧党建、社会治理、公共服务“四位一体”的社会治理新模式。同时，向乡镇、社区（村）延伸，初步构建“天上有云（社会治理创新云平台）、地上有格（社会治理网格）、中间有网（互联网）、掌上有端（手机客户端）”的新型社会治理体系。

2. 坚持开放理念，拓展治理领域

坚持开放思维，以“互联网+”为引导，依托“智慧新田”云平台，深化部门协作，实现平台共建共享、共创共赢。将 9 个大项、189 个小项综

合职能集中到云平台进行统一调度，推动工作延伸至信访维稳、城市管理、公共服务、基层党建、政务服务等领域。以“互联网 + 政务服务”为引导，建成了全省最大的县级政务服务中心，创新“一站服务、一门受理、一窗审批、一体网络”的政务服务模式，入驻职能部门 60 个、服务窗口 152 个、行政审批和公共服务事项 351 项，确保群众办事更方便、快捷。结合现代互联网 O2O 理念，在全市率先建立融线上、微信、手机客户端为一体的智慧党建平台，通过现代信息手段将 19798 名党员和 803 个基层党组织连接起来，实现了组织生活无处不在。同时，在全市率先将智慧政务、智慧党建平台延伸至乡镇、社区、村，外出流动人口聚集区域参照网格进行管理，在广东、广西、江西等省建立流动人口党工委 2 个、支部 11 个，划分网格 11 个，实现了社会治理城市乡村、县内县外“全覆盖”“零盲区”。每季度定期到县外流动人口聚集地网格开展便民利民等各项服务，进一步完善流动人口管理服务“新田模式”，努力提高党委、政府社会治理能力和水平。

3. 坚持共享理念，延伸服务触角

坚持发展为了人民、发展依靠人民、发展成果由人民共享的理念。开发手机“公众随手拍”APP 软件，开通“智慧新田”微信公众号、“12345”公共服务热线等，切实发挥广大干群、网格员、社区民警“千里眼”和“顺风耳”的作用，第一时间发现社会问题，迅速上报，及时交办相关职能部门限期处理，并及时关注事件处置进度，对事件处置满意度进行评价，与部门的执行力、绩效考核相挂钩，推进工作落实。完善便民信息等内容查询服务，构建在线互动、信息互通窗口，引导和保障公众参与社会治理工作，实现了县委政府思想紧连群众意愿、县委政府决策紧扣群众意愿、县委政府工作紧贴群众意愿。

目前，“智慧新田 · 社会治理创新云平台”通过网格员社会治理通、公众随手拍、微信、“12345”公共服务热线等上报渠道共受理城市管理、社会治安、公共服务等各类事件 7281 件，已办结 6360 件，办结率达 87.35%。2015 年以来，全县共排查矛盾纠纷 2117 起，成功调处 2080 起，调解成功率达 98.25%。全县刑事、治安发案率同比分别下降 12 个、18 个百分点，公安百日会战专项行动排永州市第一名，社会大局实现持续稳定。通过“智慧新田”

云平台为群众代办各种证件5200件，服务8386人次，挽回各类经济损失1000余万元，群众幸福指数进一步提升。

二 县政府门户网站建设

县政府高度重视政府信息公开工作，明确县政务公开领导小组办公室和县网政办作为政府信息公开的工作机构，负责推进、指导、协调、监督全县政府信息公开工作。政府各部门及负有政务公开义务的其他行政机关都成立了政府信息公开工作机构，确定了分管领导和工作人员，形成了一个较为完善的政府信息公开工作网络，有力地推动了全县政府信息公开工作有效开展。为加强政府信息公开规范化建设，进一步完善了《新田县政府信息依申请公开制度》《新田县政府信息公开发布保密审查规定》《新田县政府信息发布协调机制》《新田县政府信息公开社会评议制度》等规章制度，2015年县政府还出台了《新田县人民政府关于进一步加强政府网站信息建设的意见》，进一步规范了信息公开程序，落实了政府信息主动公开、依申请公开、发布协调、考核评议、责任追究等工作。在日常工作中，网政办还建立了新田政府网日常监测和信息更新制度，定期对政府网站各功能版块和栏目的更新情况、正确性、有效性进行检查，每天对网站进行安全检查、修补漏洞。制定完善了《新田县政府信息公开发布保密审查规定》《新田县政府信息发布协调机制》，对部门信息公开实行严格的审批制度，重要信息的发布需要分管领导批准，对日常信息发布实行多级审核、层层把关。

为积极配合全国第一次政府网普查，2015年3月正式启动了新田政府网站的改版工作，全面重新规划网站栏目结构，升级网站功能，精减合并栏目25个，更新信息1500余条，领导信箱、依申请公开等功能得到大幅度优化，新增了“部门快讯”“重要信息”等栏目。为进一步加强重点领域政府信息公开专栏的建设，加大信息保障力度，新增了“安全生产教育”“新田县政府工作部门权力和责任清单”“新田县事业单位法人年度报告公示”“第一次全国政府网站普查”等专题。2015年，新田政府网站共更新信息3152条，其中“工作动态”400条、“通知公告”320条、“重点领域信息公开”150条、“政策文件”60条、“重点服务项”20条。

2015年4月，县网政办对全县部门政府网站进行了检查摸底，第一时间下发了《关于开展乡镇、部门网站内容更新工作自查自纠的通知》，新田政府网站还开设了“全国政府网站普查工作”专题，对国办相关文件进行了解读，对全年的普查工作进行了细致安排，有针对性地列出了部门网站存在的问题，督促各单位对部门网站存在的问题及时整改，网政办安排人员对部门网站进行日常监测，确保所有部门政府网站达到国办考核要求。

三 电子政务外网和中心机房建设

新田县电子政务外网和中心机房建成于2012年，到目前为止，新田县共有145家县直单位和19个乡镇接入新田县电子政务外网。2015年共投入运维费30万元，新增了机房电力监控设备，补充了用于信息采编的相机3台，升级了Web服务器，新增了UPS容量，新增的下一代IPS防火墙目前已进入招投标阶段，投入使用后可全面加强网站安全防护能力。

严格管理中心机房，制定了《中心机房日常管理制度》《机房人员日常行为准则》《机房日常巡视值班内容》，工作人员中有一名专职网络安全工程师、一名专职软件工程师负责网络和网站的运营维护。同时，网政办还与多家互联网安全公司合作，一旦发现问题可以立即进行远程技术维护。

四 新田县2016年电子政务发展展望

2016年，新田县社会治理新模式将全面铺开，“智慧新田·社会治理创新云平台”将延伸到全县所有乡镇、社区，电子政务外网联接到所有行政村，通过云平台建设和对大数据的分析应用，全面推进网格化建设，为群众提供全方位、精细化、零距离、高效率的优质服务，充分发挥人民群众的主体作用，依靠借助群众的智慧和力量，鼓励动员广大群众和社会各方积极参与，促进治理主体多元化，构建“党委领导、政府负责、社会协同、公众参与、法制保障”的社会治理新格局。

进一步加强政府网站建设，在“互联网+”背景下，积极探索政府网站建设和发展思路，紧跟国家、省、市的要求，完善政府网站功能和用户体验，拓展移动互联渠道。进一步梳理政府网站栏目结构，广泛采集数据、综合处理数据，加强在行政审批、财政预算决算、“三公”经费和征地拆迁等重点领域的政府信息公开工作。

B.45 2015年蓝山县电子政务发展形势分析及2016年发展展望

蓝山县电子政务管理办公室

蓝山县电子政务工作按照“建设好一个外网平台、运行好多套业务系统、维护好一个门户网站”的要求，积极加快全县电子政务发展速度，深入推进全县电子政务建设。

一 2015年电子政务发展形势分析

（一）政府门户网站建设水平不断提升

一是信息公开进一步深化。蓝山县不断加大信息公开力度，提高信息发布数量质量。据统计，蓝山县政府网站共公开发布各类政务信息2万多条，发布政府工作动态6586条，转载中央、省、市各类新闻3191条，本站记者外出采访实时报道192余次，发布政府采购及招投标信息467条，各级各部门通过信息公开发布平台发布各类政务信息9832条，向市政府网站报送信息962条，被采纳924条，报送采纳数量在全市名列前茅。2015年4月，蓝山县召开了全县电子政务工作会议，对2015年电子政务工作特别是政府网站工作和网站普查工作进行了安排部署，对2014年电子政务工作进行了认真总结，对2014年度政府网站工作、网上政务服务和电子监察系统应用工作、“县长信箱”办理工作的30家先进单位和40位先进个人进行了表彰，全县150多家单位的负责人参加了会议，常务副县长主持召开会议。

二是网站服务进一步创新。蓝山县高度重视网站服务和互动交流，“县长信箱”“咨询投诉”等栏目亮点频出，深受群众的欢迎和支持。2015 年，蓝山县政府网站“县长信箱”共收到群众来信 426 封，其中有效来信 325 封，及时处理来信 322 封，信件答复时间均控制在 3～5 个工作日内，信件办复率达到 99%，办件时效大大提高，受到广大网友一致好评。

三是网站普查工作圆满完成。蓝山县高度重视网站普查工作，及时成立了网站普查工作领导小组，并制订了网站普查工作方案。耐心指导相关部门网站进行整改，通过组织开展政府网站普查培训、建立网站普查 QQ 群、明确责任分工等方式，先后深入 11 个部门，了解部门网站现状和存在的问题。认真组织县政府网站自查整改，根据省市整改要求，多次召开专题会议，对县政府网站整改工作进行任务分解，提高整改效率，确保整改实效。据统计，蓝山县共有政府及部门网站 12 家，共清理空白栏目 436 个，优化 147 个栏目设置，纠正错字 2890 个，纠正错链 498 条，更新信息 3880 条。

（二）智慧蓝山·网格化管理及电子政务综合应用云平台建设有序推进

一是成立了领导小组。蓝山县委常委会 2015 年第 18 次会议同意建设“智慧蓝山·网格化管理及电子政务综合应用云平台”后，及时成立了由县委书记任顾问，县长任组长，县委副书记、常务副县长、政法委书记、公安局局长任副组长，由政府办一把手任办公室主任的领导小组，负责统筹协调推进工作，研究解决建设过程中存在的困难和问题。

二是顺利完成了招标任务。2015 年 9 月 11 日，邀请省市专家 5 人对《智慧蓝山·网格化管理及电子政务综合应用云平台（市县一体化）可研报告》进行了评审，专家组一致同意通过方案评审。10 月 24 日，县财政评审中心对预算方案进行了评审，并下发了《关于智慧蓝山·网格化管理及电子政务综合应用云平台建设项目工程预算审查结论的通知》（蓝财评预〔2015〕276 号）。10 月 27 日通过专家评审，11 月 17 日成功开标，12 月 15 日签订建设合同。

三是精心组织项目实施。2015 年 12 月 22 日，县采购中心、电子政务办一行对硬件设备货物进行了验收。社会治理信息模块已上线试运行，并录入部分数据，对6个社区网格员进行了业务培训。目前，县城6个社区、83个网格录入了部分信息，成功实现了与市平台的数据对接。采取信息化手段正式启动全县社会治理机制体制改革。同时，蓝山县还制定了智慧蓝山·网格化管理及电子政务综合应用云平台建设进度表，逐步推进该项目建设。

（三）精心编制了“十三五”电子政务规划

根据相关要求，蓝山县认真组织精干力量编制“十三五”电子政务规划，对“十三五”期间电子政务发展蓝图进行了勾画。“十三五”期间主要建设“智慧蓝山”，对城市进行智慧管理，建设全县指挥中心，有效整合部门资源，实现数据信息共享共建。

（四）业务系统得到有效应用

网上政务服务和电子监察系统、网上协同办公系统、信息公开平台等应用工作取得显著成效。全县273项行政审批和服务项目均在网上政务服务和电子监察系统办理，并实现对行政审批过程的全程跟踪和监察、督办。通过开展网上政务服务和电子监察工作，各部门的服务意识和责任意识明显增强，经济社会发展环境不断优化，群众满意率不断上升。全年累计受理101870件，办结101817件，各级各部门通过信息公开平台发布各类政务信息6057条。

（五）网络安全防护不断加强

蓝山县不断完善政府网站防攻击、防篡改、防病毒等安全防护措施，建立科学、有效、反应迅速的应急工作机制。中心机房配置了博华防火墙、博华安全网关、天融信防火墙、网域上网行为管理、Venustech入侵防御系统等安全设备，网站数据备份库服务器共2台，机房专职管理人员按时检查机房并做好日志记录，全年中心机房和业务系统安全稳定运行。信息保密方面，坚持“上网不涉密、涉密不上网”的原则，通过多年加强信息保密制度的建设，养成了时刻注重安全保密工作的习惯。对于涉密信息，严格树立保密意识，并通过内外网的逻辑隔离、多层防火墙保护等方式，确保网络信息安全。

二 2016年发展展望

（一）精心打造县政府网站，完成改版升级

完成县政府网站升级改版工作，加快新技术在门户网站的应用，开发蓝山县政府网站手机版，开发“县长信箱”手机应用，整合部门信息报送、“县长信箱”、政务公开、办事服务等平台，整合无障碍浏览、微信公众号等新技术应用，建设有特色、实用性强的办事平台，处理群众意见，解决群众实际困难，深入推进政府信息公开，围绕精准扶贫、“智慧蓝山”建设等重点工作，建立“智慧蓝山”门户网站，努力打造具有“新技术、新应用、新服务”的新型政府网站。

（二）全力推进智慧蓝山·网格化管理及电子政务综合应用云平台项目建设

一是全力推进项目建设。按合同要求督促万达信息股份有限公司根据智慧蓝山·网格化管理及电子政务综合应用云平台建设标书响应内容稳步推进项目建设，对时间进度进行倒推，确保在2016年4月30日前完成系统的全面推广试运行及实验，6月30日前完成系统运行测试与终验，确保该项目成功上线运行。二是完成数据库及软件开发建设。启动政务基础数据库中心建设调研协调会，完成数据交换平台建设和人口库、法人库、房屋房产库、地理信息库、经济信息库、城市部件库六大数据库的调研、摸底和信息采集，同时制定数据标准规范和开发接口，完成数据资源服务平台等系统建设，统一接报采录、业务协同系统，按照“让数据多跑路、让群众少走路”的原则，完成社会治理、数字城管、公务服务“三合一”的平台开发及应用，实现与省市平台的对接，同时对工作人员进行全面培训。三是积极推进指挥中心建设。切实做好指挥中心方案设计和预算报告，择址建设指挥中心。

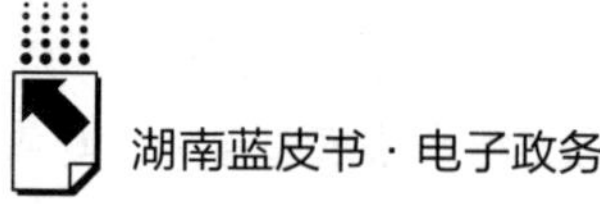

（三）推进网上政务服务应用

把网上政务服务工作作为全县党风廉政建设、绩效评估和领导干部年度工作考核的一项重要内容来抓，定期对各部门网上政务办理情况进行通报，加强对各部门网上政务服务系统的监督和考评。

B.46

2015年麻阳苗族自治县电子政务建设情况及2016年发展展望

麻阳苗族自治县电子政务管理办公室

一 2015年电子政务发展情况

2015 年，麻阳县坚持“以需求为导向、以应用促发展”的原则，以“服务政府、服务社会”为宗旨，不断夯实电子政务基础，深化电子政务应用，大力推进电子政务发展。办公自动化、管理信息化水平不断提高，信息网络安全体系建设取得新进展，网上政务服务和电子监察系统建设、应用工作取得了阶段性成效。

1. 强化组织领导，建立规范制度，加大财政投入，为电子政务建设提供有力保障

电子政务是促进政府职能转变，提高政府管理、公共服务和应急能力的重要举措，是建设服务型政府的必然要求。县委、县政府高度重视电子政务工作，不断强化领导、健全制度、加大投入，为电子政务工作顺利开展提供有力保障。一是强化组织领导。根据电子政务工作需要，成立以县委常委、常务副县长为组长，政府办主任分管的电子政务工作领导小组，确定电子政务管理办公室为电子政务工作主管部门，按照“谁主管谁负责、谁运行谁负责”的原则，落实领导责任制和责任追究制。同时，县政府常务会议定期研究部署电子政务工作，县委、县政府主要领导多次调研电子政务工作，及时研究解决发展过程中存在的问题。二是建立规范制度。为推动电子政务快速、健康发展，相继出台了《麻阳政府门户网站信息发布审核管理办法》《麻阳政府门户网站安全防范制度和应急处理预案》等办法、制度，确保电子政务工作有章可循、有制可依，规范有序开展。三是

加大资金投入。2015 年，县财政投入资金约 120 万元，确保电子政务有专用设备运行、有专业人员维护、有专项经费办事，为电子政务各项工作顺利开展提供有力保障。

2. 注重平台支撑，强化内外网建设，为电子政务发展奠定良好基础

为提升全县电子政务工作水平，麻阳县坚持把完善电子政务网络平台作为提高政务服务质量和效率的重要基础，统筹整合各方资源，加快建设覆盖广泛、渠道畅通、服务完善的电子政务内外网平台。一是党政电子政务内网建设顺利完成。根据上级相关要求，麻阳县积极推进电子政务内网建设，按规划顺利完成了 110 家单位的党政电子政务内网线路联通及调试，公文传输系统完成跨部门之间的公文传输，实现了部门内部的资源共享和协作办公，大大提高了网上公文收发效率。二是电子政务外网建设稳步推进。按照省市要求，目前，已建成覆盖全县的电子政务外网和较高标准的电子政务核心机房，全面实现了省、市、县、乡镇四级电子政务外网的网络对接，完成了县直各单位及乡镇横向网络联接的平台建设，基本形成了全县统一的网上政务服务网络和数据交换平台。全县 120 家单位已接入电子政务外网平台，占所有行政审批职能部门的 100%。

3. 完善网站功能，强化内容保障，提高政府网站建设水平和服务能力

建好政府门户网站，为市民和企业提供方便快捷的政府信息服务，是电子政务工作的重中之重。2015 年，麻阳县根据省市关于政府网站建设相关要求及绩效考核指标体系，围绕“政务公开、网上办事、互动交流”三大主要功能，整合资源，完善平台，不断强化政府网站建设，致力于将政府门户网站打造成信息公开的“窗口”、政民互动的“桥梁”、网上办事的“家园”，有力地提高了政府网站服务公众的能力和水平。一是继续完善网站平台。根据政府网站绩效考核相关要求及结合本县服务便捷群众的需要，对麻阳政府门户网站平台做了进一步调整，优化栏目板块，完善后台功能，提高网站安全性能等。二是强化网站内容保障。按照《麻阳苗族自治县政府信息网上公开办法》《麻阳苗族自治县政府门户网站内容保障办法》等文件要求，进一步加大网站日常信息采集发布力度，规范信息报送制度、信息发布流程，强化网站内容保障。全年共发布各类图文信息 11000 余条，其中共审核发布“本地新闻”3500 余条，转载国内、国际新闻 1200 余篇，上传视频新闻 216 期。网站日平均点击

率近2万次。三是大力推进政务公开。认真贯彻落实《中华人民共和国政府信息公开条例》《湖南省2015年政务公开政务服务工作要点》等文件要求，坚持“围绕中心、服务大局，以人为本、优质高效，点面结合、深入推进”的原则，以建设“服务政府、责任政府、法治政府、廉洁政府”为目标，抢抓机遇，乘势而上，不断提升政务公开和政务服务的标准化、规范化水平，加强政府网站政务信息的采集、审核、发布，深入推进财政资金、公共资源配置、重大项目建设、公共服务、公共监管等重点领域的信息公开。四是有力提升在线服务。根据省市关于政府网站在线服务相关要求，整合资源，全面更新和完善民生服务专题及与人民群众生活密切相关的服务事项。五是强化政民互动。健全网络问政平台、加强政民互动是强化政府与公众沟通、畅通民意通道、促进社会和谐稳定的有力途径。2015年以来，进一步拓展沟通交流渠道，设置“县长信箱”“公众问答”“在线访谈”“民意征集”“网上调查”等栏目，多渠道、多形式地引导广大群众知政、议政、参政。同时，规范信件办理机制和督办考评机制，确保工作成效。2015年，共受理市民有效来信544封，已处理办结536封，回复率达98.53%。共发布民意征集13期，为县委、县政府做出科学决策提供了有力参考。

4. 拓展服务渠道，“12345”政府服务热线平台稳定运行

“12345”政府服务热线是政府转变工作方式、建设服务政府和责任政府又一新的有力举措。2015年以来，严格按照政府服务热线平台运行相关要求，进一步完善平台功能，规范办件流程，强化话务员业务培训，确保办件工作有序高效推进，市民的绝大多数合理诉求得到积极妥善处理，有力提升了群众对政府服务的满意度。据统计，县政府服务热线全年共受理945件有效诉求，已办结942件，办结率达99.68%。

5. 加强网络安全管理，确保电子政务网络安全通畅

为保障网络稳定运行，2015年，根据《湖南省政府网站管理办法》，重新修订了《麻阳苗族自治县网络安全保障制度》《麻阳苗族自治县电子政务外网安全防护和应急方案》，对政府门户网站计算机管理终端的使用，病毒的防护，网站的安全防护，服务器的升级备份，电子政务外网线路的监控以及机房核心交换机、服务器、防火墙、安全网关等设备的操作进行明确规定和要求，确保电子政务网络安全稳定运行。

二 2016年电子政务工作展望

2016年，是“十三五”规划的开局之年，麻阳县将始终坚持以党的十八大和十八届五中全会精神为指导，以提高政府及部门的行政效能和服务水平为目标，以加强基础设施和政府核心应用系统建设为突破口，以强化网站建设为核心，多措并举，通力协作，全力推进电子政务建设进程，充分发挥电子政务在促进效能政府建设、提升公共服务水平、建设和谐社会中的积极作用。

1. 整合资源，进一步完善全县统一的信息公开发布平台

为进一步整合全县政务系统信息资源，推进麻阳县电子政务建设快速发展，在充分利用现有各类资源的基础上，进一步完善全县统一的信息公开发布平台。利用集中平台方式，将目前分散在各部门的数据逐步统一进行整合和共享，提高数据的利用率，避免重复建设，逐步消除数据孤岛现象。

2. 全力推进政府网站群体系建设，进一步提升政府服务公众的能力和水平

根据《麻阳苗族自治县政府网站管理办法》中关于子网站群体系建设的相关要求，全力推进子网站群建设，争取2016年底前完成所有县直部门、18个乡镇子网站建设，确保建设率达100%。进一步完善和扩展网站服务新功能，开通微信、微博、手机端功能，对现有网站进行改版升级。

3. 强化电子政务应用，进一步提高网上政务服务和电子监察系统应用实效

巩固原有的建设成果，按照全省统一要求，力争全县所有行政事业单位和各乡镇政务服务事项全部实现网上办理和电子监察，100%行政许可项目、非行政许可项目和100%以上服务类事项的审批依据、审批流程、审批时限、收费标准等在线公示，审批表格在线下载；基本实现行政许可项目、非行政许可项目的审批业务在线受理，审批结果在线反馈。

4. 加大培训力度，进一步提高电子政务应用能力

积极开展对乡镇负责电子政务工作的分管领导和操作人员的电子政务应用知识培训，提高电子政务应用能力，为电子政务建设与发展提供技术保障。同时，加大网上应用的开发力度，不断丰富和完善网上应用内容，以用促建，推动电子政务的全面发展。

B.47

2015年保靖县电子政务发展形势分析及2016年发展展望

保靖县电子政务办公室

一　2015年电子政务发展情况

（一）强化信息公开，推进县政府门户网站建设

县政府门户网站是信息化条件下政府密切联系群众的重要桥梁，是网络时代政府履行职责的重要平台，也是宣传保靖和展示保靖形象的重要窗口。县电子政务办始终把县政府门户网站作为政府信息公开第一平台，认真组织信息采编人员和技术力量，整合保靖红网、团结网和县政府政务中心资源，加强各部门政务公开信息发布，努力打造法治政府、创新政府、服务政府、责任政府、廉洁政府。

1. 加强网络宣传

一是不断完善“政务要闻”“政务信息”“通知公告”等动态类栏目和保靖县政府官方微博建设，安排专人及时采编保靖红网和团结网及国家、省、州各大媒体发布的与保靖有关的信息。二是严格执行信息发布审核制度，及时审核发布政务信息、部门动态、机关事业单位公开招考、就业技能培训等信息。全年共计更新各类信息 7991 条，发布政务微博 2486 条；报送州政府门户网站图片信息 861 条、文字信息 446 条，被州政府门户网站采纳发布 358 条；建设“央网推荐”“省内要闻”等栏目，对国务院、省政府重要政策信息实现及时、零错误转载。

2. 加强网站建设

一是抓好栏目共建，与县委组织部、县纪委、县编办、县消防大队等单

位共建“保靖县党建”“党风廉政建设和反腐败工作”“政府工作部门权力清单、责任清单”“夏季消防”等专栏，及时推介县委、县人民政府中心工作。二是加强政民互动，依托湖南省网上信访平台，开通了“网上信访办理”专栏，及时回复“县长信箱”“网络问政”等互动栏目信息，回复率均为100%；新建身份证办理、生育证办理、残疾人服务等重点服务事项，实现资源“一体化”形式整合，方便群众办事，减少资源查询时间。三是调整网站设置，按照政府职能转变和机构改革要求，及时对县教育和体育局、县发改局、县经信局、县民族宗教事务和文化旅游局等合并单位的信息资源进行整合。

3. 加强网络安全

为切实保障县政府门户网站安全高效运行，保靖县电子政务办制定了《保靖县政府门户网站安全事故应急预案》和网站服务器故障、系统软件故障、网络攻击防范等应急管理措施，成立了网站安全应急处置小组，建立专人值班制度，对网站进行24小时监控，定期做好网站数据备份工作，确保及时处理网站突发安全事故。对服务器进行了虚拟化处理，在不依赖物理服务器的情况下，就可以实现在运行vSphere的硬件上恢复镜像备份文件，当发生宕机事件时，可以利用站点恢复管理工具（SRM）进行自动测试和故障转移，并将数据迁移到云端进行管理和使用。增设微软TMG2010网站服务器群软件防火墙，建立网络负载均衡机制，扩展服务器带宽并增加网络吞吐量，加强网络数据处理能力，通过微软TMG2010防火墙建立网络Nat映射机制，减少政府网站群对公网IP地址的需求，进一步提高政府网站群对外服务能力。同时，组织值班人员参加网站应急处理技术培训和演练，确保了县政府门户网站安全高效运行。

（二）强化网站普查，推进政府网站建设

根据《湖南省人民政府办公厅关于开展全省政府网站普查的通知》和州电子政务办公室《关于做好全州政府网站普查的通知》（州电政办函〔2015〕2号）文件要求，下发了《保靖县人民政府办公室关于做好全县政府网站普查工作的通知》（保政办函〔2015〕53号）文件，切实加强部门政府网站建设，全面完成政府网站普查工作。

1. 加强网站管理，优化网站设置

一是完成县政府门户网站信息公开栏目调整，归并“法规文件及解读”“人事信息”等栏目中的细分栏目。二是对信息公开内容进行了全面检查，保证每级栏目都有更新。三是对各单位政府网站互动交流功能中的“民意征集”“网上调查”等栏目进行归并，实现政府门户网站群子站与主站的信息共享。四是完成政府门户网站群系统中 24 个子站的模块调整，新增征集调查、央网推荐、信箱情况反馈三个板块内容。五是组织县政府政务中心、县编办对网上办事附件下载和办事流程等内容进行整理，按照新的机构设置重新梳理了办事事项与服务内容。

2. 加强督促检查，及时整改到位

一是按照省政府对县网站的扫描情况报告，完成附件、错别字、错误链接等的整改。二是完成机构改革的单位网站合并和关停，关停了商务局、科技局网站，根据省民政厅要求把原民政局网站迁移到县政府门户网站。三是对全县政府网站基本信息及政府网站信息内容建设情况进行了全面核查，及时反馈存在的问题，各单位根据反馈情况对存在的问题及时整改到位。

（三）强化电子政务网络，推进政务应用建设

电子政务网络是县政府数字专用网络，是县政府门户网站群、政府电视电话会议系统、网上政务服务和电子监察系统、电子公文传输系统、政府信息专报系统等电子政务应用系统的保障。县电子政务办认真开展电子政务网络建设，确保各项电子政务应用安全高效运行。

1. 加强电子政务网络建设

一是认真做好县政府门户网站群、政府电视电话会议、网上政务服务和电子监察、电子公文传输、政府信息专报等系统的网络监测和维护工作。二是完成了县政府中心会场和 16 个乡镇视频会议系统建设。三是认真做好电子政务中心机房对外出口安全策略和病毒防范工作，及时更新防病毒软件、防黑客软件。四是定期对核心交换机、安全防火墙、门户网站群服务器进行硬件维护和数据备份，确保设备安全高效运行。五是完成四大综合网络的升级改造，更换数据交换设备 16 台，进一步增强了网络安全性和稳定性。

2. 推进电子政务应用建设

一是完成了全国发展改革系统、省综治信息系统、省交通运输信息网络、省政府门户网站“省长信箱”管理系统在电子政务外网平台的应用，联通16个乡镇和25家县直单位。二是认真做好会议系统的运行、维护工作，按时召开州级及以上重大电视电话会议70次、县乡视频会议16次。三是充分利用移动MAS短信平台，及时发布县委、县人民政府重要信息和会议通知等短信20万条。

二 2016电子政务工作展望

（一）进一步加强政府网站建设

一是扩宽信息渠道，紧紧围绕县委、县人民政府中心工作，加强部门联动，及时准确发布政务信息。二是严格执行信息发布审核制度，对公开的政府信息要依法依规做好审核把关工作，确保信息准确性和安全性，杜绝涉密信息上网。三是加强政府门户网站栏目信息保障，明确各单位相关责任栏目，确保信息及时更新。四是完善考核机制，制定考核办法，会同县政府督查室定期对全县政府网站信息建设情况进行督查，每周在县政府办短信平台向各单位分管领导和信息员发布政府网站信息建设情况，每月统计全县政府网站信息建设情况，每季通报全县政府网站信息建设情况。

（二）进一步加强视频会议系统建设

一是制定和完善视频会议系统管理制度，对县乡视频会议系统实行台账式管理，明确各单位工作人员职责，会同县政府督查室对视频会议系统管理情况进行督查。二是通过集中培训、发放培训资料等形式，对管理人员进行培训，提高其业务水平。

（三）进一步加强网上政民互动交流

以打造网上政府、拓宽民意渠道为宗旨，依托县政府门户网站“县长信箱”“网络问政”“12345”热线，并通过官方微博、组织领导参与嘉宾访谈等形式与民众进行互动交流。顺应时代潮流，扩宽沟通渠道，计划开通“中国保靖”微信公众号，更新完善网站 APP，及时向民众传达最新的政务动态信息。加强征集调查栏目建设，针对重大决策发布征求意见与调查问卷，把政府下达指令的过程变为一个、民众不断反馈的闭环过程。

（四）进一步加强信息安全体系建设

一是认真做好县政府门户网站群、政府电视电话会议、网上政务服务和电子监察、电子公文传输、政府信息专报等系统的网络监测和维护工作，确保设备安全高效运行。二是认真做好电子政务中心机房对外出口安全策略和病毒防范工作，及时更新防病毒软件、防黑客软件，确保信息数据安全。三是定期对核心交换机、安全防火墙、门户网站群服务器进行硬件维护和数据备份，确保网络安全畅通。

（五）探索“互联网 + 政务服务”新模式

主动探索“互联网 + 政务服务”工作方式，聚合短信告知和微信公众服务等平台，积极推行网上咨询、网上申报、网上办理、网上投诉、网上查询、网上下载等服务，逐步使政务服务向数字化、网络化转变，打造“指尖上的政务服务”。

B.48

2015年永顺县电子政务发展报告及2016年发展展望

永顺县信息中心（电子政务办）

2015 年，在省政府发展研究中心、州电子政务办等相关部门的指导下，在县委、县政府的正确领导及高度重视下，永顺县全面贯彻上级电子政务工作精神，认真落实工作要求，积极顺应“互联网 +”大趋势，以推动“互联网 + 智慧湘西”等信息化建设为己任，增强服务百姓、服务地方发展的责任感，以互联网思维提升精准扶贫服务水平，按照全国政府网站普查目标，明确工作思路，夯实工作基础，在政府网站建设和管理、外网和视频会议系统建设等方面开展了扎实的工作，取得了较好的工作成效，稳步推进永顺县政务信息化建设与应用。

一　圆满完成网站普查工作，着力加强政府网站建设和管理

政府网站是发布政务信息的权威网站，其影响已全面而深刻地渗入社会政治、经济、文化生活等各个方面。永顺县以全国政府网站普查为契机，一是摸清全县政府网站基本情况，有效解决了一些政府网站存在的群众反映强烈的“不及时、不准确、不回应、不实用”等问题，切实消除了政府网站“僵尸”“睡眠”等现象。二是通过普查，推进全省政府网站信息内容建设有关工作，提高政府网站信息发布、互动交流、便民服务的水平，全面增强各级政府网站的权威性并提高影响力和公信力。

进一步建立健全永顺县政府网站站群系统运行维护内容保障制度，修订政府门户网站信息发布保密审核制度。严格实行政务信息公开预先审查和保密审

查机制，各单位分管领导严把信息的政治关、保密关、文字关，确保信息内容真实、格式规范、语言精练流畅。信息发布坚持“谁发布谁负责、谁审核谁负责”的原则，确保公开信息权威、准确、及时。

一是优化网站栏目，统筹信息建设。严格按照国办普查要求，县信息中心对县政府网站进行了优化，精准设计规划栏目，以“整合、重构、创新、便捷”为导向，遵循政府网站“政务公开、网上办事、政民互动”三大功能。目前，全县建成58个子站，实现乡镇政府网站全覆盖，由125家相关单位共同保障政府门户网站内容。全年，政府门户网站发布信息16122条，主动公开各类信息7965条，向州政府门户网站报送信息609条，被采用287条。

二是进一步明确“网络问政”“县长信箱”“政府服务热线”的管理机构、处理流程及工作要求。将回复实效纳入绩效考核体系，实行网民咨询、求助、建议、批评、投诉网上统一受理、分办和反馈，彻底解决了以往部门对群众来信发而不收、收而不办、办而不公开的问题。

三是加强内容保障，信息更新及时。将县政府网站建设和管理工作列入县政府年度目标管理考核内容，并进行定期或不定期的检查考评，并对优秀子网站和先进个人予以通报表彰。对违规发布信息并造成不良影响、工作动态类和专栏专题类等栏目未及时更新及被国办通报的，取消年度评先评优资格。

四是加强培训，提高业务水平。为搞好政府网站普查，提高网站管理人员的业务水平，信息中心举办全县网站管理人员培训2次、召开专题会议3次，建立了永顺县政府网站信息员网络交流平台，学习了国办发〔2015〕15号文件精神，详细解读了网站普查的各项指标，对相关工作进行业务指导，有效提高了网站的质量和管理水平。

五是开通“永顺县政府网”（微信号ysxrmzfw）微信公众号平台，适应电子政务发展的需要。2015年6月，永顺县信息中心组织开展了政务微信应用工作，以文字、图片、视频等方式向网民推送政府网站政务动态信息，开通以来共发布信息206条，用户数达3218人，阅读量30万人次。通过微信平台与政府网站相配合的方式，及时发布永顺县重大决策部署，解读重要政策文件，宣传推介永顺资源，服务人民群众，让更多的人关注永顺县发展，更好地服务于民、畅通民意，有效拓展政府信息公开渠道，提升政务服务水平，提升永顺县城市形象和影响力。

二 加强电子政务外网建设，打造阳光政务服务平台

永顺县按照“全面清、集中办、降幅收、加快批”的总体要求，创新行政审批方式，实现了电子监察系统与财政非税系统的成功对接。通过对接，有效地简化了行政审批操作程序，提高了工作效率，方便了群众办事，同时也强化了对职能部门收费的监督，加大了非税收入归集力度，真正做到了行政审批和政务服务的公平、公正。目前，全县共有 58 家具有行政审批职能的县直单位开通了电子监察系统，37 家县直单位在县政务服务大厅设立了固定窗口，其中具有行政审批职能且年度办件 100 件以上的窗口单位有 28 家，实现非税对接的政务窗口有 20 个。

成功创建全省电子监察系统与财政非税系统、银行系统对接的县级示范点。为了进一步强化监管，提升电子政务外网的应用效能，信息中心会同政务中心，采用湖南省科创公司研发的行政审批电子监察系统、财政非税系统、银行系统对接软件，创新永顺县行政审批方式，三个系统有效对接后，窗口工作人员通过用户名和密码登录行政审批系统，录入基本信息，按审批流程操作一遍，到收费环节点击核价，行进到票据打印后，银行系统接收到信息，收费成功，财政非税收入系统自动接收收费信息。

扩大电子政务外网应用范围。一是积极搭建网络共享平台。截至目前，全县接入电子政务外网的单位共计 130 家，具有行政审批职能和办事服务事项的行政事业单位有 43 家，具有 CA 数字认证的涉税单位有 23 家。二是确保网上政务服务应用环境。为确保永顺县网上政务服务和电子监察系统的技术保障和应用环境，信息中心与中国移动永顺分公司采取全程监控的方式，时刻确保网络环境的畅通和实时应用。

全面推行房地产税收一体化管理。房地产业税收涉及的种类多，征管难度大，税源控管缺乏有效措施。加强房地产税收征管，既是国家加强房地产市场宏观调控的需要，又是落实税收科学化、精细化管理的具体措施。信息中心以契税征管为把手，从整合征管资源入手，不断加强部门配合，全面推行房地产税收一体化管理。通过新的办法和新的举措，不断提高永顺县房地产税收一体化管理工作水平。

三　着力堵塞漏洞，狠抓信息安全

一是健全组织，细化工作任务。根据《中华人民共和国计算机信息系统安全保护条例》（国务院令第147号）、《计算机网络国际互联网安全保护管理办法》和《信息安全等级保护管理办法》（公通字〔2007〕43号）等文件要求，结合签订的《政府网站安全责任书》，永顺县认真开展了网络安全防护自查工作，进一步完善制度，加强管理，细化技术措施，提高防护能力，确保网站顺利运行。

二是重点突出，全面落实网站安全责任。永顺县对网站管理维护人员进行了明确的分工，并要求各部门明确专人进行操作。定期、不定期地对管理人员进行业务指导，及时解决运行过程中出现的问题。对各栏目所属的账户密码进行了定期大清理和排查，并将密码管理责任落实到人，建立台账，确保所有账号有专人管理。

三是完善制度，提高信息安全防护工作水平。为确保政府网站的信息安全，正确处理突发事件，信息中心制定完善了《永顺县政府网站安全突发事件应急预案》，7×24小时不间断值班。实行岗位责任制，要求重要岗位人员签署安全保密协议，进行人员信息备案，统一管理，形成了由安全策略、管理制度、操作规程等构成的全面的信息安全管理制度体系。

四是多管齐下，提升风险防护监控和应急处置能力。首先，架设硬件防火墙、Web应用防护系统、防篡改软件系统，在主动防御方面能有效防止网页篡改、信息泄露、木马植入等恶意网络入侵行为，撑起网站安全的保护伞；其次，部署监测软件，监测软件在不同区域对网站进行实时请求，发现请求失败后及时通过短信邮件告之网站管理员，确保网站实时运行；再次，及时进行数据备份，同时采用数据同步软件，每天隔3个小时差异化地把网站数据库和配置文件备份到备份服务器，每周把网站全部数据备份一次；最后，科学管理操作日志，记录系统每一次操作日志，利用系统日志文件可以快速识别潜在的系统入侵。

四　抓管理、重运维，确保政府视频会议系统运行畅通

政府视频会议系统是创新会议形式、提高行政效率、节约行政成本的重要

系统。2015 年以来，信息中心努力提高政府视频会议系统的效能，实现电视、电话会议零故障。一是进一步梳理视频会议操作流程。制定了县视频会议系统和电视、电话会议工作流程，明确工作机制，保证视频会议的规范有序。二是加大视频会议的培训和指导力度。信息中心工作人员多次下乡，一对一、手把手地指导乡镇视频会议系统管理人员掌握相关的技术操作，大幅度提高了操作水平。全年共召开各类视频会议 78 次，确保了安全生产、教育卫生、防汛抗旱以及应急维稳等一系列中央、省、州、县各级会议精神的及时传达。三是成功改造了县政府视频会议场地。首先，整合资源。采取共享共建方式，与水利的山洪灾害监测预警系统相结合，与县委乡镇视频会议系统相结合，实现所有乡镇视频会议系统由标清向高清的成功转换，既减少了财政投入，又提高了会议质量。其次，互联互通。县政府视频会议室建设之初，受资金及场地约束，只能建成容纳 80 人的视频会议室。信息中心主动积极联系县委办、县电信局，改造县政府视频会议场地，与县委视频会议室实现实时共享、信号对接，成功建设容纳 280 人的会议场地。

五 2016年发展展望

2015 年是永顺县电子政务“推应用、抓提升、上水平”的重要之年。在党的十八届五中全会精神指引下，更全面、更深入地融入“数字湘西”建设，更积极、更主动地发展电子政务，提升永顺县政府信息化水平，我们备感肩上责任重大。2016 年信息中心的工作将主要抓好以下几点。

一是进一步完善政府网站功能建设。以《国务院办公厅关于进一步加强政府网站管理工作的通知》（国办函〔2011〕40 号）、《湖南省政府服务规定》（湖南省人民政府令第 252 号）和《湖南省人民政府办公厅关于进一步加强政府网站管理工作的通知》（湘政办函〔2011〕68 号）文件精神为指引，推进全县政府网站标准化建设，完善政府门户网站栏目和内容建设，规范子站管理并提高质量。同时，深化规范化服务型政府建设，提升机关行政效能，提高政府透明度和公信力，提高县政府门户网站年度绩效评估名次，提升县政府门户网站整体服务水平。

二是进一步完善全县电子政务外网建设和应用推广。进一步加强湖南省网上政务服务和电子监察系统的应用推广工作，让公众全面知晓办事系统，让办事单位熟练使用办事系统，充分发挥网上政务服务和电子监察系统的便民作用。同时，及时跟进县政务中心新办公大楼和乡镇便民服务中心建设。

三是进一步完善工作机制。出台永顺县视频会议系统管理办法的实施意见和考核办法，强化视频会议系统的规范操作与管理应用，理顺永顺县乡镇视频会议系统管理应用从操作人员的AB配备、分会场的会务管理到设备维护及损毁的相关细则。根据《湘西州人民政府办公室关于印发〈湘西自治州电子政务工程建设管理办法〉的通知》精神，加强全县电子政务项目管理，争取建立县政府部门电子政务项目审查制度，加强业务指导，形成全县电子政务协调发展机制。

研　究　篇

Research Reports

B.49
要大力助推“互联网+政务服务”

黄绍红 *

“互联网+”在当前受到了万众热捧，谁都想与之牵手，共创广阔的未来。互联网十分神奇伟大，它将世间万事万物互联起来，人们借助互联网可以随时随地传递信息、学习知识、交朋结友、处理事务，大有“当今之世，舍我其谁”的味道。

互联网越来越广泛地渗透到社会的方方面面，正在给政治、经济、文化、生活带来深刻的变革。

面对这一汹涌的浪潮，我们必须抓住机遇、迎接挑战，充分利用“互联网+”把各项事业向前推进。

政务服务是政府的职责，也是人民的期盼。如何借助互联网把政务服务搞得更好，是每位领导、每位电子政务工作者必须深思的问题，各级政府及有关部门的同志都应高度重视“互联网+政务服务”，要把这项工作当作电子政务

* 黄绍红，湖南省人民政府发展研究中心党组成员、副主任，理学硕士学位。

的重中之重，从多方面加大力度，共同助推，使“互联网+政务服务”更快更好地开展起来。

第一，要努力助推政府转型。过去常讲，管理就是服务。随着形势的发展，政府的职能正在发生改变，已越来越多地从过去的管理型向服务型转变。近几年，国务院推出了一系列政府改革措施，主要内容就是简政放权，总体方向就是活化市场，最终目标就是让市场在资源配置中发挥决定性作用。在这个过程中，政府的职能不是削弱了，而是转型了；政府的责任不是减轻了，而是加重了。特别是现在人民群众对政府的要求很高，热切期盼政府为其提供优质高效的服务。这就要求各级政府顺应形势、顺应民心，加快转型，把更多的精力放在如何为群众提供服务上。一些权力部门也要改变“衙门”做法，克服“三难”顽疾，加快职能转变。要充分利用互联网信息技术，对传统政务服务进行革命性改造，真正让“信息多跑路、群众少跑路”，努力打造网上政府。

第二，要努力助推技术升级。建设服务型政府离不开强有力的技术支撑。现在，信息技术日新月异，大数据、云计算、物联网、移动互联网正在向纵深推进。这就要求我们及时了解最新技术动态，及时消化吸收。现在，不少地方在这方面做了大量工作，取得了明显成效。当然，信息产业是一个技术资金密集型产业，在这方面要舍得投钱，要善于投钱，一方面要加大投入，加快推进“互联网+政务服务”；另一方面要注意“技尽其用”，避免浪费。要把握好“功用、安全、节俭”三大原则，要按照国务院及省政府有关文件精神，进一步整合资源，提高效率。当前，要集中精力把省级政务外网云平台建设好，把省直部门门户网站整合好，把外网统一出口整合好，切实搞好政务信息资源的共享共用。同时，要加强对市县电子政务工作的指导，提高全省“互联网+政务服务”水平。

第三，要努力助推服务创新。政务服务范围很广，内容很多，并且时间地域不同，对服务的需求也不同。这就要求我们根据中央精神，结合本地实际，应用互联网技术对政务服务进行探索创新。从服务范围来讲，就是要不断拓展，要把所有的服务事项一网打尽，逐步做到网下无权力；从服务内容来讲，就是要不断丰富完善，要根据形势的发展、需求的变化及时增添新的服务，真正做到群众需要什么服务，政府就能提供什么服务，切实做好政府服务的供给侧改革；从服务方式来讲，就是要不断开拓创新，特别是要根据现代社会生活

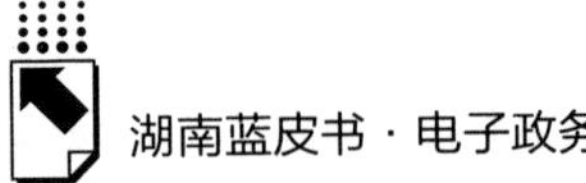

节奏快、人员流动大的特点，不断创新方便快捷的服务。要让人民群众随时随地都能感受政府的存在、政府的关心、政府的服务，真正做到让普通群众在家里家外、何时何地都能知天下事、能办天下事，让政府从地上搬到网上，捧在群众的手上，进入百姓的心上。

第四，要努力助推素质提高。要真正把“互联网 + 政务服务”搞好，除了思想重视、投钱投物外，还必须提高全民素质。一是要努力提高领导干部的科技素质，做到懂网、爱网、用网。现在领导干部政策文化水平普遍较高，但也有不少“科盲”“网盲”，这就需要加强网络知识培训，提高电子政务的知识水平。二是要提高从事电子政务工作的干部的素质。总体来讲，电子政务部门的同志对网络知识懂得比较多，但从高标准、严要求来讲，也有一定差距，还需努力提高。特别是信息技术发展快，稍有懈怠，便会落后。这就需要加强学习，与时俱进。根据电子政务的工作特点，一方面要努力学技术，另一方面也要努力学政策，要认真钻进去，要轻松走出来，做一个有技术水平、有政策水平的管理者。三是要努力提高全社会科技素质。大力推进“互联网 + 政务服务”，说到底还是为了群众，如果离开了群众的参与，便是一句空话。因此，要利用多种形式，加大网络知识的宣传普及力度，提高全民参与电子政务的热情和水平。这样，“互联网 + 政务服务”就会有越来越多的人关注，有越来越多的人支持，有越来越多的人推进，就会越办越好。

B.50
建设湖南省精准扶贫统一信息平台及大数据研判的思路和对策

杨志新*

一 建设背景

精准扶贫是针对20世纪80年代开始的粗放扶贫模式而提出的。30年来，粗放扶贫模式取得了举世瞩目的成就，但是，这种粗放模式缺乏数据支撑，仅依赖少量农村住户调查样本数据推算，贫困人口底数不清、贫困情况不明、扶贫资金管理不到位、帮困项目针对性不强等问题较为突出。2013年11月，习近平总书记到湖南湘西考察时首次阐述了“精准扶贫”的重要思想，提出扶贫开发“贵在精准，重在精准，成败之举在于精准”。精准扶贫的内涵就是用数据说话和对帮扶对象的个性化服务，针对不同贫困区域、贫困户状况和贫困户环境，运用科学有效的技术手段对扶贫对象实施精准识别、精准管理和精准帮扶。随着信息技术的迅猛发展，特别是“互联网+”、云计算、大数据等新兴技术的广泛应用，大大推进了精准扶贫信息化进程。建设精准扶贫信息平台，解决底层扶贫数据的采集、存储和管理应用；利用大数据，从扶贫信息平台的大量数据中挖掘隐含、相互关联、未知的潜在价值信息，实现对贫困人口的精准识别、扶贫环境的准确把握和扶贫模式的效率研判。

二 现状和需求

（一）精准扶贫信息化建设步伐加快

近年来，扶贫信息化建设取得较大进展。

* 杨志新，湖南省人民政府发展研究中心（湖南省电子政务中心）巡视员，湖南省信息化专家咨询委员会成员，国家政务外网技术委员会副主任，教授级高级工程师，工学硕士。

1. 国家层面高度重视

中共中央办公厅、国务院办公厅印发了《关于创新机制　扎实推进农村扶贫开发工作的意见》，明确提出“对每个贫困村、贫困户建档立卡，建设全国扶贫信息网络系统”。国务院扶贫办已建成“全国扶贫对象基础信息管理系统”，以县级扶贫办为基础，集中采集扶贫对象基础信息、帮扶措施及受益贫困户信息、年度帮扶计划信息等并建档立卡，全国扶贫对象基础信息数据库已粗具规模。

2. 省级层面大数据应用取得进展

甘肃、贵州、广东等省已经开展精准扶贫大数据示范应用。甘肃基本建成全省精准扶贫大数据平台，并作为落实精准扶贫、精准脱贫的一项长期性工作。由驻村工作队、驻村干部进村入户，详细采集贫困户家庭情况、住房、教育、健康、产业增收、现实困难、项目需求、发展意愿等信息，建立定期信息更新、上报制度，为开展精准扶贫工作提供决策依据。贵州在“云上贵州”大平台上，建立“精确扶贫”应用云系统，采用大数据技术对内、外部数据进行采集比对，在源头上实现贫困人员的识别与评估，为精准扶贫的实施打下坚实基础。广东基本建成大数据扶贫信息系统，覆盖省、市、县、乡镇四级，为帮扶对象建立二维码，实时管理贫困数据和脱贫动态，实现精细管理、精确瞄准和动态监测，打造基于大数据的广东省“精准扶贫”大格局。

3. 帮扶对象较多的市州率先启动

从湖南省建设和应用的情况看，贫困人口相对较多的市（州）已经开始推进精确扶贫信息化进程。湘西自治州积极探索“互联网 + 湘西”的精准扶贫模式，在扶贫攻坚中引入“互联网 +”思维。利用信息技术、大数据技术解决扶持对象精准、资金使用精准、项目安排精准、因村派人（第一书记）精准、措施到户精准和脱贫成效精准的问题，在扶贫时同步规划信息基础设施，利用互联网手段帮助贫困地区发展产业。常德、怀化等市，也把精准扶贫信息化建设和大数据应用纳入智慧城市规划和“十三五”信息化规划。

（二）统一信息平台和大数据应用亟待新的突破

尽管精准扶贫信息化建设已经取得一些进展，但是建设统一信息平台、开展大数据应用仍没有取得突破性进展。

1. 缺乏顶层设计

精准扶贫是一项民生工程，也是一项系统工程，涉及政府、企业、社会、公众和被帮扶对象等方方面面。现已建成的信息系统，主要是以信息填报和数据统计为主，在信息平台的定位、与实际需求的紧密结合、功能的完备、资源的整合、结构的优化等方面缺乏整体考虑，很难围绕全局目标有序推进，也很难产生所预期的整体效应。

2. 缺乏标准规范

精准扶贫的大数据分析最关键的是数据支撑，国家正在制定统一的扶贫对象识别办法，但尚未出台数据采集的相关标准。围绕精准扶贫采集的相关信息数据的完备性和准确性很难把握，基于大数据的分析评价指标体系的科学性亟待加强。

3. 缺乏统筹推进

精准扶贫信息化平台建设在市（州）、县（市、区）进展较快，但也存在区域发展不平衡、各地建设模式和技术标准不一、缺乏全省通盘考虑的问题，信息化推进策略与中央统筹、省市自治区总负责、地市县抓落实的精准扶贫工作机制存在差异。

4. 缺乏信息共享

精准扶贫工作涉及多个层次、多个领域和多个部门，包括交通、水利、电力、危房改造、特色产业、教育、卫生、社会保障等。现有的信息平台没有实现各个部门相关信息的共享，无法保证贫困对象、贫困环境的准确把握、评估和措施的到位。

（三）信息共享和业务协同是发展需求

随着精准扶贫工作的深入推进，各级各部门都深刻认识到，精准扶贫覆盖面大、持续时间长、扶贫相关数据实时变化多，传统的逐级汇总上报的数据采集模式和扶贫主管部门单一作战的机制很难适应精准扶贫的发展需求。依托统一信息平台，加强精准扶贫工作的信息共享和相关部门的业务协同已成为推进精准扶贫的重要抓手。

三　总体架构研究

（一）建设目标

以党中央、国务院关于精准扶贫的文件精神为指导，按照省委、省政府精准扶贫的总体部署和安排，依托省电子政务外网统一云平台和全国扶贫对象基础信息库，整合各部门、各行业和社会精准扶贫相关信息，扩充环境、资源、项目的图片、视频等半结构化、非结构化信息，建设全省统一的精准扶贫信息管理平台、精准扶贫综合信息库和大数据分析研判中心，建立扶贫对象识别精准、目标量化可测、内容真实可看、方式合理可比、措施细化可评、考核评价全面的精准扶贫信息化支撑系统。

（二）总体框架结构

1. 总体架构

按照统一建设、资源共享、统一领导、分级使用的原则建设统一信息平台和大数据研判中心，图 1 为总体架构示意。

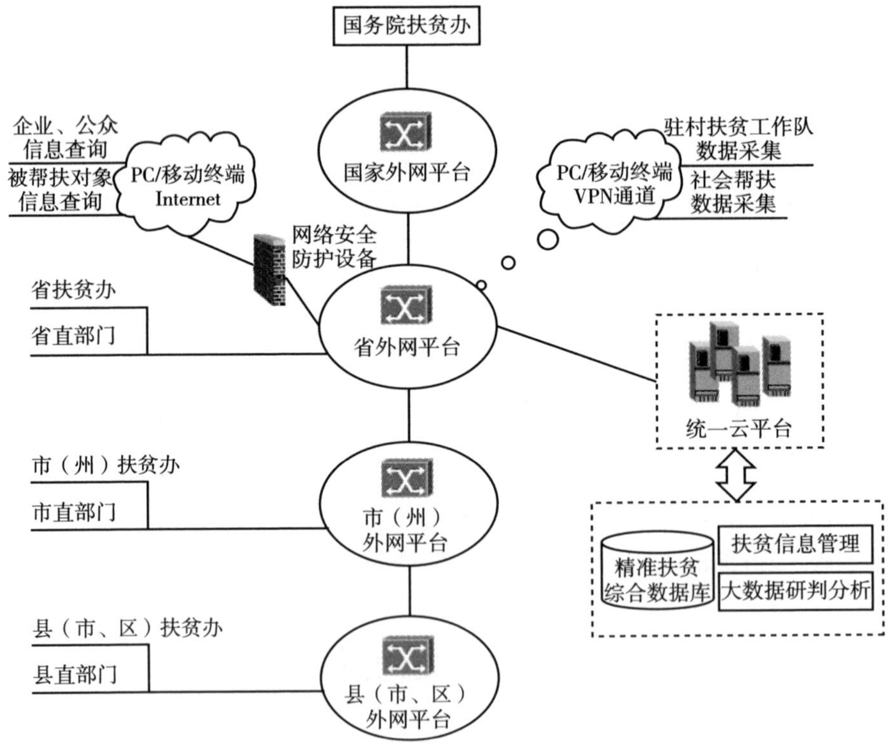

图 1　省精准扶贫统一信息平台总体架构示意

全省精准扶贫统一信息平台和大数据研判中心依托省电子政务外网和云平台建设。按照数据上移、服务下延的原则，集中建设全省精准扶贫综合数据库。各级扶贫办和政务部门通过政务外网接入和进行数据管理；驻村工作队通过移动终端进行实地数据录入和各类非结构化数据采集。

2. 层次结构

统一信息平台系统层次结构示意如图2所示。基础设施层，依托省电子政务外网和统一云计算平台等基础设施；应用支撑层，依托统一云计算中心虚拟化资源管理平台、数据库管理平台、数据交换与共享平台；数据资源层，数据资源建设是系统的关键，重点建设基础数据库、综合数据库和视频图片非结构数据库；应用层，主要进行数据采集、管理、分析应用及用户权限管理；展现层，通过不同的终端进行数据采集、查询和应用。

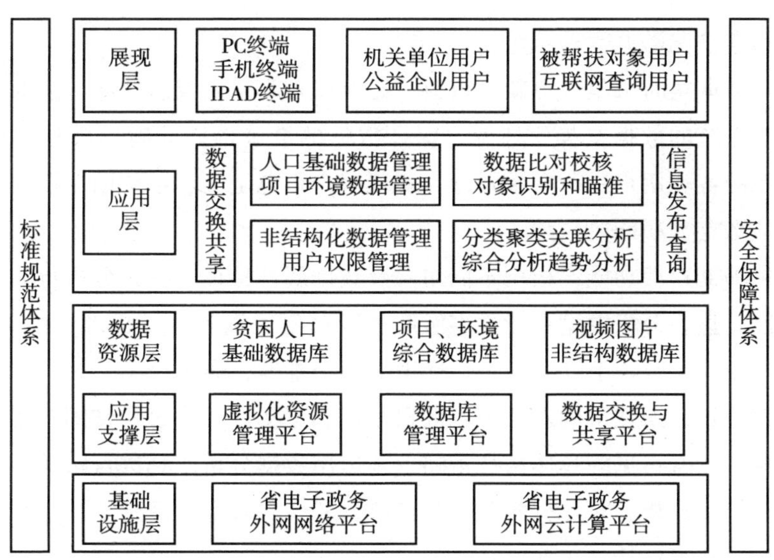

图2 精准扶贫统一信息平台系统层次结构示意

（三）主要建设内容

1. 软硬件支撑平台

主要依托现有电子政务基础设施，依托政务外网联接省、市（州）、县

(市、区)、乡镇各级政务部门和扶贫机构；利用外网 VPN 安全接入平台联接贫困村和驻村工作队。依托统一云平台的计算资源、存储资源和应用支撑平台，作为精准扶贫信息平台的 Paas 层服务资源。

2. 精准扶贫数据资源

以国家建档立卡扶贫对象数据库为基础，根据大数据分析实际需求，扩充数据项，建设完善贫困人口基础数据库；按照项目管理的基本要求建立项目数据库，从宏观、微观不同层次，结合项目管理的不同领域，涵盖项目整个生命周期，加强项目的控制和投资决策，提高投资效益；充分考虑区域因素对贫困现状的影响，综合自然、历史、经济、交通、饮水、教育、医疗等因素形成可量化的指标体系，建设环境综合数据库；使用移动终端，采集贫困对象的住房、家庭、交通等视频、图像信息，建立非结构化目录体系，为精准评估提供辅助支持。

3. 精准扶贫数据管理系统

完成数据实时采集、更新、审核、比对和入库；完成与社保、医保、人口数据库等系统的数据交换、比对，保证数据的准确性；准确形成各类统计报表；对系统各类用户进行有效管理，实现用户角色定义、系统用户授权等。

4. 大数据分析研判系统

提供辅助建模功能，根据不同对象及数据属性特征，综合分析行为方式和形成原因，建立分析模型；建立多维度贫困对象识别和瞄准标准，涵盖支出、教育、健康、民政、卫计、房管、环境等多个维度，通过分类、聚类、关联等数据挖掘分析，增强贫困对象识别的科学性和真实性，为每户贫困户制定可量化、能落实、看得见的具体帮扶策略，并运用数据分析工具进行跟踪；对扶贫效果进行统计分析、对比分析和趋势预测，科学、真实、准确地评估贫困地区及人口状况和评估扶贫工作效益。

5. 精准扶贫绩效评估系统

建立评价指标体系，分市（州）、县（市、区）、省直部门、扶贫工作队进行绩效评估。

6. 指标体系与标准规范

建立扶贫信息平台对象识别、数据交换、绩效评估、综合评价等指标体系和标准规范。

四 推进对策建议

（一）充分发挥信息平台的抓手作用

首先要解决认识问题和定位问题。精准扶贫已进入攻坚阶段，传统的工作方式已经不能满足扶贫工作的需求，随着贫困户数量变化、致贫原因多样、脱贫和返贫数据动态变化，逐级按规定时间汇总、上报的单一的贫困户识别模式，难以解决数据掌握不准确、不及时的问题，使得各级政府难以做出决策。建立精准扶贫统一信息平台和大数据分析研判系统是推进精准扶贫的重要抓手，其地位是非常重要和不能替代的。

（二）加强组织领导和业务协同

核心是组织领导和协调。随着精准扶贫工作的深入，单一的各级扶贫办主导的扶贫工作已转变成省级政府主抓，各级、各部门主办，社会各界积极参与的全社会扶贫大格局。统一信息平台的建立，需要各部门的数据共享，保证数据的真实性和实时性，组织领导和协调至关重要。在领导决策层面上要加大力度，建议成立专项工作协调领导小组，省政府主要领导任组长，研究重大事项，制定推进政策；在工作层面要强化责任，领导小组下设办公室，由相关职能部门组成，明确责任分工，落实领导小组的工作要求和部署，把单一推进变为协同推进；在技术层面上要加强对接，重点解决互联互通和共享共用问题。

（三）建立数据更新维护的保障机制

重点是形成扶贫数据的更新维护体系。要充分发挥各级、各部门、驻村工作队的主导作用，利用其年轻、有知识、懂业务、常驻村等条件，组织和进行贫困对象基础数据的采集更新、项目信息核准、视频图片信息的拍摄制作工作，使第一手资料真实完备；各级扶贫办要形成完备的审核机制确保数据的准确性；技术部门要加强数据比对和强化软件排错功能，形成数据采集、管理、维护、更新的制度化、标准化和规范化。

（四）建立有效的绩效考评办法

关键是建立长效的工作机制。将精准扶贫信息平台管理和数据更新纳入年度扶贫工作综合考评体系，按照科学评价、指标考核、数据说话的思路制定考核细则和考评办法，实行日常监控、月度分析、季度调度、半年小结和年度考评，并建立督查问效制度，形成长效工作机制。

参考文献

马喻：《大数据时代下的大扶贫》，《中国扶贫》2014 年第 10 期。

邓维杰：《精准扶贫的难点、对策与路径选择》，《农村经济》2014 年第 6 期。

B.51

推动湖南“互联网+政务”创新发展

李　球*

互联网是推进国家治理体系与治理能力现代化的必要工具，“互联网+”既是基于新兴互联网信息技术与传统领域长期发展积累的旧有技术深度融合形成的一种新的先进生产力，又代表着一种新的经济社会发展形态。在“互联网+”时代，我国经济进入新常态，政府管理和公共治理必须适应新常态，必须围绕“四个全面”的战略部署，认真贯彻落实“创新、协调、绿色、开放、共享”五大发展理念，协同推进新型工业化、城镇化、信息化、农业现代化和绿色化五化同步发展。随着“十三五”时期电子政务服务的需求和环境发生新的重大变化，积极打造构建整体政府、开放政府、法治政府和智慧政府，实现政府管理与社会公共治理的高效运作与业务协同，成为全国和湖南省电子政务发展的主要方向和目标，积极构建基于“互联网+”的政务服务体系，必将成为湖南省电子政务发展的主要趋势和必由之路。我们应该顺应时代大趋势，深化对“互联网+”的认识，从湖南的实际出发，积极谋划，努力开创湖南“互联网+政务”的新局面。

一　全面深化对“互联网+政务”基本内涵和本质特征的认识

“互联网+政务”或者是“政务+互联网”，就是让政务服务与互联网技术发展的成果深度融合，促进政府转变职能，创新政务服务方式，增加公共产品和公共服务，提高服务效率和效益，激发社会经济实体的新生命力和创造力，为“大众创业、万众创新”和民生需求提供更加全面、优质和便捷的服

* 李球，湖南省经济和信息化委员会副主任、党组成员，双硕士学历。

务，推进经济社会持续健康发展。

“互联网+政务”的基本内涵就是充分利用新一代ICT技术创新成果和互联网基础设施，通过集聚政府信息资源，建设统一、开放、共享的政务服务平台，对涉及政府为公民、法人、社会团体和人民群众提供服务的政务事项进行优化整合，对政府传统的管理理念、职能结构和运行方法进行整合重构，进一步优化调整政府内部的组织架构、运作程序和管理服务手段，提升政府的综合管理效率和公共服务水平。

“互联网+政务”的本质特征，就是以政务服务平台为基础，以公共服务普惠化、便利化为主要内容，以构建集约政府、开放政府、法治政府和智慧政府为目标，充分挖掘利用信息资源，运用互联网技术、互联网思维与互联网精神，连接网络社会与现实社会，实现政府组织结构和办事流程的优化重组，构建集约化、透明化、法治化和高效化的政府公共治理与服务运行模式，向社会提供新模式、新境界、新治理结构下的管理和政务服务产品，增强政务服务的全面性、多样性、公平性、便捷性、精准性和政府自身的经济性、廉洁性。

二　强化谋划构建“互联网+政务”中的八种思维

互联网思维为重构整个经济、社会生态提供了无限的想象空间和前所未有的新动能，自然也为推进国家治理体系和治理能力现代化开辟了崭新的前景。然而，互联网是一把双刃剑，其本身也是国家治理的重要领域。在构建“互联网+政务”体系中，必须注重厘清互联网思维，切实做到趋利避害。

一是“互联网+”的改革思维。“互联网+”思维下，改革推动者不畏困难、不畏权贵，所主张的改革不是政府自己的修修补补，而是为了广大人民群众的利益，瞄准那些不愿改、不想改和不易改的痛点、难点和疑点，依靠广大人民群众特别是网民的支持，持续推进改革，而改革的阻力和成本却因分摊方式而降低。

二是“互联网+”的创新思维。互联网作为通用目的技术，与其他技术之间具有很强的互补性，具有跨界融合、创新驱动、重塑结构、尊重人性、开放生态、连接一切的六大特征功能。“互联网+”思维下的创新往往是跨界创新，大量“草根”创新的种子播散后，演化成万众创新的浪潮，开辟了创新的新境界，具有改进性，更具有颠覆性。

三是“互联网+”的联接思维。以移动互联、即时通信、微博微信、社交网络等为代表的新技术、新应用，形成了多边汇聚和适时回应的网络联接。“互联网+政务”的基础是互联互通的网络，“互联网+政务”的联接是双向交互的，是政府、社会组织和民众之间联接在一起的思想传播、思维互动、业务互动，是多个主体参与社会共同治理的复合交织体系。

四是“互联网+”的政务平台思维。互联网不仅是信息平台，其已经升级为人们的生产和生活平台，成为双边或多边市场汇聚的社会平台。随着“互联网+”对现实社会的转播和渗透程度越来越全面深入，“互联网+”的各种经济社会平台与现实社会构成了一种内嵌式的相互博弈关系，必须科学有效应对。

五是“互联网+”的数据思维。“互联网+政务”的关键是政务数据的开放、利用。开放政府数据不仅深化了政府治理结构改革，而且带来了政府监管、公共治理和公共服务的新变革，由“政府在哪里”向“需求在哪里”转变，让数据多跑路，让百姓少跑腿，实现公共资源动态优化配置，有效降低政府监管和公共服务成本，提高了政府的效能。更重要的是，开放政府数据能够吸引社会组织和居民加入公共服务生态圈，以弥补公共服务供给的不足，政府再通过购买服务、公私合营、负面清单和责任清单等方式，有效推动公共服务供给侧的结构化改革。

六是“互联网+”的共享思维。“互联网+”时代的共享已不再局限于数据信息资源，而包括了各种资源要素、生态模式和愿景智慧。因为共享促进了市场发现、投入节约和非人格化交易，其中孕育着合作和诚信，因此，共享已经变成一种新的社会观念、社会资本和制度优势。政府资源的非排他性共享由利己走向利他、利全社会，不仅是对“部门本位”“权力本位”及其既得利益的颠覆，而且是“互联网+”倍增效益的源泉。

七是“互联网+”的法治思维。一方面，通过“互联网+”贯彻落实《中共中央关于全面推进依法治国若干重大问题的决定》，推进依法治国方略，为全面深化电子政务改革提供法治保障。另一方面，互联网本身是一把双刃剑，在构建“互联网+政务”体系中，要强化法治思维，加强依法管网、依法办网、依法上网，全面推进网络空间法治化。

八是“互联网+”的安全思维。网络空间安全和信息安全是互联网发展的前提和基础，在构建“互联网+政务”体系中，要把网络空间安全和信息安全提升到国家治理安全战略高度，积极防御、综合防范、多方参与、共同治理，发挥政府、企业、社会组织、个人用户等利益相关者的合力作用，筑牢安全防线，提高网络空间安全和信息安全水平。

三　准确把握和顺应“互联网+政务”发展的时代大趋势

1. 强化“互联网+政务”的顶层设计、资源统筹与协调管理，构建集约、协同、高效的网上整体政府

趋势之一：推动网络互联互通，整合构建统一的政府公共网络平台，促进基础设施、基础资源的集约化建设和利用，强化管理层面的统筹规划与高效协同，推进跨部门业务协同和资源共享。

趋势之二：大力推动平台整合，实现共性应用的集约化建设。通过积极推动数据中心整合和共性应用的集约化建设，建立政府公共应用程序库，有效支撑各部门信息共享和协同作业，提升IT资源和应用软件利用率，减少了分散、重复投资建设，既符合“两型社会”发展的要求，又便于统一集中管理。

趋势之三：引入企业架构理论，研究开发“互联网+政务”总体架构，构建绩效、业务、数据、应用、基础设施和安全等参考模型和标准体系，推动面向民众、企业和政府机构的平台化整合，促进政府机构之间、政府机构与社会组织之间以及民众与政府和社会组织之间对服务和应用的共享与复用。

趋势之四：以公众和社会需求为中心，提供精准、高效、便捷、无缝的“一站式”服务。

2. 强化政府数据开放，构建网上、开放、透明政府，带动万众创新

一是建立健全政策法规体系，为数据开放提供政策支撑。通过制定规则，运用云计算、大数据和移动互联网等技术，明确各级政府和部门的信息共享规则和开放责任。二是面向社会开放政府数据。通过搭建数据开放平台，建设数据开放门户网站，逐步向公众免费或者便利开放可机读数据集，在提高政府信任度和透明度的同时，满足公众的信息和数据需求。三是鼓励公众利用数据开

展创新活动。通过开放政府应用程序接口和基于数据集开发的应用程序库，实现公众对政府数据集的便捷存取，进而鼓励社会各界对大数据进行分析挖掘和创新应用，进一步激发“大众创业、万众创新”的潜力。

3. 积极推动新技术的集成应用，构建“互联网+”时代的智慧政府

电子政务建设正朝着数字化、智能化、人性化的方向发展，智慧政府建设成为电子政务发展的重要目标之一。智慧政府是“互联网+政务”发展的高级阶段，需要充分开展物联网、云计算、大数据分析、移动互联网等新一代信息技术的集成应用。智慧政府强调以用户创新、大众创新、开放创新、共同创新为特征，充分利用作为平台的政府架构与网络信息技术和政务信息资源深度融合创新，完成政府、市场、社会多方协同的公共价值塑造，实现政府管理与公共服务的精细化、智能化、社会化。

智慧政府提供的“互联网+政务”将形成新的四大技术形态：一是政务资源集约化云化，通过建设基于云计算服务的政府数据中心和网站群，政务资源和基础业务应用向云平台迁移，在云上开展资源整合工作，实现互联互通，解决信息资源共享、业务协同等一系列现实问题；二是构建数据服务型政府，用大数据技术对政府海量数据进行管理和挖掘，构建政府数据服务新的生态，促进政务服务数字化、精准化和智慧化；三是政务服务更具包容性，“政府网站+服务”模式将使政府网站成长为数据开放平台、政务应用超市、在线服务窗口、政府品牌营销阵地以及社会化协作中心；四是政务服务移动化和自服务化，通过改造现有政务信息系统，组织开发政务APP，建设政务网上超市，借助移动通信和社交媒体，创新公共服务方式与内容，为社会和民众提供泛在服务和自选服务。

四　加快推动“十三五”期间湖南“互联网+政务”的重点工作

（一）构建新一代网络信息基础设施

加快实施“宽带中国”战略，建设光网城市和无线城市，全面推广“三网融合”。一是实施宽带网络升级提质与宽带普及工程，建成高速、泛在、融

合、安全、便利的宽带网络基础设施，实现全省无线、有线宽带全域高效覆盖，重点公共区域WiFi实现全域免费服务。适时推进5G移动通信网试点、新一代互联网协议（IPV6）规模化商用。二是实施宽带乡村和信息扶贫工程，缩小城乡“数字鸿沟”。三是全面推进“三网融合”，加大有线电视网络数字化和双向化改造力度，普及网络电视应用服务。四是建设完善电子政务骨干网络体系，整合部门分散的网络资源，集中搭建从省上联国家，下通市（州）、县（市、区）、乡镇（街道和社区）的纵向政务外网万兆骨干网。

此外，还要部署建设全省公共基础设施智慧感知物联网络。推广二维码、无线射频识别（RFID）、传感器、地理信息系统（GIS）等物联网技术，开展生产、生活、生态领域公共基础设施的“+物联网”应用，形成覆盖全省的基础设施物联网络，实现政府部门和公共机构对城市社会运行状态的动态实时监控，为社会提供智能化、便捷化的公共服务。

（二）部署建设“互联网+政务”省级大数据中心和专业数据库

实施全省政务大数据资源中心建设工程，按照“一数一源”的原则，加强各级政务部门业务信息资源梳理和“云化”管理，加快完善人口、法人、自然资源和空间地理、宏观经济等基础数据库，逐步完善各重要领域的专业数据库，逐步推动基础数据库和专业数据库向省直部门电子政务云服务平台迁移，实现数据资源集中汇聚、存储和关联应用。基于新技术开发公共数据共享交换平台，制定数据开放共享标准，推动政府部门间政务数据资源共享和依法向公众集中开放，促进非涉密数据资源的社会化开发利用。

此外，要引进社会和市场资源参与大数据中心建设，加快推进中国联通、中国电信和中国移动在长株潭，浪潮集团在常德，天绘北斗在永州，湖南广电在石门等的发展，为支持云计算和云服务而规划投资的几个大型IDC建设，为“互联网+政务”和智慧城市建设提供计算资源和存储资源保障。

（三）加快建设省级电子政务外网统一云平台和云服务中心

完善电子政务外网建设，统筹推进电子政务基础设施完善、电子政务业务系统协同发展、信息资源共享共用和数据开放利用。以资源整合、集约建设、稳步推进为原则，建设省直部门安全可靠、统一高效的云计算平台，满足非涉密业务的统一网络、计算资源、存储资源、数据库服务、备份服务、安全服务等需求，为省级各部门提供弹性的云计算与云存储能力和政务外网承载服务与应用能力，促进政府管理和公共治理创新，达到简政、兴业、惠民的目标。与此同时，推进各个领域基于统一云平台的全省应用系统建设，以“公共服务云”为示范，逐步完成省直部门应用系统的迁入并实现便捷扩充。

此外，要基于省级电子政务外网统一云平台，建设完善湖南政务网上服务大厅工程。在省人民政府网站建立相应链接，各地、各部门积极梳理本级便民服务资源，优化办事流程，提高办事效率。对接并联审批系统，深入推进行政许可事项网上审批、并联审批。逐步实现各部门业务系统同政务服务网的互联互通和深度对接，积极推广基于移动互联网入口的社会服务项目，让老百姓足不出户享受便捷高效的政务服务。

（四）提高重点领域“互联网＋”社会协同治理服务能力

1. 实施智慧交通综合管理服务工程

规划建设湖南智慧水运、智慧路网和城乡客运智能化管理与服务系统、交通运输行业统一的云数据中心、综合交通出行信息服务系统等工程，开展交通出行路线规划、路况信息、智能停车等信息便民服务，推广交通违章查询、智能打车等应用。建成全省统一的“两客一危”卫星定位监控平台，实现重点运输过程监控。

2. 实施食品药品安全监管工程

建立全省统一的食品药品可追溯监管平台、食品药品安全综合信息服务平台、食品药品生产经营单位信用信息数据库和信息公共服务平台，实现重点食品药品安全的来源可追溯、去向可查询、责任可追究，推广企业诚信守法经营信息在社会各领域的应用。规范互联网食品药品交易行为，试点药品网上阳光直购，切实提高食品药品安全保障水平。

3. 实施公共安全防控管理工程

全面升级湖南省数字化公共安全管理系统，以新型信息终端为主要载体，架设覆盖全省的感知网络，建设智能警务系统，完善安全生产管理系统、智能公共安全设施安全监控平台。围绕城市应急资源管理，构建高效统一的省、市、县三级城市应急智慧系统。针对公共安全、防灾减灾、民生等重点领域，加快开展应急系统大数据应用，为决策提供数据支撑，提高城市安全度和可持续发展能力，实现城市突发事件提前预警、应急部门高效协同、应急资源快速调度。

4. 实施生态环境保护和资源监控工程

建设全省环境质量信息管理与发布平台，对全省空气和水环境质量进行实时智能监测、数据发布和应急指挥。加强气象场、污染源排放清单、空气质量在线监测等基础数据管理，建设空气质量预警预报平台。建设环境技术服务平台，开展企业环保信息发布、环境违法举报、第三方环保工程需求对接及技术交易等服务。支持利用电子标签、二维码等物联网技术跟踪电子废物流向，鼓励城市废弃物回收信息平台的建设。

5. 创新再生资源回收模式

实施市场主体服务和监管工程。贯彻落实国办发〔2015〕51号文件精神，加大相关领域信用信息的整合力度，运用大数据推动社会信用体系建设，建立健全市场主体守信激励机制和失信惩戒机制。积极推动在行政审批、市场监管、环境治理、食品药品安全、电子商务等领域率先开展大数据示范应用，完善对市场主体的全方位服务，加强对市场主体的全生命周期监管，有效提升政府对市场主体的服务和监管水平。

（五）拓展"互联网+民生服务"，提升公共服务普惠水平

1. 发展互联网在线教育应用

以扩大优质教育资源覆盖面为目标，加快"宽带网络校校通""优质资源班班通""学习空间人人通"建设与应用，提升全省教育信息化水平。整合省级公共资源和管理服务，建设"湘教云"平台，打造城乡一体化教育资源公共服务共享体系，促进全省优质数字资源联网共享。加快教育信息化创新应用"十百千万工程"示范与推广进程，全面推进"农村网络联校"建设与应用，建设城乡、家校一体化教育公共服务体系。

2. 提升社会保障智慧化水平

建设集全省人力资源基础信息库、公共就业服务系统、养老保险信息系统、医疗生育工伤保险信息系统、人事人才系统、劳动关系系统等于一体的社会保障综合信息系统，推进市、县核心业务数据向省级集中，实现湖南地域内

就业、社保、人事人才、劳动关系等各项业务协同办理和信息共享，促进人社部门与民政、公安、金融、医疗卫生等部门系统的互联互通，全面推广一卡通应用服务，加快医疗保险、创业就业、社会福利及社会救助领域业务在线办理进程。

3. 推动医疗健康服务平台化

充分利用云计算等信息技术，推进居民电子健康档案库和电子病历库融合，建设全省“健康云”服务平台，促进全省各级医卫机构信息互联互通。深化全省智慧医疗建设，加快智慧医疗标准化，推广智能自助终端、远程医疗等应用。创新开展分级诊疗、诊间结算与远程在线结算、“互联网 +”医院、医疗健康大数据自我管理等模式。深化信息技术在医养融合发展中的应用，提升养老服务水平。鼓励搭建公共信息平台，提供长期跟踪、预测预警等个性化健康管理服务。

4. 构建智慧旅游综合服务体系

对旅游风景区、文化旅游区、乡村旅游景区进行全方位的展示和信息服务，为客户提供集虚拟旅游体验、在线购物、文化创意为一体的综合性配套服务。建设智慧景点景区，普及使用电子门票、在线支付、电子消费卡。建设旅游多语种网站，打造旅游公共信息咨询服务体系，开展智慧旅游品牌推广和境外网络营销。加强智慧旅游监管服务，建立基于北斗导航的全省旅游产业监管服务平台和全省旅游监督指挥中心，实时发布景区游客流量、团队分布、旅游交通等信息。鼓励互联网企业、在线旅行社与政府部门开展数据共享，促进旅游产业大数据挖掘与应用，开发基于旅游大数据的省级智慧旅游营销平台。

5. 推动“互联网 +”精准扶贫

建立完善扶贫开发建档立卡信息管理系统，强化贫困户、贫困村、贫困县等扶贫对象的动态、分类管理，推进扶贫项目和扶贫资金的联网审批、联网备案。建立健全贫困统计监测指标体系、数据采集与分析体系，建设贫困统计监测应用系统，融合多部门信息，动态监测贫困情况，为全省扶贫资源精准配置提供决策支撑。政府与互联网企业合作，建立社会扶贫网络信息平台，探索推广“互联网 + 电商”“互联网 + 金融”“互联网 + 旅游”“互联网 + 教育”等扶贫模式，推动众创、众包、众扶、众筹等扶贫新模式、新业态发展，打造全

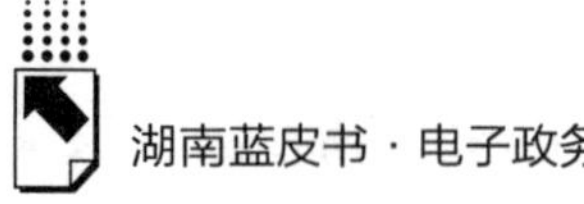

省“互联网+扶贫”的精准扶贫体系。

6. 构建“互联网+政务”网络信息安全保障体系

落实网络和信息化“一体两翼、驱动双轮”的总体要求，建立完善网络信息安全保障体系。一是建立健全网络信息安全保障体系和应急管理体系，加快全省政府部门、重要领域网络信息安全和应急指挥平台建设，提升信息安全保障能力。建立健全网络信息安全法规政策、标准体系和体制机制，加大依法管理网络和信息的力度，确保网络安全。二是增强关键信息系统安全防护。加大对党政部门信息系统和涉及国计民生的重要信息系统的安全防护投入并加强监管，确保安全可控。加快重要信息系统软硬件国产化替代步伐，实现操作系统、通用芯片、基础软件等产品的全面国产化。建立重要信息使用管理和安全评价机制，开展重要信息系统的安全检查工作，严格落实信息安全等级保护制度。三是营造安全可信的网络空间环境。加强网络安全意识宣传推广，开展网络空间综合治理专题研究，创新“互联网+”安全治理模式，提升网络社会安全管理能力。落实网络实名管理，加强政务信息和公民个人信息保护安全测评和监管，推进社会征信、“12321”等网络治理投诉举报平台建设，形成网络空间综合治理合力。

B.52

从第一次全省政府网站普查看湖南省政府网站建设现状

彭谷前　陈俐*

2015年3月，为推进全国政府网站信息内容建设有关工作，提高政府网站信息发布、互动交流、便民服务水平，全面提升各级政府网站的影响力，维护政府公信力，国务院办公厅印发《关于开展第一次全国政府网站普查的通知》（国办发〔2015〕15号），对全国所有政府网站进行一次全面、公开的普查。经过统计摸底、检查整改、抽查核查、通报总结四个阶段，历时9个月，2015年12月，普查工作圆满结束。国务院办公厅印发《关于第一次全国政府网站普查情况的通报》（国办函〔2015〕144号），通报了第一次全国政府网站普查情况和对各地区政府网站的抽查情况。湖南省政府网站在此次普查中，整体合格率达到95.2%，位列北京市、上海市、浙江省之后，排名全国第四。

一　第一次全省政府网站普查取得的基本成果

政府网站普查旨在摸清政府网站的基本情况，解决政府网站存在的群众反映强烈的问题。湖南省政府网站严格按照要求，通过强力有效的组织领导、科学合理的普查方法，在此次普查中取得了显著成果。

（一）摸清了全省政府网站家底

按照国办和省政府办公厅的统一部署，全省4188家政府网站被纳入普查

---

* 彭谷前，省政府发展研究中心政府网站处处长；陈俐，省政府发展研究中心政府网站处。

范围，按时、按要求填报了网站基本信息，整合关闭了496家网站，3692家政府网站通过“全国政府网站基本信息数据库”和“湖南省政府网站基本信息数据库”向社会公开。此次普查共抽查湖南省229家政府网站，其中达标网站218家、未达标11家。没有达标的11家网站集中在市直以下部门网站和乡镇一级政府门户网站，包括常德3家、株洲2家、邵阳2家、永州2家、张家界1家、湘西自治州1家，省级部门政府网站、市（州）政府门户网站以及县（市、区）政府门户网站的合格率达到100%。

（二）提升了政府网站的整体质量

普查期间，湖南省绝大多数政府能够正视自身问题，加大对网站各栏目的维护力度，按时按质完成自查整改工作。政府网站信息发布质量和更新频率明显提升，多数网站实现动态栏目每日更新，其他栏目及时更新。政府网站服务水平得到了有效提升，省、市、县三级政府门户网站建设重点服务项超过400项，规范、完善办事服务事项要素，为社会公众提供一站式服务。互动回应更加及时、有效，公众来信的数量有了很大程度的提升。2015年，省、市、县三级政府门户网站回复公众来信7万多封，办结率接近95%。群众反映强烈的“不及时、不准确、不回应、不实用”的问题得到了有效解决，“僵尸”网站、“睡眠”网站等现象也基本消除。

（三）推进了政府网站的集约化建设

以此次普查为契机，湖南省大力推进政府网站的集约化建设，将496家基础条件较差、独立运维能力较弱的基层网站整合到上级政府网站统一技术平台，探索建立统一规划、统一建设、统一管理的集约化模式，从源头上解决了基层网站无力维护等问题，实现了政府网站有序、高效运行。

二　湖南省政府网站建设存在的主要问题

近年来，政府网站建设得到国务院和省政府的高度重视，随着中办、国办和省政府办公厅出台一系列规范政府网站发展的意见以及2015年第一次全国政府网站普查的进行，一些制约政府网站发展、影响政府网站权威的问题已经凸显出来并得到解决。不过，从全省范围来看，湖南省政府网站建设仍面临一些问题。

（一）政府网站发展不平衡，建设质量存在差距

从纵向发展来看，不难发现，此次政府网站普查中，省级政府网站的合格率要高于市级政府网站合格率，市级政府网站合格率高于县级政府网站合格率，而不合格网站主要集中在市级以下，其中乡镇政府门户网站有2家，反映了湖南省基层网站建设质量有待进一步提升的问题。基层政府网站贴近百姓，对象更加有针对性，在内容上应该更加具体，与公众交流更加畅通，但是湖南省部分基层政府网站由于领导不重视、缺乏专业人才和技术支撑不到位等，整体建设水平相对低下，个别网站甚至出现整个网站多年未更新、首页大部分链接为虚假导航的现象。

从横向比较来看，此次普查发现问题的网站中，有7家是县（市、区）直部门政府网站，2家是市（州）直部门政府网站，而市（州）政府门户网站和县（市、区）政府门户网站的达标率都达到100%。这体现市（州）、县（市、区）政府重视对本级政府门户网站的建设，但是还需要加强对辖区内部门网站的管理，全面提升本地区政府部门网站的整体水平。

（二）部分政府网站建设不规范，“四不”现象依旧存在

此次开展全国政府网站普查，其主要目的就是解决政府网站中存在的“信息更新不及时、信息发布不准确、互动交流不回应、服务信息不实用”的问题。经过9个月的整改，这些问题已经得到明显改善，但依然存在一些“四不”问题，在很大程度上影响了政府网站形象。

湖南省政府网站从推行政务公开的角度出发，在信息发布方面下了很大力气，但是依然存在一些死角和遗留问题。《2015年湖南省政府网站绩效评估总报告》指出，部分网站并没有完全按照要求做到信息公开及时、全面、准确，尤其是市（州）直政府部门网站和县（市、区）直政府部门网站，信息公开得分低，公开情况不理想。

在办事服务方面，近年来，各级政府门户网站从服务公众的角度出发，建

设了不少民生服务方面的主题，为公众提供教育、医疗、就业等服务。这些主题的推出是在资源整合的基础上，意图为公众提供更为综合的“一站式”服务。但在实际建设中，出于栏目规划和内容保障力度等方面原因，主题服务效果十分有限，少数政府网站对重点办事服务项的建设存在应付现象，只是将主题服务中的部分资源抽取出来，组合成简单的事项列表，实用程度不高，且对资源的整合不够细致，例如办事条件、办事流程和办事机构等要素过于简单，对公众办事无法起到指南作用，实际效果不尽如人意。

在互动交流方面，随着此次普查的深入开展，不回应的问题得到了有效解决，但是存在少数回应质量不高、群众对回应结果不满的情况。如某些网站在对待网民来信的时候，存在仅回复“请咨询 XX 部门”等推诿责任和踢皮球的现象，也导致群众重复来信来电咨询，影响了办事效率和政府形象。

在网站易用性方面，普查发现，当前湖南省少数政府网站存在页面设置混乱、设计雷同、视觉效果差等问题，加重了网民在浏览网页过程中的视觉负担；少数网站没有完全按照网站功能的分类标准进行规划设计，信息类、办事类、参与类、网站特色类等栏目没有一一清楚列出，且缺乏清晰的办事指南和必要的文件下载，给公众查找政府信息、网上办事带来较大困难；在搜索栏方面，部分网站的搜索引擎形同虚设，无法精准定位用户所需要的资源。这些都是当前政府网站易用性问题的表现。

（三）公众参与效果不理想，政府网站传播力低下

公众参与是直接影响政府网站传播力的重要因素，所谓传播，归根结底是在公众和网民之间的传播。公众参与效果好，网站的传播力自然能够得到有效增强。此次普查中，通过全省政府网站监测平台，我们发现政府网站的公众参与度还有待提升。

1. 参与意识有待加强

网民参与意识主要反映在网民对网站的访问量、访问时间和访问深度等要素上。通过监测平台发现，2015 年 9 ~ 11 月，湖南省政府网站群访问总量基本呈现上升趋势，但从网站的基础流量 PV（网站访问量）和 UV（独立访客数）表现看，省直部门网站和县（市、区）政府门户网站的公众参与度还有待进一步提升，比如从检测的数据来看，省直部门网站日均访问量未过 1000

人次的单位有 21 家，占总数的 40% 左右。而且随着用户量的增长，网站访客平均停留时间都有所下降，平均跳出率也出现波动，其中用户增长最多的市（州）政府门户网站降幅最大。而平均访问深度方面，省直部门与市（州）政府网站都发生了下降，虽然用户在网站停留 100 秒的比例超过了 80%，但值得注意的是，大部分用户在政府网站上的访问仅停留在一个页面，反映了网民的参与意识不强，缺乏进一步浏览网页和参与网站建设的主动性，网站对网民的吸引力不够。

2. 参与程度有待提高

当前，互联网对人们生活的影响力显而易见，尤其“互联网 +”发展概念的提出，意味着互联网已经渗入社会生活的方方面面。相较于电子商务的蓬勃发展，电子政务的发展相对缓慢，尤其是对于人民群众来说，还没有完全形成通过政府网站监督政府行为、达成民意诉求的习惯。以互动交流的内容为例，此次普查发现，湖南省部分政府网站虽然设置了调查征集栏目，但是没有围绕政府当前的事务及老百姓关心的问题进行调查，有的主题甚至只有少数几位网民参与了调查，还有个别网站甚至仅仅设置了相关渠道，而没有开展实质性调查征集。有的政府网站虽然设置了嘉宾访谈栏目，也进行了实时直播，开放了网民实时互动的渠道，但是从效果来看，网民对在线访谈的关注甚少，参与度更低，有时一期访谈直播中收不到一位网友的留言，其参与程度之低可见一斑。

3. 参与渠道有待优化

参与渠道是否通畅是网民能否有效进行互动交流的重要因素。多元渠道迎合了不同用户的体验习惯，使用户能够更加便捷、更加舒服地进行互动交流。当前的政府网站，不仅有领导信箱、咨询投诉等传统的参与渠道，还在不断开发微信、微博、移动 APP 等新媒介，方便用户全方位参与互动交流。就湖南省的情况而言，传统的互动交流渠道已经基本成熟和完善，但是对新媒体的开发还有待加强，一些县（市、区）政府门户网站没有将微博、微信等互联网新技术运用到网站建设中，就更不用说县（市、区）直部门网站了。在自媒体和移动互联网不断发展的形势下，这在很大程度上降低了政府网站的群众参与度，也制约了政府网站的影响力。

三　关于推进湖南省政府网站建设的几点意见

在省委、省政府的高度重视和各级各部门的大力推动下，尤其是通过2015年全国第一次政府网站普查，湖南省政府网站建设水平有了质的飞跃。为不断适应“互联网+政务服务”的发展要求，提高电子政府的治理能力，对政府网站进行规范化、实用化改造，提高群众满意度，湖南省各级各部门政府网站还需加大力气，把普查中的自查整改工作作为网站建设的一项日常工作确立下来，把湖南省政府网站建设提高到一个新的水平。

（一）加大保障力度，彻底解决政府网站“四不”问题

政府网站是政府实现网上政务公开、提供网上政务服务，打造电子政府的重要阵地，其重要性不言而喻。湖南省少数网站，尤其是基层政府网站需进一步加大保障力度，确保网站的健康、有效运行。

首先，要加强政府网站建设管理的制度保障，按照政府网站建设原则，根据实际情况，制定本地区、本部门的网站建设管理办法。普查过程中发现，某些基层政府网站没有建立起科学的制度和工作规范，存在走过场、庸政懒政的情况和自查整改进度缓慢等情形。因此，基层网站应该以政府网站普查为契机，查漏补缺，就今后如何建设好本地政府网站，形成科学的工作规范，确保网站建设的各个方面、信息公开等各个环节都能够有规可依、有据可查，对网站建设形成硬性约束，避免“信息发布随意性强、服务指南缺乏权威性、互动回应敷衍了事”等现象。

其次，要加强对基层网站的投入保障。政府网站没有经营业务，也没有外部收入，但政府网站的运行维护需要有稳定的投入。因此，要想政府网站的质量跟上来，就必须加大资金投入，确保将政府网站内容保障、绩效评估、运行维护和技术保障等方面的经费列入财政预算，使其有足够的财政支撑。同时，人才保障不足也是政府网站面临的问题之一，现在部分网站，尤其是很多基层政府网站，人手短缺、力量薄弱，某些基层政府网站人员明显不够，因此要增加必要的人员配备，且要选择政治素质高、业务能力较强的工作人员来从事这项工作，避免出现“僵尸”“睡眠”网站。

（二）推动资源整合，实现政府网站规范化管理

要继续推动基层政府网站整合。按照国办要求，县级政府各部门、乡镇政府（街道办事处）不再单独建设政府网站，要利用上级政府网站技术平台开设子站、栏目、频道等，主要提供信息内容，编辑集成、技术安全、运维保障等由上级政府网站承担。此次普查，湖南省关闭整合了400多家政府网站，有效地保障了基层网站的合格率。基层政府网站要继续将没有独立运维能力的乡镇一级网站逐步整合到县（市、区）政府门户网站的统一平台上，进行统一管理，减轻基层网站的运维负担，提升基层政府网站的建设质量。

同时还要在2015年的基础上，继续推进省直部门政府网站整合到省政府门户网站的统一平台上，在部门网站、基本栏目、信息资源、采编规范、权限设置、运行维护、安全监管等方面进行统一管理，打通政府门户网站与部门网站、各个部门网站之间的信息壁垒，不同部门之间、上下级之间互联互通，打破“信息孤岛”，为公众提供一个便捷的信息平台。

（三）适应公众需求，着力提升政府网站传播能力

在新媒体力量日新月异的时代，网络传播对社会的影响力越来越大，政府网站作为汇集民意、汇聚民智的平台也就显得更加重要。政府网站建设要进一步提高公众参与度，提升政府网站的传播力，树立政府形象，促进网民与政府的良性互动。

首先，确保网站权威，提升政府网站的公信力。公信力是政府网站的第一力。政府网站是政府进行网上政务服务的通道，直接反映政府的行为，体现政府的能力。这就要求在建设政府网站时重点突出“政府”二字，“政府”意味着权威、公信。提高政府网站的公信力，一是保障信息的准确性。政府网站的政治性必然要求政府网站管理部门要确保政府网站发布的所有信息都是权威、官方的，既要加强对新信息的审核，也要对那些已经过期或者已经有调整的信息进行及时的修正、删除或者解释说明。二是保障信息的时效性，确保政府网站作为政府信息发布的第一平台，这就要求不同部门或者不同机构之间加强交流、紧密联系，充分利用统一的信息发布平台，重视信息的共享和及时发布。

其次，创新技术应用，提升政府网站的影响力。在网络信息过剩的时代，

只有提升政府网站在群众中的影响力，才能把握政府在社会上的话语权，而随着网络技术的发展，将新技术应用与政府网站建设更好地结合起来，成为提升政府网站影响力的关键因素。政府网站要通过开展技术优化增强内容吸引力，提升政府网站页面在搜索引擎中的收录比例和搜索效果，同时要提供面向主要社交媒体的信息分享服务，加强手机、平板电脑等移动终端应用服务，积极利用微博、微信等新技术、新应用传播政府网站内容，方便公众及时获取政府信息。唯有通过技术创新与技术应用，才能提高信息的传播效率，提高政府网站的影响力。

最后，做好舆论导向，提升政府网站的引导力。政府网站的舆论引导能力是政府网站传播过程中的舵手，能力的强弱关系着社会舆论是否按照政府所期盼的方向发展。一旦舆论失去控制，其后果不可想象。因此，避免社会舆论发生偏差是政府网站在传播中的重要任务。这就需要政府网站建立科学有效的传播机制，在面对群众声音的时候，既要有畅通的诉求渠道，也要有专业人士进行回应，保障网民的问题能够及时、有效得到解决，避免信息不流畅和不准确导致对政府机构的不满。同时，在谣言满天的网络背景下，政府网站应该利用其网络传播的天然优势，将政府最及时、最准确的声音传达给网民，以此遏制谣言的散播，稳定民心，把控舆论导向，维护党和国家的权威。

四　结语

诚如习近平总书记所言：没有信息化就没有现代化。政府网站作为信息化条件下政府治理的重要平台，越来越受到党和国家的高度重视。政府网站事业是专业性和政治性相结合的事业，相对于其他以经济利益为目标的商业网站来说，政府网站的建设与发展有其特殊的价值诉求，需要建立更加健全、完善的规范体系。随着湖南省第一次政府网站普查的结束，湖南省政府网站进入一个新的关键发展时期，政府网站管理需要从多方面入手，进一步查找本级本部门政府网站存在的问题，及时整改、加大投入，确保政府网站高质量、高水平运行。

B.53
“互联网 +”模式下湖南省政府领导决策支持系统应用研究

李文刚*

移动互联网、云计算、大数据等信息技术的飞速发展，对政府治理、领导决策、流程优化等产生了深刻影响，同时在潜移默化地改变政府决策者的思维、工作方式。在互联网时代，“互联网+决策”模式逐渐成为一个热门话题，如何基于“互联网+”构建一个跨部门、跨行业、跨地域的统一领导决策支持系统，进一步提升各级政府领导管理能力和决策水平，成为当前电子政务建设发展中需要认真研究的新课题。

一 “互联网+决策”的内涵

2015年，李克强总理在政府工作报告提道：“制定‘互联网+’行动计划，推动移动互联网、云计算、大数据、物联网等与现代制造业结合，促进电子商务、工业互联网和互联网金融健康发展，引导互联网企业拓展国际市场。”“互联网+”，这一源于互联网行业的概念，首次被写入政府工作报告，提升到国家行动的高度，“互联网+”与商务、政务、工业、经济的全面融合，成为未来发展的一个重要趋势。

“互联网+”是两化融合的升级版，将互联网作为当前信息化发展的核心特征提取出来，并与工业、商业、金融服务业等全面融合。这其中的关键就是创新，只有创新才能让这个“+”真正有价值、有意义。① 所以说“互联

---

* 李文刚，湖南省人民政府发展研究中心（湖南省电子政务中心）应用开发处主任科员，高级工程师（信息系统项目管理师）。

① 《“互联网+”引领创新2.0时代》，http://news.xinhuanet.com/info/2015-03/15/c_134064090.htm。

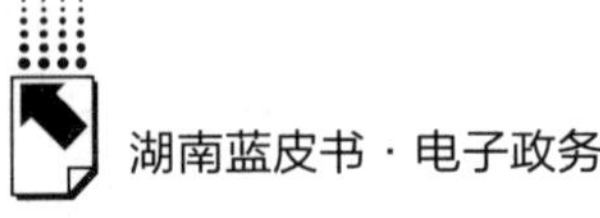

网+”不是特指一个行业，也不是指信息技术，而是一种新理念、新思维、新方法，依托信息通信技术和互联网平台，让互联网在各行各业生根发芽，推动经济社会的全面发展。

“互联网+决策”支持系统是以管理科学、运筹学等多个学科为基础，以信息通信技术为手段，依托互联网上的海量数据资源（交易数据、社交数据、政务数据等），实现人机交互的智能系统。系统通过建立个性化的数据模型，深度分析各种数据、信息和资料，提供多种备选方案，并对方案进行对比、判断，通过与决策者的循环互动，为正确决策提供有益帮助，并进一步提高决策者的决策能力和水平。

二　发展领导决策支持系统意义重大

在国家大力推动以互联网升级改造传统产业的战略大背景下，互联网与政府治理逐渐深度融合，“互联网+决策”给电子政务带来了新气象、新方向、新发展，意义十分重大。

1. 有利于决策结果更准确

“互联网+决策”模式通过在线化和数据化，利用网络机器人技术展开全网搜索，产生海量多维度数据。通过对跨部门、跨行业的大数据进行智能化分析，使领导决策更精确、更及时、更科学。

2. 促进决策过程的民主化

政府部门通过领导决策支持系统来问政互联网，可以广泛收集民意，倾听广大网民呼声，政府领导不仅要自己出主意，而且可以让网民出主意，真正做到问政于民、问需于民，提高社会公众对政府决策的参与度。

3. 节约各级政府财政资金

政府领导做出某项决策，往往需要进行大量调研分析，甚至投入很大的人力、物力、财力，搜集整理很多纸质资料才能做出决策。领导决策支持系统利用互联网的海量数据，通过智能化分析，以最少的成本提供最高效的决策辅助支持。

三　湖南省发展领导决策支持系统恰逢其时

近年来，在省委、省政府的大力支持下，湖南省大力开展电子政务建设和应用，积极推动政府信息公开、网上办事和政民互动等服务，有力促进了服务型政府、责任政府、法治政府和廉洁政府建设。从自身条件来看，湖南发展领导决策支持系统可谓是“天时、地利、人和”兼备。

1.“天时”，有国家明确的政策支持

2015年7月4日，《国务院关于积极推进“互联网+”行动的指导意见》出台，意见提出，“积极探索公众参与的网络化社会管理服务新模式，充分利用互联网、移动互联网应用平台等，加快推进政务新媒体发展建设，加强政府与公众的沟通交流，提高政府公共管理、公共服务和公共政策制定的响应速度，提升政府科学决策能力和社会治理水平，促进政府职能转变和简政放权。”因此，发展“互联网+决策”，进一步提升政府领导决策水平已是大势所趋。

2.“地利”，有良好的电子政务基础

湖南省电子政务外网经过多年的不断发展，已经进入全国先进行列。电子政务外网纵向联通了全省14个市（州）、123个县（市、区），部分覆盖到乡镇。横向联接了112家省直单位、大部分市（州）直单位和部分县（市、区）直单位。在外网平台上已承载20多个国家部委到省直部门的应用、9个省直到市（州）的纵向应用、48个部门互联网统一出口，省电子政务外网已成为湖南省电子政务公共应用和服务的重要支撑平台。目前，湖南省正在规划建设省级电子政务外网统一云平台，统一云平台建成后将进一步实现政务信息资源整合、数据共享和业务协同，为各级领导依托互联网进行科学决策提供基础支撑。

3.“人和”，有省委书记的全力推动

湖南省各级政府领导开始重视网络、学习网络、运用网络，用互联网来做好领导决策已成为全省上下的共识。省委书记徐守盛在多个场合提倡全省各级干部要树立互联网思维，提高互联网领导决策力。他指出：“‘互联网+’，最终要‘+’在老百姓关心的‘柴米油盐酱醋茶’上，要‘+’进千家万户，真正为广大老百姓提供便利。”徐守盛书记不仅是这样说的，还是这样做的。2015年11月，徐守盛书记通过网络集中回复65名网友留言，在网民中产生积极反响。2016年1月，徐守盛书记在接受凤凰卫视专访时表示，将对湖南全省县委书记集中培训“互联网+”，让“互联网+”真正“服务千家万户，渗透到老百姓生活的每个领域”。

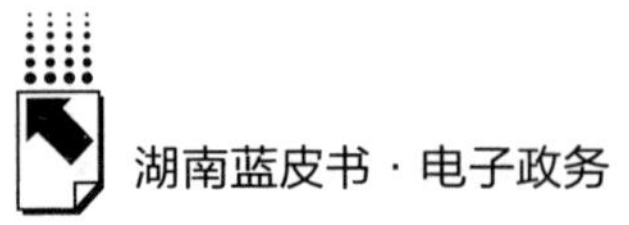

四 湖南省政府领导决策支持系统的总体框架研究

结合湖南省电子政务基础资源，领导决策支持系统采用“四横两纵”的总体框架设计，分为基础设施层、数据资源层、应用支撑层、领导展现层四个层次，技术标准、数据规范及安全运维保障体系贯穿四层（见图1）。

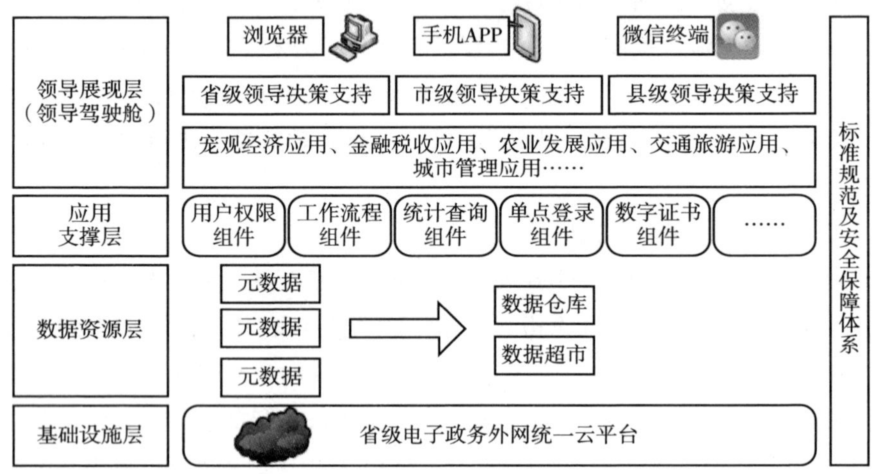

图1 湖南省政府领导决策支持系统总体框架

1. 以云平台为基础

云计算通过互联网整合各类计算资源，将服务器、存储资源、安全资源等整合到共享资源池，以便利、按需分配的方式对外提供服务，增强了其可用性和安全性。领导决策支持系统以云计算为平台支撑，充分利用云计算共享服务、动态扩展、按需使用的特点，为领导决策支持系统处理海量数据、进行数据交换共享提供基础环境。

2. 以数据融合为基础

在云平台基础上建设一个数据共享交换中心，根据政务数据量大、种类繁多、系统众多等特点，以结构化、半结构化数据为主，完善人口、自然空间、宏观经济等信息库，实现全省政务数据的存储、分析、检索、融合，形成全省统一的电子政务数据库。各种政务元数据通过高效、快速的ETL机制整合到全省政务数据仓库，形成全省统一的 ODS（操作型数据存储），确保数据的及时、准确、多样和安全。

3. 以应用组件为驱动

应用支撑层联接决策支持应用和各类数据资源，组织和整合各类数据、组件和服务，为上层应用系统的搭建和运行提供支撑服务。

4. 以领导门户为展现

领导展现层，利用 Portal 技术建立体验更好、更加人性化的“领导驾驶舱”，从“用户关注角度”出发，提供“所见即所得”的智能体验，支持电脑、手机等各类终端。对不同行业分别设置不同模块，如贸易、投资、工业、农业、金融等多个行业模块，同时提供仪表盘、饼图、柱图等多种统计图，为领导决策提供关键信息。

五 加快领导决策支持系统建设的具体措施

1. 做好“加法”，依托省云平台

一是依托湖南省省级电子政务外网统一云平台，借助平台的计算、存储、网络、安全资源来建设领导决策支持系统，进一步提高资源的利用率，实现电子政务资源的有效整合。二是加强组织协调，领导决策支持系统是一项规模很大的系统工程，涉及多部门、多行业、多领域、多层次，这需要各级政府强有力的领导和协调，打破各种利益壁垒，建立长效机制。三是加强系统顶层设计。不做“形象工程”，也不盲目效仿其他地区的建设模式，结合湖南实际，取长补短，以需求为导向，认真做好前期调研，使顶层设计更具前瞻性、科学性和操作性。

2. 做好“减法”，减少中间环节

一是避免采集“二手”数据。数据是领导决策支持系统的核心，为了全面客观地反映对象，防止决策失误，应从源头上搜集各种信息、情报、资源，减少相关性差、时效性差和可靠性低的“二手”数据获取。二是减少人为因素干扰。为了便于领导决策，要充分利用云计算、大数据等新技术来归集信息，避免人为修改原始数据，防止数据失真。三是对数据进行脱敏处理。根据不同级别的领导，系统应从战略、战术等角度提供不同数据，同时对数据的敏

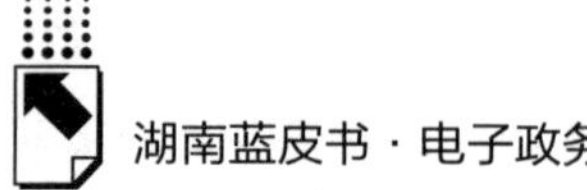

感信息进行过滤，保护个人隐私。

3. 做好“乘法”，实现效益翻倍

一是强化制度建设。结合湖南实际，出台相应的规则制度，明确信息搜集的范围、类别、时限。二是强化信息融合。从政府网站搜集政务信息，从互联网上搜集商务信息，创新实现政务与商务数据的大融合。三是强化资金投入。创新建设模式，从不同渠道广泛筹集资金，增加政府财政投入，争取系统早日建成、早日投入使用、早日发挥作用。

4. 做好“除法”，破除各种阻力

要进一步做大分子，做小分母。一是完善考核机制。加大各类信息的报送考核力度，优化各类考核指标，将信息报送情况纳入各政府部门考核内容并予以定期通报，提高系统的准确度。二是做好宣传和培训工作。完善多渠道、多层次、多媒体的宣传报道，提高关注度，发挥系统效益。采取多种形式开展面向各级公务员的技术培训，培养一支既熟悉政府管理、经济管理、公共服务，又掌握互联网技术的高素质人才队伍。

B.54
浅谈湖南省政务超市建设

颜斯哲*

一　网上政务超市建设背景

随着互联网的快速发展及应用和普及，政府管理模式也在加速变革，电子政务已成为政府办公现代化和服务型政府建设的重要内容，在提高行政效率、改善政府效能、扩大民主参与等方面的作用日益显著。

2015年，湖南省政府根据《国务院办公厅关于促进电子政务协调发展的指导意见》（国办发〔2014〕66号）出台了《关于促进电子政务协调发展与深化应用的实施意见》，提出要推进“互联网+政务”服务平台建设，推进政务权力清单运行平台、政务服务平台、公共资源交易监督平台、信用信息共享服务平台、涉企收费监管平台、投诉举报统一平台建设，整合各类诉求渠道，加强政民互动，建立统一的电子监察体系，强化政府权力全流程网上运行。建设电子证照库，对接第三方支付系统，具备政务超市功能，逐步形成网上服务与实体服务、线上服务与线下服务相结合的一体化新型政府服务模式，构建全省统一的“互联网+政务”服务平台。

2015年11月，国务院发布《关于简化优化公共服务流程　方便基层群众办事创业的通知》（国办发〔2015〕86号），提出服务要便民利民、办事依法依规、信息公开透明、数据开放共享，并布置了全面梳理和公开公共服务事项目录、坚决砍掉各类无谓的证明和烦琐的手续、大力推进办事流程简化优化和服务方式创新、加快推进部门间信息共享和业务协同、扎实推进网上办理和网上咨询、加强服务能力建设和作风建设等任务，进一步简化优化公共服务流程、方便基层群众办事创业。

---

* 颜斯哲，湖南省人民政府发展研究中心（湖南省电子政务中心）应用开发处。

二 网上政务超市建设内容

湖南省网上政务超市建设，应依托省级电子政务数据中心、省级统一电子政务外网云平台，以省政府门户网站、省网上政务服务和电子监察系统等已建成或在建的资源为基础，借助云计算、大数据等信息技术，构筑集行政审批、便民服务、政务公开、效能监察、互动交流于一体的全天候在线的网上政务超市，全面梳理和公开公共服务事项目录，实现政务服务一站式办理、行政权力全流程监督、政务公开阳光透明、数据开放全共享，推进部门间信息共享和业务协同，整合各类诉求渠道，加强政民互动，逐步形成网上服务与实体服务、线上服务与线下服务相结合的一体化新型政府服务模式，构建全省“互联网+政务”贯穿省、市（州）、县（市、区）、街道（乡镇）、社区（村）的网上政务超市。

1. 标准体系建设

湖南省网上政务超市是一项复杂的大型信息化应用工程，业务涉及行政权力运行和监管、政务服务和信息共享的方方面面，需要综合考虑各类业务需求、统一技术路线，做好技术支撑、业务支撑与业务应用之间的顶层设计，统一资源开发利用标准。做好各应用系统的数据交换规范、业务应用规范，统一在数据采集中使用的标准、规范、编码体系，按照统一的标准进行系统建设，促进数据进一步处理、加工和共享以及信息的综合利用和多业务的融合发展。

标准体系建设包括信息采集标准、数据交换标准、公共服务标准、管理考核标准、事项准入标准等，为异构数据共享提供统一的标准，为数据完整、准确的共享和不同独立系统间业务协同互动奠定了基础。

2. 行政审批建设

以湖南省网上政务服务系统为基础，扩大行政审批事项范围，将行政处罚、行政征收、行政强制、行政给付、行政奖励、行政确认、行政征用、行政裁决、行政复议、行政备案和行政服务等其他行政权力事项纳入统一的审批系统，打造省级审批综合处理中心，承载全省行政权力和公共服务数据分类、发布、汇集、交换、推送，实现行政权力事项全部纳入网上政务服务系统进行全流程网上办理及监督。按照省对接规范及技术标准，实现省、市、县、街道、社区五级的互联互通、数据主动推送。具体可分以下三个方面。

第一，建设全省统一的行政权力事项管理系统。省、市、县、街道、社区五级政府职能部门梳理、规范本部门行政权力事项，对变更事项进行注册，经审核通过后，同步更新事项信息库，重新发布，健全行政权力事项动态管理制度，实现内容的实时更新。

第二，扩展全省统一的网上政务服务系统。依托湖南省已建成的网上政务服务系统，扩大政务服务事项范围，将行政处罚、行政征收、行政强制、行政给付、行政奖励、行政确认、行政征用、行政裁决、行政复议、行政备案和行政服务等其他行政权力事项纳入统一的审批系统，打造省级数据综合处理中心，承载全省行政权力和政务服务数据分类、发布、汇集、交换、推送，实现行政权力事项全部纳入新的网上政务服务系统，进行全流程网上办理及监督。按照相应的对接规范及技术标准，与省级系统实现互联互通、数据主动推送。

第三，建设全省统一的综合电子监察系统。按照统一接口规范，依托省行政审批电子监察系统，扩展监察范围和监察功能，为对全省行政权力事项的全程实施监察监控、预警纠错、督查督办、绩效考核、投诉处理和行政服务评价等做好充分准备。数据逐步推送，为统一的综合电子监察系统提供数据支撑。

3. 便民服务建设

为了加强便民服务，方便基层群众生活、办事和创业，以“公共服务”为导向，在省电子政务整体规划的基础上，在“顶层设计”业务梳理形成的电子政务重点发展领域和典型项目群中，选取与市民日常生活息息相关、使用频率较高的生活服务，以此为契机梳理政务流程，打破部门、系统间界限，构造政府和事业单位服务的横向协同业务线，形成跨部门的信息流，对接第三方支付系统，提高政府一站式服务能力。

以湖南省政府门户网站群为依托，建设一站式智能便民服务系统，以便民、高效、廉洁、规范、阳光为宗旨，推行“一站式办公、一条龙服务、并联式审批、阳光下作业、规范化管理”的运行模式，集信息与咨询、审批与收费、管理与协调、投诉与监督于一体。主要包括公开服务、咨询服务、投诉服务以及便民服务四个方面，通过对湖南省内所有与公众工作、生活息息相关的公共服务进行整合，并且根据用户的使用习惯进行梳理，通过服务的相关性整合某项服务的所有相关信息，让公众生活、办事变得便捷、智能、高效，做到

“一个账号，一处登录，一站通行全省所有惠民服务”。

4. 阳光政务建设

以云服务为基础环境支撑，以湖南省政府门户网站群为应用平台依托，形成涵盖省、市、县、街道、社区五级的一体化门户集群，建成栏目设置规范、界面风格统一、双向链接畅通、用户体验基本一致的网上政务超市专栏，形成省政务服务统一平台。按照统一规范发布“行政权力清单”“部门责任清单”“企业投资负面清单”“财政专项资金管理清单”等权力事项，推行阳光政务；同时，建设“一站式”便民服务导航，整合集聚各级民生服务项目，发布行政审批和其他各类政府部门便民事项；集中全省政府服务资源，按个人办事、法人办事两条主线实现全口径汇聚，并开设若干主题板块，建设“一站式”便民服务导航，为公众提供“一站式”服务；整合各类诉求服务通道，提供统一的网上咨询、网上申报、网上办理、进度查询及网上投诉等服务。

建设省级政务服务统一门户。依托全省统一的政府门户网站群，建成栏目设置规范、界面风格统一、双向链接畅通、用户体验基本一致的省、市、县、街道、社区五级政务服务专栏，形成全省政务服务统一平台。

省、市、县、街道、社区五级联动，推行权力事项公开。按照统一规范发布“行政权力清单”“部门责任清单”“企业投资负面清单”“财政专项资金管理清单”等权力事项，推行阳光政务；同时，将行政权力事项按照地域、服务主题、服务对象等分类在湖南省政府门户网站群进行集中展示，为公众和企业提供“一站式”服务。

审批事项通过政务服务专栏受理。按省统一要求，提供网上咨询、网上申报、进度查询及网上投诉等服务。

加强网上便民服务渠道的建设和整合。建设“一站式”便民服务导航，整合集聚各级民生服务项目，发布行政审批之外的政府部门便民事项，并推行网上办理工作。

5. 数据开放建设

随着行政审批制度改革，电子政务建设进一步面临整合创新的需求，从降低电子政务投资成本、提高电子政务建设效益、促进政府信息资源整合的角度出发，可考虑借助“云计算”理念，建立覆盖省、市、县、街道、社区五级行政权力业务的数据交换规范体系，充分整合建设、规划、人社、国土等部门的信息资源，统一数据标准、规范业务流程，建设政务信息资源共享库，实现对五级政府所有行政权力事项的规范化、目录化、动态化管理，并用以支撑业务应用系统运行、数据综合分析和资源共享服务。实现政府和公共部门数据资源统一汇聚和集中向社会开放，面向社会提供政府数据资源“一站式”开放服务，同时为“互联网 + 政务”的城市服务提供数据支持。一方面，可以降低政府电子政务建设软硬件投资、后期运营维护成本，解决有些电子政务项目应用高峰期饱和与平时资源闲置的矛盾；另一方面，可以通过信息资源中心的统一部署，实现政务信息资源的共享，避免部门信息化建设各自为政、信息共享和业务协同能力差等弊端。

建设跨层级、跨部门的数据交换体系。建立覆盖省、市、县三级行政审批业务系统的数据交换规范体系，联通省级交换平台。

建设全省统一的办件信息库。省、市、县各部门的办件基本信息（含审批报件）、过程信息（含过程文档）、结果信息（含批文、证照）等数据，通过数据交换汇总至省级平台，形成覆盖全省的行政审批等办件信息库。

建设全省统一的电子证照库。建设涵盖公安、民政、社保、卫计、环保、工商、税务、质监等相关领域的非涉密电子证照共享库，提升公众和企业网上申报便捷度，满足政府部门审批过程中的证照管理、材料真实性鉴别、信息共享需要。

三 需要注意的几个问题

湖南省网上政务超市作为一个具体项目，在响应党中央、国务院、省委、省政府要求的前提下，结合湖南省信息化建设实际情况，在规划、建设过程中应注意以下几个问题。

1. 现有资源利用

为充分利用现有资源、避免信息化项目重复建设，湖南省网上政务超市建设应在已建成的公共政务资源项目基础上进行规划。

目前，湖南省已建成覆盖全省范围的电子政务内网和电子政务外网以及基于互联网的各级政府部门门户网站，形成了全省电子政务基础网络平台。省电子政务外网平台包括省级平台骨干城域网和广域网，纵向覆盖省、市、县三级，部分县（市、区）已延伸到村（社区）。70 多个省直部门通过光纤接入，已与国家外网平台和 31 个省、市节点联通，市级和县级普遍建成统一的县级电子政务平台，实现横向联接市级、县级政府部门间的网络应用，纵向到底、横向到边的政务外网为网上政务超市提供了有利的网络环境。

以电子政务内外网络和基础运营商网络平台为依托，相关委办局建设业务网络近 40 个，涉及财税、海关、城市管理、工商管理、监督监察、经济建设等各个领域，其他相关业务网络也将逐步纳入电子政务网络体系中。这些业务网络及其提供的相关服务，构成了网上政务超市可供办事群众选用的“货物”。

安全基础设施建设也取得进展。湖南数字证书认证（CA）中心从 2002 年着手筹建，2006 年正式建成并顺利通过国家密码管理部门的安全审查，具备发放数字证书的条件，为湖南省网上政务超市建设提供了安全保障。

“中国湖南”门户网站、网上政务服务和电子监察系统建设都卓有成效，成为政府信息公开主渠道和服务于民的重要阵地，已实现全省所有行政审批事项的信息公开，提供行政许可、非行政许可和服务事项办事指南及表格下载 5 万多项。基本实现行政部门政务服务项目的“一站式服务、一窗式受理、一次性告知、一条龙审批、一单式收费”，实现对政务服务项目的实时监察、预警纠错、信息服务、绩效考核等功能，为网上政务超市建设打下了坚实基础。

在基础政务资源方面，省工程建设领域项目信息和信用信息公开共享系统、湖南省信用信息系统（信用湖南）、湖南省城镇个人住房信息系统、湖南省企业信用信息库、湖南省公民信息库、湖南省法人库、国家地理信息公共服务平台的湖南省级节点（天地图·湖南）、湖南省中小企业公共服务平台、湖南省“三清单一目录”监管及公示平台等一批重大应用服务平台构筑了有效的基础政务资源体系，为网上政务超市实现全面数据开放提供了有力保障。

湖南省网上政务超市建设，应利用好上述资源，也必须符合即将启动的湖南省省级政务外网统一云平台规划，在政务超市项目设计阶段就扣住电子政务发展的脉搏，做出具有前瞻性的考量，采取松耦合、模块化的开发方式，保证技术先进性的同时确保软件管理、定制、升级的便利。

2. 解决“直销”与“缺货”问题

当前，湖南省电子政务建设理念正处在由从部门角度出发转向以企业与公众的实际需求为导向的转型期，按照我国电子政务建设的常规路径，其往往采用的是先内部、后系统、再服务，先分散、后整合、再协同的办法，导致现有电子政务项目多以政府内部业务系统为主，仍局限于部门和条线，跨部门项目和公共服务建设相对较弱。部门、条线的业务较为独立，公众办理一项业务依然需要奔走于多个业务部门，如果把政务服务当成“商品”，那么这些独立系统就是“直销”产品，“消费者”必须到专门的营业点，找专门的“销售人员”进行消费，要一次性采购大量“商品”，还要跑很多个不同种类的营业点。

湖南省各业务部门信息化程度参差不齐，电子政务服务内容整合层次不高，网站办事功能不全，以提供网站链接、事务处理电话以及表格下载为主，大部分仍然需要传统的线下作业完成，造成了“超市”很多商品“缺货”，办事群众登录到网上政务超市，却发现没有某些部门提供的“产品”，就如同超市卖场如果不能提供一揽子购物解决方案，消费者就会失去前来购物的动力。

要解决这两大问题，在网上政务超市建设时，就应该分两类情况进行规划。首先，对独立的业务系统进行整合。加强各系统内部流程整合，对业务或服务流程进行重组和优化，充分梳理联合审批等需要多部门协同参与的事项，对涉及的业务或服务流程进行统一规划，避免表面整合、内部仍然各走各的；加大宣传和协调力度，提高部门之间信息资源共享的积极性，划分好“公开”与“保密”的界限，为部门信息资源共享解决后顾之忧。把已有的业务系统“直销”模式改成超市的上架销售模式，变面向“商家”为面向“消费者”。其次，为尚未提供网上政务服务的部门提供技术支持。依托即将建成的湖南省省级政务外网统一云平台，加快各部门的业务系统信息化进程，逐步扩大完善“超市”商品覆盖面，力争实现真正一站式“购物”。

四　结语

湖南省网上政务超市的建设应按照“公开、公平、公正、规范、高效、廉洁”的要求和“互联网＋电子政务”“互联网＋政务服务”的理念，以整合共享资源、统一制度规则、创新体制机制为重点，以电子政务外网云平台建设为支撑，依托湖南省政府门户网站群、网上政务服务和电子监察系统以及湖南省“三清单一目录”监管和公示平台，从阳光政务、办事服务、便民服务和数据开放四个方面着力打造“线上线下合一、前台后台打通、纵向横向联动”的公共服务新模式，实现“服务方式零距离、服务事项零积压、服务受理零推诿、服务过程零差错”，打造网上公共服务的升级版，打通公众和政府的“最后一公里”，为全省进一步简化优化公共服务、方便基层群众办事创业营造良好环境。

附　　录

Appendix

B.55

2015年湖南省政府网站绩效评估结果

附件一

省直部门网站

序号	部门	网站普查	重点栏目建设	内容保障	日常监测	总分
1	省林业厅	28.88	19.30	20.00	27.91	96.09
2	省环境保护厅	29.97	19.57	19.15	26.54	95.23
3	省审计厅	29.70	20.00	20.00	25.50	95.20
4	省农业委员会	29.88	17.19	20.00	27.76	94.83
5	省教育厅	29.34	18.98	20.00	26.19	94.51
6	省工商行政管理局	28.32	19.30	19.45	27.26	94.33
7	省食品药品监督管理局	29.94	18.00	19.00	27.06	94.00
8	省国土资源厅	29.10	19.33	18.40	26.25	93.08
9	省民政厅	28.80	16.87	19.75	27.45	92.87
10	省地方税务局	28.41	18.43	18.25	27.76	92.85
11	省住房和城乡建设厅	29.40	16.81	19.10	26.63	91.94
12	省旅游局	27.00	16.83	19.00	28.20	91.03
13	省商务厅	29.10	18.29	17.10	26.53	91.02

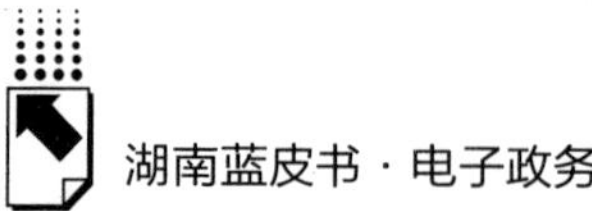

续表

序号	部门	网站普查	重点栏目建设	内容保障	日常监测	总分
14	省质量技术监督局	27.75	16.59	17.40	28.79	90.53
15	省文化厅	29.85	13.90	18.95	26.96	89.66
16	省卫生和计划生育委员会	29.85	18.17	16.70	24.85	89.57
17	省档案局	29.10	16.30	19.85	23.90	89.15
18	省财政厅	29.40	14.84	17.65	27.24	89.13
19	省安全生产监督管理局	29.37	18.60	14.50	26.03	88.50
20	省发展和改革委员会	29.01	18.45	14.15	26.45	88.06
21	省司法厅	29.64	17.02	16.95	24.09	87.70
22	省公安厅	28.68	16.60	14.60	27.70	87.58
23	省交通运输厅	28.80	15.69	16.20	25.95	86.64
24	省科学技术厅	29.07	12.70	18.75	26.04	86.56
25	省经济和信息化委员会	28.38	13.28	17.25	26.69	85.60
26	省人民防空办公室	29.10	16.83	15.25	23.91	85.09
27	省政府金融工作办公室	29.40	15.09	16.90	23.51	84.90
28	省长株潭“两型社会”试验区建设管理委员会	29.76	13.75	13.50	27.60	84.61
29	省核工业地质局	29.10	16.25	15.40	23.80	84.55
30	省人力资源和社会保障厅	29.70	14.70	16.40	23.57	84.37
31	省煤田地质局	28.20	14.00	14.00	27.75	83.95
32	省政府法制办公室	29.40	16.70	13.45	24.26	83.81
33	省政府外事侨务办公室	29.10	11.73	18.60	23.35	82.78
34	省统计局	29.40	14.48	15.80	22.43	82.11
35	省粮食局	29.10	13.50	14.60	24.09	81.29
36	省机关事务管理局	29.40	14.23	12.60	23.36	79.59
37	省供销合作总社	27.90	13.20	12.90	24.88	78.88
38	省参事室	28.20	14.60	12.65	22.81	78.26
39	省监狱管理局	28.50	13.65	13.30	22.66	78.11
40	省知识产权局	27.90	15.00	12.00	22.67	77.57
41	省国有资产监督管理委员会	26.40	14.31	12.80	23.98	77.49
42	省民族宗教事务委员会	28.29	13.05	9.85	25.64	76.83
43	省水库移民开发管理局	28.17	12.95	11.15	23.12	75.39
44	省体育局	24.03	10.79	16.80	23.72	75.34
45	省扶贫办	27.90	8.70	14.10	23.83	74.53
46	省水利厅	19.80	17.64	10.90	25.57	73.91

续表

序号	部门	网站普查	重点栏目建设	内容保障	日常监测	总分
47	省煤炭管理局	26.10	9.75	5.50	24.45	65.80
48	省地质矿产勘查开发局	27.51	8.25	2.50	24.86	63.12
49	省有色金属管理局	29.43	7.00	0.00	25.78	62.21
50	省中医药管理局	28.50	7.75	1.50	23.93	61.68
51	省新闻出版广电局	18.54	9.39	8.78	22.79	59.50
52	省有色地质勘查局	26.10	7.75	1.50	22.83	58.18
53	省地方志编委	22.50	8.50	3.00	22.40	56.40

市（州）政府门户网站

序号	市州	网站普查	重点栏目建设	内容保障	日常监测	总分
1	长沙市	28.55	34.08	5.00	29.28	96.91
2	衡阳市	28.10	34.40	5.00	29.05	96.55
3	郴州市	28.52	34.35	5.00	28.31	96.18
4	益阳市	27.37	34.60	5.00	26.86	93.83
5	湘潭市	25.60	33.70	5.00	29.09	93.39
6	岳阳市	26.37	31.60	5.00	29.01	91.98
7	湘西州	28.23	30.40	5.00	27.43	91.06
8	娄底市	27.90	29.40	5.00	28.54	90.84
9	怀化市	27.99	25.30	5.00	26.54	84.83
10	常德市	25.07	25.45	5.00	28.41	83.93
11	株洲市	16.90	31.85	5.00	27.59	81.34
12	张家界市	19.00	24.30	4.00	28.02	75.32
13	邵阳市	16.19	21.90	5.00	26.86	69.95
14	永州市	16.20	21.95	4.00	26.03	68.18

县（市、区）政府门户网站

序号	县市区	网站普查	重点栏目建设	日常监测	总分
1	珠晖区	30.00	39.30	28.72	98.02
2	桃江县	30.00	38.60	28.54	97.14
3	衡山县	30.00	39.40	27.08	96.48
4	长沙县	30.00	37.70	28.13	95.83
5	浏阳市	25.00	40.00	29.03	94.03
6	资兴市	30.00	34.50	27.77	92.27

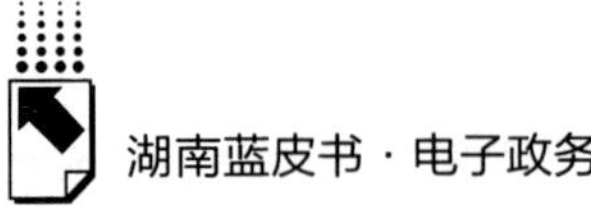

续表

序号	县市区	网站普查	重点栏目建设	日常监测	总分
7	北湖区	30.00	35.40	26.35	91.75
8	安化县	30.00	36.50	24.43	90.93
9	湘阴县	29.00	34.80	26.98	90.78
10	芙蓉区	30.00	32.15	28.18	90.33
11	娄星区	25.00	36.80	28.37	90.17
12	岳麓区	25.00	36.70	27.67	89.37
13	永顺县	30.00	31.80	27.28	89.08
14	常宁市	25.00	37.10	26.98	89.08
15	隆回县	30.00	31.20	27.74	88.94
16	靖州县	30.00	31.20	27.73	88.93
17	韶山市	30.00	30.35	28.26	88.61
18	雨花区	25.00	35.20	28.33	88.53
19	蒸湘区	30.00	31.95	26.53	88.48
20	祁东县	25.00	36.35	26.29	87.64
21	沅江市	25.00	36.80	25.56	87.36
22	望城区	25.00	32.40	28.57	85.97
23	平江县	29.50	28.50	27.87	85.87
24	雁峰区	25.00	34.10	26.72	85.82
25	武陵区	30.00	29.00	26.74	85.74
26	新化县	30.00	27.35	28.27	85.62
27	双峰县	25.00	31.75	28.83	85.58
28	耒阳市	25.00	32.95	27.53	85.48
29	君山区	25.00	34.20	25.95	85.15
30	涟源市	20.00	34.85	29.11	83.96
31	邵阳县	25.00	34.20	24.58	83.78
32	临武县	25.00	31.60	26.94	83.54
33	武冈市	30.00	24.80	28.66	83.46
34	石鼓区	25.00	31.60	26.38	82.98
35	保靖县	25.00	31.70	25.92	82.62
36	嘉禾县	25.00	31.55	25.99	82.54
37	南县	20.00	36.20	26.07	82.27
38	冷水江市	25.00	30.45	26.73	82.18
39	麻阳县	25.00	29.55	27.40	81.95
40	辰溪县	25.00	29.65	27.08	81.73

续表

序号	县市区	网站普查	重点栏目建设	日常监测	总分
41	安仁县	30.00	24.85	26.46	81.31
42	宁远县	25.00	27.45	28.74	81.19
43	武陵源区	25.00	28.45	27.34	80.79
44	赫山区	25.00	28.70	27.06	80.76
45	会同县	25.00	28.40	27.29	80.69
46	开福区	20.00	32.50	27.92	80.42
47	花垣县	30.00	24.75	25.34	80.09
48	天心区	25.00	28.95	26.12	80.07
49	衡阳县	20.00	32.65	27.21	79.86
50	蓝山县	27.00	25.85	26.83	79.68
51	衡东县	25.00	29.45	24.85	79.30
52	宁乡县	20.00	32.00	27.27	79.27
53	芷江县	30.00	24.35	24.66	79.01
54	宜章县	25.00	27.50	26.20	78.70
55	苏仙区	20.00	31.50	26.71	78.21
56	岳阳楼区	25.00	29.40	23.59	77.99
57	沅陵县	25.00	25.30	27.27	77.57
58	临澧县	25.00	26.05	26.37	77.42
59	新晃县	25.00	24.50	27.60	77.10
60	炎陵县	27.00	23.70	26.33	77.03
61	江华县	30.00	21.50	25.19	76.69
62	龙山县	22.00	29.00	25.65	76.65
63	安乡县	30.00	20.35	26.23	76.58
64	衡南县	20.00	31.05	25.15	76.20
65	洪江市	25.00	25.20	25.45	75.65
66	湘乡市	25.00	22.50	27.41	74.91
67	桑植县	30.00	19.20	25.50	74.70
68	汝城县	25.00	25.20	24.17	74.37
69	桂阳县	20.00	26.20	28.06	74.26
70	溆浦县	30.00	20.00	24.12	74.12
71	华容县	24.00	23.80	25.96	73.76
72	雨湖区	25.00	22.80	25.86	73.66
73	邵东县	25.00	23.75	24.89	73.64
74	新田县	29.00	18.05	26.07	73.12

续表

序号	县市区	网站普查	重点栏目建设	日常监测	总分
75	桃源县	25.00	21.00	27.07	73.07
76	岳塘区	20.00	27.10	25.79	72.89
77	通道县	20.00	26.90	25.98	72.88
78	岳阳县	20.00	26.30	26.22	72.52
79	资阳区	17.00	33.30	21.98	72.28
80	汨罗市	25.00	22.70	24.56	72.26
81	桂东县	25.00	22.45	24.67	72.12
82	泸溪县	25.00	26.35	20.77	72.12
83	南岳区	20.00	27.05	24.96	72.01
84	洞口县	30.00	16.70	25.30	72.00
85	永兴县	20.00	24.55	27.11	71.66
86	绥宁县	25.00	18.50	28.09	71.59
87	澧县	25.00	20.75	25.57	71.32
88	凤凰县	25.00	20.90	25.09	70.99
89	新邵县	22.00	22.25	26.27	70.52
90	攸县	20.00	23.95	26.45	70.40
91	临湘市	19.00	24.65	26.28	69.93
92	云溪区	25.00	17.50	25.63	68.13
93	北塔区	17.00	25.30	25.15	67.45
94	新宁县	20.00	23.30	23.62	66.92
95	株洲县	22.00	20.05	24.51	66.56
96	祁阳县	25.00	15.75	25.28	66.03
97	湘潭县	25.00	17.00	23.83	65.83
98	鹤城区	20.00	21.65	23.86	65.51
99	石峰区	25.00	16.95	23.38	65.33
100	冷水滩区	17.00	23.15	25.12	65.27
101	津市市	25.00	16.00	24.14	65.14
102	石门县	22.00	17.60	25.35	64.95
103	城步县	25.00	15.90	23.86	64.76
104	天元区	22.00	21.85	20.83	64.68
105	吉首市	20.00	19.85	24.77	64.62
106	永定区	17.00	23.45	23.30	63.75
107	双清区	17.00	21.90	23.95	62.85
108	双牌县	24.00	15.55	22.45	62.00

续表

序号	县市区	网站普查	重点栏目建设	日常监测	总分
109	茶 陵 县	17. 00	20. 00	24. 88	61. 88
110	道　　县	24. 00	13. 65	23. 95	61. 60
111	慈 利 县	19. 00	17. 05	24. 89	60. 94
112	大 祥 区	19. 00	13. 40	28. 16	60. 56
113	芦 淞 区	22. 00	12. 55	23. 18	57. 73
114	古 丈 县	20. 00	13. 05	24. 39	57. 44
115	醴 陵 市	30. 00	7. 20	19. 84	57. 04
116	东 安 县	19. 00	12. 00	25. 54	56. 54
117	鼎 城 区	17. 00	10. 40	25. 05	52. 45
118	汉 寿 县	20. 00	8. 00	23. 19	51. 19
119	零 陵 区	21. 00	6. 40	23. 51	50. 91
120	荷 塘 区	22. 00	9. 15	19. 72	50. 87
121	中 方 县	20. 00	12. 00	18. 46	50. 46
122	江 永 县	12. 50	8. 90	21. 14	42. 54

附件二

2015年全省政府网站绩效评估指标体系（省直部门网站）

一级指标	二级指标	三级指标		分值	内容说明
网站普查（30分）	普查得分（30分）			30分	以全国政府网站普查检查评分得分为标准，按比例折算为普查得分
	通报情况			—	通过统计被国务院办公厅、省政府办公厅通报的情况进行相应扣分
	曝光情况			—	通过统计被中央政府门户网站和省政府门户网站“我为政府网站找错”栏目中曝光的存在“四不”问题的网站进行相应扣分
重点栏目建设（20分）	政府信息公开（10分）	信息公开规范性（10分）	信息公开年报	1分	是否及时、规范地在部门网站发布信息公开年度报告
			信息公开指南	2分	评估部门网站对信息公开指南的更新维护情况和信息公开指南要素的完整性，包括政府信息的分类、获取方式、政府信息公开工作机构的名称、办公地址、办公时间、联系电话、传真号码、电子邮箱
			信息公开目录	4分	评估部门网站对信息公开目录的编制及更新维护情况
			依申请公开	3分	评估部门网站依申请公开渠道的建设情况，依申请公开的程序、办理时限和收费标准等要素的提供情况，和依申请公开在线受理情况
		※重点领域信息公开	行政权力	3分	评估部门网站对行政权力清单；行政审批事项及其受理、进展、结果等信息的公开及更新情况
			财政资金	3分	评估部门网站对2014年财政决算、2015年财政预算、“三公”经费、对财政预算执行及其他财政收支情况的审计信息；政府采购项目及招标投标信息；政府指导定价和收费信息的公开及更新情况
			公共资源配置	3分	评估部门网站对保障性安居工程的建设与分配、工程质量治理和公积金管理运行情况；土地征收、供应、出让以及棚户区改造信息；房屋征收政策及补偿信息的公开及更新情况

续表

一级指标	二级指标	三级指标		分值	内容说明
重点栏目建设(20分)	政府信息公开(10分)	※重点领域信息公开	重大建设项目	3分	评估部门网站对重大建设项目的审批、核准、备案、招标投标、稽查等信息的公开及更新情况
			公共服务	3分	评估部门网站对社会保险;社会救助;高校招生录取及财务信息;重大突发公共卫生事件及医疗服务、价格和收费;科技管理和项目经费信息;就业信息的公开及更新情况
			公共监管	3分	评估部门网站对国有企业相关财务信息、人事信息,环境质量、环境监管信息、建设项目环评、环保相关执法信息;食品药品安全相关政策、监管工作、专项行动和消费警示信息;安全生产事故通报、救援、调查、安全生产监管信息;企业信用信息的公开及更新情况
			社会组织中介机构	3分	评估部门网站对社会组织和中介机构基本信息,以及相关组织机构的成立、变更、注销、评估、年检结果、查处结果等信息的公开及更新情况
	办事服务(5分)			5分	评估部门网站对在线办事服务的提供情况(仅指有行政审批职能的部门,自建办事系统的部门网站需提供明确导航,其他部门需提供全省政务服务虚拟办事大厅和相关办事项链接),以及在线办理情况
	互动交流(5分)	在线访谈		3分	评估省直部门主要领导按计划参加省政府门户网站在线访谈活动的相关情况
		省长信箱		1分	评估省直部门对“省长信箱”信件的处理情况
		我要问政		1分	评估省直部门对我要问政栏目相关信件的处理情况
内容保障(20分)	省政府信息公开发布平台			20分	评估省直部门对省政府信息公开发布平台机构信息、人事信息、文件解读、规划计划、统计信息、财政信息、工作动态、信息公开指南、信息公开年报等栏目的更新维护情况
日常监测(30分)	网站健康性(15分)	站内错误		7分	通过扫描网站,评估网站的站内站外(访问错误数、网络错误数、服务错误数)链接错误以及网站安全漏洞情况
		站外错误		3分	
		安全合规性		5分	

续表

一级指标	二级指标	三级指标	分值	内容说明
日常监测（30分）	访问量（2.5分）	页面浏览量	1分	通过对被考核网站嵌入量化代码获得网民访问行为数据，评估页面浏览量、访问用户数、平均停留时间、平均访问页面数、跳出率等指标
		访问人数	0.5分	
		平均访问时间	0.5分	
		跳出率	0.25分	
		平均访问页面数	0.25分	
	更新量（5分）		5分	评估网站每日新增信息情况
	可用性（2.5分）	无法访问率	1分	评估网站每日可访问情况（无法访问率、响应时间、连接时间、下载时间）
		响应时间	0.5分	
		连接时间	0.5分	
		下载时间	0.5分	
	安全管理（5分）	安全事件	2分	评估网站安全事件发生情况，是否发生挂马、页面篡改等安全事件
		处置及时性	1分	安全事件通报发出后，评估被通报网站处置安全事件的及时性，是否在规定的时间内进行处置
		处置有效性	2分	评估网站安全事件处置的有效性，是否再次发生同类安全事件

※重点领域信息公开指标计分方法：①纳入重点领域信息公开范围的部门政府信息公开指标得分（S）为：政府信息公开规定指标得分为A，重点领域信息公开涉及项分值为B，政府信息公开指标分值为C，重点领域信息公开涉及项得分为D。$S = A \times (C - B) / C + D$。②未纳入重点领域信息公开范围的部门政府信息公开指标得分为政府信息公开规定指标得分。

2015年全省政府网站绩效评估指标体系（市州政府门户网站）

一级指标	二级指标	三级指标		分值	内容说明
网站普查（30分）	普查得分（30分）			30分	通过各市州政府门户网站普查检查评分换算得到分值
	通报情况			—	通过统计市州政府门户网站以及辖区内县市区政府门户网站、市直部门网站被国务院办公厅、省政府办公厅通报的次数进行相应扣分
	曝光情况			—	通过统计被中央政府门户网站和省政府门户网站“我为政府网站找错”栏目中曝光的存在“四不”问题的网站进行相应扣分
重点栏目建设（35分）	政府信息公开（20分）	信息公开规范性（9分）	信息公开指南	1分	评估市州政府门户网站信息公开指南编制的规范性及更新维护情况。要素包括:政府信息的分类、获取方式、政府信息公开工作机构的名称、办公地址、办公时间、联系电话、传真号码、电子邮箱
			信息公开年报	1分	评估市州政府门户网站是否及时、规范地发布本级政府2014年度信息公开年度报告
			本级政府信息公开目录	2分	评估市州政府门户网站对本级政府信息公开目录编制的规范性,目录内容的更新维护情况
			政府部门信息公开目录	3分	评估市州政府门户网站对本级政府部门信息公开目录编制的规范性,目录内容的更新维护情况
			依申请公开	2分	评估市州政府门户网站依申请公开渠道的建设情况,依申请公开的程序、办理时限和收费标准等要素的提供情况,和依申请公开在线受理情况
		重点领域信息公开（8分）	专栏建设情况	1分	是否建设了重点领域政府信息公开专栏,集中公开重点信息
			行政权力	1分	评估市州政府门户网站对行政权力清单;行政审批事项及其受理、进展、结果等信息的公开及更新情况

续表

一级指标	二级指标	三级指标		分值	内容说明
重点栏目建设（35分）	政府信息公开（20分）	重点领域信息公开（8分）	财政资金	1分	评估市州政府门户网站对2014年财政决算、2015年财政预算、“三公”经费、财政预算执行及其他财政收支情况的审计信息；政府采购项目及招标投标信息；政府指导定价和收费信息的公开及更新情况
			公共资源配置	1分	评估市州政府门户网站对保障性安居工程的建设与分配、工程质量治理和公积金管理运行情况；土地征收、供应、出让以及棚户区改造信息；房屋征收政策及补偿信息的公开及更新情况
			重大建设项目	1分	评估市州政府门户网站对重大建设项目的审批、核准、备案、招标投标、稽查等信息的公开及更新情况
			公共服务	1分	评估市州政府门户网站对社会保险；社会救助；重大突发公共卫生事件及医疗服务、价格和收费；科技管理和项目经费信息；就业信息的公开及更新情况
			公共监管	1分	评估市州政府门户网站对国有企业相关财务信息、人事信息，环境质量、环境监管信息、建设项目环评、环保相关执法信息；食品药品安全相关政策、监管工作、专项行动和消费警示信息；安全生产事故通报、救援、调查、安全生产监管信息；企业信用信息的公开及更新情况
			社会组织中介机构	1分	评估市州政府门户网站对社会组织和中介机构基本信息，以及相关组织机构的成立、变更、注销、评估、年检结果、查处结果等信息的公开及更新情况
		重要信息转载		3分	评估市州政府门户网站是否按时、按要求转载中央政府门户网站、省政府门户网站重要信息
	办事服务（13分）	在线办事		3分	评估市州政府门户网站服务事项在线办理情况
		※重点服务项（10分）	身份证办理	2分	评估市州政府门户网站对身份证办理服务资源的整合情况，是否整合提供身份证办理、换证、丢失补办、临时身份证办理等服务；服务要素是否齐全、实用；办理流程是否清晰；以及对身份证办理相关政策、办事指南、咨询服务、表格下载等服务资源的梳理整合及提供情况

续表

一级指标	二级指标	三级指标		分值	内容说明
重点栏目建设（35分）	办事服务（13分）	※重点服务项（10分）	户口办理	2分	评估市州政府门户网站对户口办理服务资源的整合情况，是否整合提供入户、迁移、分户等服务；服务要素是否齐全、要素是否实用；办理流程是否清晰；以及对户口办理相关政策、办事指南、咨询服务、表格下载等服务资源的梳理整合及提供情况
			生育服务证办理	2分	评估市州政府门户网站对生育服务证办理服务资源的整合情况，是否整合提供一胎、二孩生育服务证等服务；服务要素是否齐全、实用；办理流程是否清晰；以及对生育服务证办理相关政策、办事指南、咨询服务、表格下载等服务资源的梳理整合及提供情况
			保障性住房申请	2分	评估市州政府门户网站对保障性住房申请服务资源的整合情况，是否围绕保障性住房申请流程，整合提供保障性住房计划等信息以及申请指南、申请流程、申报表格、公示等信息；服务要素是否齐全、实用；办理流程是否清晰
			房屋产权登记	2分	评估市州政府门户网站对房屋产权登记服务资源的整合情况；是否整合提供房屋产权初始登记、转移登记、变更登记、抵押登记等服务；服务要素是否齐全、实用；办理流程是否清晰
			公积金贷款	2分	评估市州政府门户网站对公积金贷款服务资源的整合情况；是否整合提供公积金查询、贷款等服务；服务要素是否齐全、实用；办理流程是否清晰
			机动车驾驶证办理	2分	评估市州政府门户网站对机动车驾驶证服务资源的整合情况；是否整合提供驾驶证申领、增驾、转移、期满审验、注销等服务；服务要素是否齐全、实用；办理流程是否清晰
			老年人福利待遇	2分	评估市州政府门户网站对老年人福利待遇服务资源的整合情况；是否整合提供不同年龄阶段老人在医疗、交通、休闲、特殊养老补贴、高龄老人津贴、优待卡办理等服务资源；服务内容是否清晰
			残疾人服务	2分	评估市州政府门户网站对残疾人服务资源的整合情况；是否整合提供残疾人证办理，以及残疾人教育、就业、康复等服务资源；服务内容是否清晰

续表

一级指标	二级指标	三级指标	分值	内容说明
重点栏目建设（35分）	互动交流（2分）	在线访谈	2分	评估市州政府主要领导按计划参加省政府门户网站在线访谈活动的相关情况
内容保障（5分）			5分	评估市州政府门户网站对省政府门户网站地区概况信息、政务信息的保障情况
日常监测（30分）	网站健康性（15分）	站内错误	7分	通过扫描网站，评估网站的站内站外（访问错误数、网络错误数、服务错误数）链接错误以及网站安全漏洞情况
		站外错误	3分	
		安全合规性	5分	
	访问量（2.5分）	页面浏览量	1分	通过对被考核网站嵌入量化代码获得网民访问行为数据，评估页面浏览量、访问用户数、平均停留时间、平均访问页面数、跳出率等指标
		访问人数	0.5分	
		平均访问时间	0.5分	
		跳出率	0.25分	
		平均访问页面数	0.25分	
	更新量（5分）		5分	评估网站每日新增信息情况
	可用性（2.5分）	无法访问率	1分	评估网站每日可访问情况（无法访问率、响应时间、连接时间、下载时间）
		响应时间	0.5分	
		连接时间	0.5分	
		下载时间	0.5分	
	安全管理（5分）	安全事件	2分	评估网站安全事件发生情况，是否发生挂马、页面篡改等安全事件
		处置及时性	1分	安全事件通报发出后，评估被通报网站处置安全事件的及时性，是否在规定的时间内进行处置
		处置有效性	2分	评估网站安全事件处置的有效性，是否再次发生同类安全事件

※重点服务项：市州政府门户网站从中挑选5类服务事项进行建设。

2015年全省政府网站绩效评估指标体系（县市区政府门户网站）

一级指标	二级指标	三级指标		分值	内容说明
网站普查（30分）	普查得分（30分）			30分	以全国政府网站普查检查评分得分为标准，分档按比例折算为普查得分
	通报情况			—	通过统计县市区政府门户网站以及辖区内参加普查的政府网站被国务院办公厅、省政府办公厅通报的次数进行相应扣分
	曝光情况			—	通过统计被中央政府门户网站和省政府门户网站“我为政府网站找错”栏目中曝光的存在“四不”问题的网站进行相应扣分
重点栏目建设（40分）	政府信息公开（25分）	规范性信息公开（13分）	信息公开指南	1分	评估县市区政府门户网站信息公开指南编制的规范性及更新维护情况。要素包括：政府信息的分类、获取方式、政府信息公开工作机构的名称、办公地址、办公时间、联系电话、传真号码、电子邮箱
			信息公开年报	1分	评估县市区政府门户网站是否及时、规范地发布本级政府2014年度信息公开年度报告
			本级政府信息公开目录	4分	评估县市区政府门户网站对本级政府信息公开目录编制的规范性，目录内容的更新维护情况
			政府部门信息公开目录	5分	评估县市区政府门户网站对本级政府部门信息公开目录编制的规范性，目录内容的更新维护情况
			依申请公开	2分	评估县市区政府门户网站依申请公开渠道的建设情况，依申请公开的程序、办理时限和收费标准等要素的提供情况，和依申请公开在线受理情况
		重点领域信息公开（7分）	专栏建设情况	1分	是否建设了重点领域政府信息公开专栏，集中公开重点信息
			财政资金	1分	评估县市区政府门户网站对2014年财政决算、2015年财政预算、“三公”经费、财政预算执行及其他财政收支情况的审计信息；政府采购项目及招标投标信息；政府指导定价和收费信息的公开及更新情况

续表

一级指标	二级指标	三级指标		分值	内容说明
重点栏目建设（40 分）	政府信息公开（25 分）	规范性信息公开（13 分）	公共资源配置	1 分	评估县市区政府门户网站对保障性安居工程的建设与分配、工程质量治理情况；土地征收、供应、出让以及棚户区改造信息；房屋征收政策及补偿信息的公开及更新情况
			重大建设项目	1 分	评估县市区政府门户网站对重大建设项目的审批、核准、备案、招标投标、稽查等信息的公开及更新情况
			公共服务	1 分	评估县市区政府门户网站对社会保险；社会救助；重大突发公共卫生事件及医疗服务、价格和收费；科技管理和项目经费信息；就业信息的公开及更新情况
			公共监管	1 分	评估县市区政府门户网站对国有企业相关财务信息、人事信息，环境质量、环境监管信息、建设项目环评、环保相关执法信息；食品药品安全相关政策、监管工作、专项行动和消费警示信息；安全生产事故通报、救援、调查、安全生产监管信息；企业信用信息的公开及更新情况
			社会组织中介机构	1 分	评估县市区政府门户网站对社会组织和中介机构基本信息，以及相关组织机构的成立、变更、注销、评估、年检结果、查处结果等信息的公开及更新情况
		重要信息转载		5 分	评估县市区政府门户网站是否按时、按要求转载中央政府门户网站、省政府门户网站重要信息
	办事服务（15 分）	在线办事		3 分	评估县市区政府门户网站服务事项在线办理情况
		※重点服务项（12 分）	身份证办理	4 分	评估县市区政府门户网站对身份证办理服务资源的整合情况，是否整合提供身份证办理、换证、丢失补办、临时身份证办理等服务；服务要素是否齐全、实用；办理流程是否清晰；以及对身份证办理相关政策、办事指南、咨询服务、表格下载等全流程服务资源的梳理整合及提供情况
			户口办理	4 分	评估县市区政府门户网站对户口办理服务资源的整合情况，是否整合提供入户、迁移、分户等服务；服务要素是否齐全、实用；办理流程是否清晰；以及对户口办理相关政策、办事指南、咨询服务、表格下载等全流程服务资源的梳理整合及提供情况

续表

一级指标	二级指标	三级指标		分值	内容说明
重点栏目建设（40分）	办事服务（15分）	※重点服务项（12分）	生育服务证办理	4分	评估县市区政府门户网站对生育服务证办理服务资源的整合情况，是否整合提供一胎、二孩生育服务证等服务；服务要素是否齐全、实用；办理流程是否清晰；以及对生育服务证办理相关政策、办事指南、咨询服务、表格下载等全流程服务资源的梳理整合及提供情况
			保障性住房申请	4分	评估县市区政府门户网站对保障性住房申请服务资源的整合情况，是否围绕保障性住房申请流程，整合提供保障性住房计划等信息以及申请指南、申请流程、申报表格、公示等信息；服务要素是否齐全、实用；办理流程是否清晰
			房屋产权登记	4分	评估县市区政府门户网站对房屋产权登记服务资源的整合情况；是否整合提供房屋产权初始登记、转移登记、变更登记、抵押登记等服务；服务要素是否齐全、实用；办理流程是否清晰
			老年人福利待遇	4分	评估县市区政府门户网站对老年人福利待遇服务资源的整合情况；是否整合提供不同年龄阶段老人在医疗、交通、休闲、特殊养老补贴、高龄老人津贴、优待卡办理等方面的福利待遇相关资源；服务内容是否清晰、具体、明确
			残疾人服务	4分	评估县市区政府门户网站对残疾人服务资源的整合情况；是否整合提供残疾人证办理，教育、就业、康复等服务资源；服务内容是否清晰、具体、明确
日常监测（30分）	网站健康性（15分）	站内错误		7分	通过扫描网站，评估网站的站内站外（访问错误数、网络错误数、服务错误数）链接错误以及网站安全漏洞情况
		站外错误		3分	
		安全合规性		5分	
	访问量（2.5分）	页面浏览量		1分	通过对被考核网站嵌入量化代码获得网民访问行为数据，评估页面浏览量、访问用户数、平均停留时间、平均访问页面数、跳出率等指标
		访问人数		0.5分	
		平均访问时间		0.5分	
		跳出率		0.25分	
		平均访问页面数		0.25分	

续表

一级指标	二级指标	三级指标	分值	内容说明
日常监测（30分）	更新量（5分）		5分	评估网站每日新增信息情况
	可用性（2.5分）	无法访问率	1分	评估网站每日可访问情况（无法访问率、响应时间、连接时间、下载时间）
		响应时间	0.5分	
		连接时间	0.5分	
		下载时间	0.5分	
	安全管理（5分）	安全事件	2分	评估网站安全事件发生情况，是否发生挂马、页面篡改等安全事件
		处置及时性	1分	安全事件通报发出后，评估被通报网站处置安全事件的及时性，是否在规定的时间内进行处置
		处置有效性	2分	评估网站安全事件处置的有效性，是否再次发生同类安全事件

※重点服务项：县市区政府门户网站从中挑选3类服务事项进行建设。

2015年全省政府网站绩效评估指标体系评分细则（省直部门网站）

一级指标	二级指标	三级指标		分值	内容说明	评分细则
网站普查（30分）	普查得分（30分）			30分	以全国政府网站普查检查评分得分为标准，按比例折算为普查得分	以全国政府网站普查检查评分得分为标准，按比例折算为普查得分；普查中得分低于60分或被判为单项否决的，普查得分指标得分为零
	通报情况			—	通过统计被国务院办公厅、省政府办公厅通报的情况进行相应扣分	自2015年3月全国政府网站普查启动开始： ①被通报为不合格网站，普查得分指标得分为零； ②被国务院办公厅通报批评，每次扣5分； ③被省政府办公厅通报批评，每次扣3分
	曝光情况			—	通过统计被中央政府门户网站和省政府门户网站"我为政府网站找错"栏目中曝光的存在"四不"问题的网站进行相应扣分	被中央政府门户网站"我为政府网站找错"栏目曝光存在"四不"问题的，每次扣1分 被省政府门户网站"我为政府网站找错"栏目曝光存在"四不"问题的，每次扣0.5分
重点栏目建设（20分）	政府信息公开（10分）	信息公开规范性（10分）	信息公开年报	1分	是否及时、规范地在部门网站发布信息公开年度报告	未在2015年3月31日之前发布2014年部门信息公开年报，扣1分
			信息公开指南	2分	评估部门网站对信息公开指南的更新维护情况和信息公开指南要素的完整性，包括：政府信息的分类、获取方式、政府信息公开工作机构的名称、办公地址、办公时间、联系电话、传真号码、电子邮箱	①未编制政府信息公开指南的，扣2分； ②要素不完整，每少一类扣0.3分，最高扣2分； ③要素不准确，每类扣1分，最高扣2分

续表

一级指标	二级指标	三级指标		分值	内容说明	评分细则
重点栏目建设（20分）	政府信息公开（10分）	信息公开规范性（10分）	信息公开目录	4分	评估部门网站对信息公开目录的编制及更新维护情况	①未编制信息公开目录，扣4分； ②分别在政策文件类、规划计划类、人事信息类栏目中抽查3条信息，信息形成或变更之日起20个工作日未予以公开的，每条扣0.5分，最高扣4分。未设置相关栏目，每少一类扣1分
			依申请公开	3分	评估部门网站依申请公开渠道的建设情况，依申请公开的程序、办理时限和收费标准等要素的提供情况，和依申请公开在线受理情况	①未建设依申请公开渠道，扣3分； ②要素不全，每项扣1分，最高扣2分； ③在线受理功能不可用，扣1分
		※重点领域信息公开	行政权力	3分	评估部门网站对行政权力清单；行政审批事项及其受理、进展、结果等信息的公开及更新情况	根据省政府办公厅关于贯彻《国务院办公厅2015年政府信息公开工作要点》实施意见的部门分工，部门网站未发布相应信息，扣3分；信息内容不全面或更新不及时，每类扣1分，最高扣3分
			财政资金	3分	评估部门网站对2014年财政决算、2015年财政预算、“三公”经费、对财政预算执行及其他财政收支情况的审计信息；政府采购项目及招标投标信息；政府指导定价和收费信息的公开及更新情况	根据省政府办公厅关于贯彻《国务院办公厅2015年政府信息公开工作要点》实施意见的部门分工，部门网站未发布相应信息，扣3分；信息内容不全面或更新不及时，每类扣1分，最高扣3分

续表

一级指标	二级指标	三级指标		分值	内容说明	评分细则
重点栏目建设（20分）	政府信息公开（10分）	※重点领域信息公开	公共资源配置	3分	评估部门网站对保障性安居工程的建设与分配、工程质量治理和公积金管理运行情况；土地征收、供应、出让以及棚户区改造信息；房屋征收政策及补偿信息的公开及更新情况	根据省政府办公厅关于贯彻《国务院办公厅2015年政府信息公开工作要点》实施意见的部门分工，部门网站未发布相应信息，扣3分；信息内容不全面或更新不及时，每类扣1分，最高扣3分
			重大建设项目	3分	评估部门网站对重大建设项目的审批、核准、备案、招标投标、稽查等信息的公开及更新情况	根据省政府办公厅关于贯彻《国务院办公厅2015年政府信息公开工作要点》的实施意见的部门分工，部门网站未发布相应信息，扣3分；信息内容不全面或更新不及时，每类扣1分，最高扣3分
			公共服务	3分	评估部门网站对社会保险；社会救助；高校招生录取及财务信息；重大突发公共卫生事件及医疗服务、价格和收费；科技管理和项目经费信息；就业信息的公开及更新情况	根据省政府办公厅关于贯彻《国务院办公厅2015年政府信息公开工作要点》实施意见的部门分工，部门网站未发布相应信息，扣3分；信息内容不全面或更新不及时，每类扣1分，最高扣3分
			公共监管	3分	评估部门网站对国有企业相关财务信息、人事信息，环境质量、环境监管信息、建设项目环评、环保相关执法信息；食品药品安全相关政策、监管工作、专项行动和消费警示信息；安全生产事故通报、救援、调查、安全生产监管信息；企业信用信息的公开及更新情况	根据省政府办公厅关于贯彻《国务院办公厅2015年政府信息公开工作要点》实施意见的部门分工，部门网站未发布相应信息，扣3分；信息内容不全面或更新不及时，每类扣1分，最高扣3分

续表

一级指标	二级指标	三级指标		分值	内容说明	评分细则
重点栏目建设（20分）	政府信息公开（10分）	※重点领域信息公开	社会组织中介机构	3分	评估部门网站对社会组织和中介机构基本信息，以及相关组织机构的成立、变更、注销、评估、年检结果、查处结果等信息的公开及更新情况	根据省政府办公厅关于贯彻《国务院办公厅2015年政府信息公开工作要点》实施意见的部门分工，部门网站未发布相应信息，扣3分；信息内容不全面或更新不及时，每类扣1分，最高扣3分
	办事服务（5分）			5分	评估部门网站对在线办事服务的提供情况（仅指有行政审批职能的部门）以及在线办理情况	①无行政审批职能的部门不扣分； ②使用全省政务服务虚拟大厅的部门未在部门网站提供办事大厅链接或自建在线办事系统未在部门网站提供在线办事服务入口扣5分； ③规定时限内办结率未达到100%，扣2分
	互动交流（5分）	在线访谈		3分	评估省直部门主要领导按计划参加省政府门户网站在线访谈活动的相关情况	省直部门负责人在省政府门户网站开展在线视频、图文和微访谈等情况。 ①按要求报送在线访谈方案，未列入计划的记3分； ②列入计划并按计划完成在线访谈任务的记3分； ③未列入计划，但自愿参加在线访谈的记3分； ④列入计划，未参加省政府门户网站在线访谈的记0分； ⑤未报计划、未参加在线访谈的记0分
		省长信箱		1分	评估省直部门对“省长信箱”信件的处理情况	省直部门在省政府门户网站“省长信箱”栏目的信件处理情况。 ①没有信件处理的记1分； ②有信件处理的：1－m/n（m是未回复数，n是总数）

续表

一级指标	二级指标	三级指标	分值	内容说明	评分细则
重点栏目建设（20分）	互动交流（5分）	我要问政	1分	评估省直部门对我要问政栏目相关信件的处理情况	省直部门在省政府门户网站我要问政栏目处理公众问题的情况。 ①没有公众提问的记1分； ②有公众提问的：1 - m/n（m是未回复数，n是总数）
内容保障（20分）	省政府信息公开发布平台		20分	评估省直部门对省政府信息公开发布平台机构信息、人事信息、文件解读、规划计划、统计信息、财政信息、工作动态、信息公开指南、信息公开年报等栏目的更新维护情况	①工作动态栏目两周以内未更新，扣3分； ②人事信息、文件解读、规划计划、统计信息、财政信息、信息公开年报等栏目更新不及时，每类扣3分； ③机构信息、信息公开指南栏目未进行保障或更新不及时，每类扣2分； ④最高扣20分
日常监测（30分）	网站健康性（15分）	站内错误	7分	通过扫描网站，评估网站的站内站外（访问错误数、网络错误数、服务错误数）链接错误以及网站安全漏洞情况	站内错误、站外错误标杆值见附表，算法：（标杆错误率 - 错误率）/标杆错误率 × 分值，安全合规性算法：（100 - 风险值）/100 × 分值，风险值采用百分制计算，分四个等级，高危（67 ~ 100，4）、中危（34 ~ 66，2）、低危（1 ~ 33，1）、安全（0），不同等级的风险值不累加，以最高风险值为准
		站外错误	3分		
		安全合规性	5分		
	访问量（2.5分）	页面浏览量	1分	通过对被考核网站嵌入量化代码获得网民访问行为数据，评估页面浏览量、访问用户数、平均停留时间、平均访问页面数、跳出率等指标	跳出率的标杆值为60%，超过则开始扣分，算法：（100% - 跳出率）/（100% ~ 60%）× 分值；页面浏览量、访问人数、平均访问时间、平均访问页面数标杆值见附表，算法：（实际指标/标杆指标）× 分值
		访问人数	0.5分		
		平均访问时间	0.5分		
		跳出率	0.25分		
		平均访问页面数	0.25分		

续表

一级指标	二级指标	三级指标	分值	内容说明	评分细则
日常监测（30 分）	更新量（5 分）		5 分	评估网站每日新增信息情况	设置标杆值工作日 8 条，节假日更新标杆值为工作日的 1/4。算法：（实际指标/标杆指标）×分值
	可用性（2.5 分）	无法访问率	1 分	评估网站每日可访问情况（无法访问率、响应时间、连接时间、下载时间）	无法访问率达到 10% 得零分。响应时间、连接时间均是 200ms 内满分，超过 1s 得零分。下载时间 1s 内得满分，超出 10s 得零分。算法：（标杆指标－实际指标）/标杆指标×分值。 注：零分指标为标杆指标
		响应时间	0.5 分		
		连接时间	0.5 分		
		下载时间	0.5 分		
	安全管理（5 分）	安全事件	2 分	评估网站安全事件发生情况，是否发生挂马、页面篡改等安全事件	网站是否发生挂马、页面篡改等安全事件，如发生安全事件扣 2 分，最高扣 2 分，以加盖省政府发展研究中心（省电子政务中心）公章的安全事件通报为准
		处置及时性	1 分	安全事件通报发出后，评估被通报网站处置安全事件的及时性，是否在规定的时间内进行处置	安全事件通报发出后，考核被通报网站是否及时处置，以通报和情况反馈的间隔时间为准（省直、市州政府门户网站间隔时间为 7 个日历日，县市区政府门户网站间隔时间为 10 个日历日，超过间隔时间扣 1 分，最高扣 1 分）
		处置有效性	2 分	评估网站安全事件处置的有效性，是否再次发生同类安全事件	网站处置加固后是否再次发生同类安全事件，如发生，扣 2 分，最高扣 2 分

※重点领域信息公开指标计分方法：

①纳入重点领域信息公开范围的部门政府信息公开指标得分（S）为：政府信息公开规定指标得分为 A，重点领域信息公开涉及项分值为 B，政府信息公开指标分值为 C，重点领域信息公开涉及项得分为 D。S = A×（C－B）/C + D。

②未纳入重点领域信息公开范围的部门政府信息公开指标得分为政府信息公开规定指标得分。

2015年全省政府网站绩效评估指标体系评分细则（市州政府门户网站）

一级指标	二级指标	三级指标	分值	内容说明	评分细则
网站普查（30分）	普查得分（30分）		30分	以全国政府网站普查检查评分得分为标准，按比例折算为普查得分	以全国政府网站普查检查评分得分为标准，按比例折算为普查得分；在普查中得分低于60分或被判为单项否决的，普查得分指标得分为零
	通报情况		—	通过统计市州政府门户网站以及辖区内县市区政府门户网站、市直部门网站被国务院办公厅、省政府办公厅通报的次数进行相应扣分	自2015年3月全国政府网站普查启动开始： ①市州政府门户网站被国务院办公厅通报为不合格网站的，普查得分指标得分为零。 ②市州政府门户网站被国务院办公厅通报批评的，每次扣5分；被省政府办公厅通报批评的，每次扣3分。 ③辖区内市直部门网站、县市区政府门户网站被国务院办公厅通报批评的，市州政府门户网站每家每次扣3分；被省政府办公厅通报批评的，每家每次扣1分
	曝光情况		—	通过统计被中央政府门户网站和省政府门户网站“我为政府网站找错”栏目中曝光的问题网站进行相应扣分	①市州门户网站被中央政府门户网站“我为政府网站找错”栏目曝光问题的，每次扣1分；被省政府门户网站“我为政府网站找错”栏目曝光存在“四不”问题的，每次扣0.5分； ②辖区内市直部门网站、县市区政府门户网站被中央政府门户网站“我为政府网站找错”栏目曝光存在“四不”问题的，市州政府门户网站每次扣0.5分；被省政府门户网站“我为政府网站找错”栏目曝光存在“四不”问题的，市州政府门户网站每次扣0.3分

续表

一级指标	二级指标	三级指标		分值	内容说明	评分细则
重点栏目建设（35分）	政府信息公开（20分）	信息公开规范性（9分）	信息公开指南	1分	评估市州政府门户网站信息公开指南编制的规范性及更新维护情况。要素包括:政府信息的分类、获取方式、政府信息公开工作机构的名称、办公地址、办公时间、联系电话、传真号码、电子邮箱	①未编制政府信息公开指南,扣1分; ②指南要素不完整,每少一类扣0.2分,最高扣1分; ③指南要素不准确,每类扣0.5分,最高扣1分
			信息公开年报	1分	评估市州政府门户网站是否及时、规范地发布本级政府2014年度信息公开年度报告	未在2015年3月31日之前发布2014年政府信息公开年报,扣1分
			本级政府信息公开目录	2分	评估市州政府门户网站对本级政府信息公开目录编制的规范性,目录内容的更新维护情况	①未编制信息公开目录,扣2分; ②分别在政策文件类、规划计划类、人事信息类栏目中抽查3条信息,信息形成或变更之日起20个工作日未予以公开的,每条扣0.3分,最高扣2分;未设置相关栏目,每少一类扣1分,最高扣2分
			政府部门信息公开目录	3分	评估市州政府门户网站对本级政府部门信息公开目录编制的规范性,目录内容的更新维护情况	①未编制部门信息公开目录,扣3分; ②抽查市政府组成部门3家、事业单位两家,分别在政策文件类、规划计划类、人事信息类栏目中抽查3条信息,在信息形成或变更之日起20个工作日未予以公开的,每条扣0.2分;未设置相关栏目,每少一类扣1分,最高扣3分; ③部门信息公开目录直接链接部门网站,每发现一处扣0.2分,最高扣2分

续表

一级指标	二级指标	三级指标		分值	内容说明	评分细则
			依申请公开	2分	评估市州政府门户网站依申请公开渠道的建设情况,依申请公开的程序、办理时限和收费标准等要素的提供情况,和依申请公开在线受理情况	①未建设依申请公开渠道,扣2分; ②要素不全,每项扣0.5分,最高扣1分; ③在线受理功能不可用,扣1分
		重点领域信息公开(8分)	专栏建设情况	1分	是否建设了重点领域政府信息公开专栏,集中公开重点信息	未建设重点领域政府信息公开专栏,扣1分
			行政权力	1分	评估市州政府门户网站对行政权力清单;行政审批事项及其受理、进展、结果等信息的公开及更新情况	①未公开相关内容,扣1分; ②内容公开不全面,每类扣0.2分,最高扣1分; ③内容更新不及时,每类扣0.2分,最高扣1分
			财政资金	1分	评估市州政府门户网站对2014年财政决算、2015年财政预算、"三公"经费、财政预算执行及其他财政收支情况的审计信息;政府采购项目及招标投标信息;政府指导定价和收费信息的公开及更新情况	①未公开相关内容,扣1分; ②内容公开不全面,每类扣0.2分,最高扣1分; ③内容更新不及时,每类扣0.2分,最高扣1分

续表

一级指标	二级指标	三级指标		分值	内容说明	评分细则
			公共资源配置	1分	评估市州政府门户网站对保障性安居工程的建设与分配、工程质量治理和公积金管理运行情况；土地征收、供应、出让以及棚户区改造信息；房屋征收政策及补偿信息的公开及更新情况	①未公开相关内容，扣1分； ②内容公开不全面，每类扣0.2分，最高扣1分； ③内容更新不及时，每类扣0.2分，最高扣1分
			重大建设项目	1分	评估市州政府门户网站对重大建设项目的审批、核准、备案、招标投标、稽查等信息的公开及更新情况	①未公开相关内容，扣1分； ②内容公开不全面，每类扣0.2分，最高扣1分； ③内容更新不及时，每类扣0.2分，最高扣1分
			公共服务	1分	评估市州政府门户网站对社会保险；社会救助；重大突发公共卫生事件及医疗服务、价格和收费；科技管理和项目经费信息；就业信息的公开及更新情况	①未公开相关内容，扣1分； ②内容公开不全面，每类扣0.2分，最高扣1分； ③内容更新不及时，每类扣0.2分，最高扣1分

续表

一级指标	二级指标	三级指标		分值	内容说明	评分细则
			公共监管	1分	评估市州政府门户网站对国有企业相关财务信息、人事信息，环境质量、环境监管信息、建设项目环评、环保相关执法信息；食品药品安全相关政策、监管工作、专项行动和消费警示信息；安全生产事故通报、救援、调查、安全生产监管信息；企业信用信息的公开及更新情况	①未公开相关内容，扣1分； ②内容公开不全面，每类扣0.2分，最高扣1分； ③内容更新不及时，每类扣0.2分，最高扣1分
			社会组织中介机构	1分	评估市州政府门户网站对社会组织和中介机构基本信息，以及相关组织机构的成立、变更、注销、评估、年检结果、查处结果等信息的公开及更新情况	①未公开相关内容，扣1分； ②内容公开不全面，每类扣0.2分，最高扣1分； ③内容更新不及时，每类扣0.2分，最高扣1分
		重要信息转载		3分	评估市州政府门户网站是否按时按要求转载中央政府门户网站、省政府门户网站重要信息	①未建设重要信息转载栏目，扣3分； ②超过24小时未转载国务院、省政府重要信息的，每条扣0.1分；未转载相关信息的，每条扣0.2分，最高扣3分

续表

一级指标	二级指标	三级指标	分值	内容说明	评分细则
	办事服务（13 分）	在线办事	3 分	评估市州政府门户网站服务事项在线办理情况	规定时限内在线办事办结率未达到 100%，扣 3 分
		※ 重点 服务项 （10 分）	10 分	市州政府门户网站在身份证办理、户口办理、生育服务证办理、保障性住房申请、房屋产权登记、公积金贷款、机动车驾驶证办理、老年人福利待遇和残疾人服务等 9 项办事服务中任选 5 项进行建设	①未提供重点办理服务项或数量不足 5 项，每少一项扣 2 分； ②具体事项未提供办理依据、收费情况、办理条件、办理流程、所需材料、办理机构、表格下载、常见问题等服务资源，每少一项扣 0.3 分，每个办事项最高扣 2 分； ③具体办事项资源未进行“一体化”形式整合，每个办事项扣 1 分
	互动交流（2 分）	在线访谈	2 分	评估市州政府主要领导按计划参加省政府门户网站在线访谈活动的相关情况	市州相关负责人参加省政府门户网站在线视频、图文和微访谈情况。 ①按要求报送在线访谈方案，未列入计划的记 2 分； ②列入计划并按计划完成在线访谈任务的记 2 分； ③未列入计划，但自愿参加在线访谈的记 2 分； ④列入计划，未参加省政府门户网站在线访谈的记 0 分； ⑤未报计划、未参加在线访谈的记 0 分
内容保障（5 分）			5 分	评估市州政府门户网站对省政府门户网站地区概况信息、政务信息的保障情况	①市州未及时为省政府门户网站“市州名片”栏目提供内容更新，扣 1 分； ②以标杆法考核市州对省政府门户网站“市州动态”栏目的保障情况

续表

一级指标	二级指标	三级指标	分值	内容说明	评分细则
日常监测（30分）	网站健康性（15分）	站内错误	7分	通过扫描网站，评估网站的站内站外（访问错误数、网络错误数、服务错误数）链接错误以及网站安全漏洞情况	站内错误、站外错误标杆值见附表，算法：（标杆错误率－错误率）/标杆错误率×分值，安全合规性算法：（100－风险值）/100×分值，风险值采用百分制计算，分四个等级，高危（67－100，4），中危（34－66，2），低危（1－33，1），安全（0），不同等级的风险值不累加，以最高风险值为准
		站外错误	3分		
		安全合规性	5分		
	访问量（2.5分）	页面浏览量	1分	通过对被考核网站嵌入量化代码获得网民访问行为数据，评估页面浏览量、访问用户数、平均停留时间、平均访问页面数、跳出率等指标	跳出率的标杆值为60%，超过则开始扣分，算法：（100%－跳出率）/（100%～60%）×分值；页面浏览量、访问人数、平均访问时间、平均访问页面数标杆值见附表，算法：（实际指标/标杆指标）×分值
		访问人数	0.5分		
		平均访问时间	0.5分		
		跳出率	0.25分		
		平均访问页面数	0.25分		
	更新量（5分）		5分	评估网站每日新增信息情况	设置标杆值工作日32条，节假日更新标杆值为工作日的1/4。算法：（实际指标/标杆指标）×分值
	可用性（2.5分）	无法访问率	1分	评估网站每日可访问情况（无法访问率、响应时间、连接时间、下载时间）	无法访问率达到10%得零分。响应时间、连接时间均是200ms内满分，超过1s得零分。下载时间1s内得满分，超出10s得零分。算法：（标杆指标－实际指标）/标杆指标×分值。 注：零分指标为标杆指标
		响应时间	0.5分		
		连接时间	0.5分		
		下载时间	0.5分		
	安全管理（5分）	安全事件	2分	评估网站安全事件发生情况，是否发生挂马、页面篡改等安全事件	网站是否发生挂马、页面篡改等安全事件，如发生安全事件扣2分，最高扣2分，以加盖省政府发展研究中心（省电子政务中心）公章的安全事件通报为准

续表

一级指标	二级指标	三级指标	分值	内容说明	评分细则
		处置及时性	1 分	安全事件通报发出后，评估被通报网站处置安全事件的及时性，是否在规定的时间内进行处置	安全事件通报发出后，考核被通报网站是否及时处置，以通报和情况反馈的间隔时间为准（省直、市州政府门户网站间隔时间为 7 个日历日，县市区政府门户网站间隔时间为 10 个日历日，超过间隔时间扣 1 分，最高扣 1 分）
		处置有效性	2 分	评估网站安全事件处置的有效性，是否再次发生同类安全事件	网站处置加固后是否再次发生同类安全事件，如发生，扣 2 分，最高扣 2 分

※重点服务项：市州政府门户网站从中挑选 5 类服务事项进行建设。

2015年全省政府网站绩效评估指标体系评分细则（县市区政府门户网站）

一级指标	二级指标	三级指标	分值	内容说明	评分细则
网站普查（30分）	普查得分（30分）		30分	以全国政府网站普查检查评分得分为标准，分档按比例折算为普查得分	①以全国政府网站普查检查评分得分为标准，由市州所辖县市区进行分档评分。分数在辖区内排名前25%的，计30分；分数排名后25%的，计20分；其余计25分。 ②在普查中得分低于60分或被判为单项否决的，普查得分指标得分为零
	通报情况		—	通过统计县市区政府门户网站以及辖区内参加普查的政府网站被国务院办公厅、省政府办公厅通报的次数进行相应扣分	自2015年3月全国政府网站普查工作开始： ①县市区政府门户网站被国务院办公厅通报为不合格网站的，普查得分指标得分为零。 ②县市区政府门户网站被国务院办公厅通报批评的，每次扣5分；被省政府办公厅通报批评的，每次扣3分。 ③辖区内县市区政府部门网站、乡镇街道办政府网站被国务院办公厅通报批评的，县市区政府门户网站每家每次扣3分；被省政府办公厅通报批评的，每家每次扣1分
	曝光情况		—	通过统计被中央政府门户网站和省政府门户网站“我为政府网站找错”栏目曝光的情况进行相应扣分	①县市区门户网站被中央政府门户网站“我为政府网站找错”栏目曝光存在“四不”问题的，每次扣1分；被省政府门户网站“我为政府网站找错”栏目曝光存在“四不”问题的，每次扣0.5分； ②辖区内县直部门网站、乡镇政府网站被中央政府门户网站“我为政府网站找错”栏目曝光存在“四不”问题的，县市区政府门户网站每次扣0.5分；被省政府门户网站“我为政府网站找错”栏目曝光存在“四不”问题的，县市区政府门户网站每次扣0.3分

续表

一级指标	二级指标	三级指标		分值	内容说明	评分细则
重点栏目建设（40 分）	政府信息公开（25 分）	信息公开规范性（13 分）	信息公开指南	1 分	评估县市区政府门户网站信息公开指南编制的规范性及更新维护情况。要素包括：政府信息的分类、获取方式、政府信息公开工作机构的名称、办公地址、办公时间、联系电话、传真号码、电子邮箱	①未编制政府信息公开指南，扣 1 分； ②指南要素不完整，每少一类扣 0.2 分，最高扣 1 分； ③指南要素不准确，每类扣 0.5 分，最高扣 1 分
			信息公开年报	1 分	评估县市区政府门户网站是否及时、规范地发布本级政府 2014 年度信息公开年度报告	未在 2015 年 3 月 31 日之前发布 2014 年政府信息公开年报，扣 1 分
			本级政府信息公开目录	4 分	评估县市区政府门户网站对本级政府信息公开目录编制的规范性，目录内容的更新维护情况	①未编制信息公开目录，扣 4 分； ②分别在政策文件类、规划计划类、人事信息类栏目中抽查 3 条信息，信息形成或变更之日起 20 个工作日未予以公开的，每条扣 0.5 分，最高扣 4 分；未设置相关栏目，每少一类扣 1 分
			政府部门信息公开目录	5 分	评估县市区政府门户网站对本级政府部门信息公开目录编制的规范性，目录内容的更新维护情况	①未编制部门信息公开目录，扣 5 分。 ②抽查县市区政府组成部门 3 家、事业单位两家，分别在政策文件类、规划计划类、人事信息类栏目中抽查 3 条信息，信息形成或变更之日起 20 个工作日未予以公开的，每条扣 0.2 分，最高扣 5 分；未设置相关栏目，每少一类扣 1 分。 ③部门信息公开目录直接链接部门网站，每发现一处扣 0.3 分，最高扣 3 分

续表

一级指标	二级指标	三级指标		分值	内容说明	评分细则
			依申请公开	2分	评估县市区政府门户网站依申请公开渠道的建设情况，依申请公开的程序、办理时限和收费标准等要素的提供情况，和依申请公开在线受理情况	①未建设依申请公开渠道，扣2分； ②要素不全，每类扣0.5分，最高扣1分； ③在线受理功能不可用，扣1分
		重点领域信息公开（7分）	专栏建设情况	1分	是否建设了重点领域政府信息公开专栏，集中公开重点信息	未建设重点领域政府信息公开专栏，扣1分
			财政资金	1分	评估县市区政府门户网站对2014年财政决算、2015年财政预算、“三公”经费、财政预算执行及其他财政收支情况的审计信息；政府采购项目及招标投标信息；政府指导定价和收费信息的公开情况	①未公开相关内容，扣1分； ②内容公开不全面，每类扣0.2分，最高扣1分； ③内容更新不及时，每类扣0.2分，最高扣1分
			公共资源配置	1分	评估县市区政府门户网站对保障性安居工程的建设与分配、工程质量治理情况；土地征收、供应、出让以及棚户区改造信息；房屋征收政策及补偿信息的公开情况	①未公开相关内容，扣1分； ②内容公开不全面，每类扣0.2分，最高扣1分； ③内容更新不及时，每类扣0.2分，最高扣1分

续表

一级指标	二级指标	三级指标		分值	内容说明	评分细则
			重大建设项目	1分	评估县市区政府门户网站对重大建设项目的审批、核准、备案、招标投标、稽查等信息的公开情况	①未公开相关内容,扣1分; ②内容公开不全面,每类扣0.2分,最高扣1分; ③内容更新不及时,每类扣0.2分,最高扣1分
			公共服务	1分	评估县市区政府门户网站对社会保险;社会救助;重大突发公共卫生事件及医疗服务、价格和收费;科技管理和项目经费信息;就业信息的公开情况	①未公开相关内容,扣1分; ②内容公开不全面,每类扣0.2分,最高扣1分; ③内容更新不及时,每类扣0.2分,最高扣1分
			公共监管	1分	评估县市区政府门户网站对国有企业相关财务信息、人事信息,环境质量、环境监管信息、建设项目环评、环保相关执法信息;食品药品安全相关政策、监管工作、专项行动和消费警示信息;安全生产事故通报、救援、调查、安全生产监管信息;企业信用信息的公开情况	①未公开相关内容,扣1分; ②内容公开不全面,每类扣0.2分,最高扣1分; ③内容更新不及时,每类扣0.2分,最高扣1分
			社会组织中介机构	1分	评估县市区政府门户网站对社会组织和中介机构基本信息,以及相关组织机构的成立、变更、注销、评估、年检结果、查处结果等信息的公开情况	①未公开相关内容,扣1分; ②内容公开不全面,每类扣0.2分,最高扣1分; ③内容更新不及时,每类扣0.2分,最高扣1分

续表

一级指标	二级指标	三级指标	分值	内容说明	评分细则
		重要信息转载(5分)	5分	评估县市区政府门户网站是否按时、按要求转载中央政府门户网站、省政府门户网站重要信息	①未建设重要信息转载栏目,扣5分; ②超过24小时未转载国务院、省政府重要信息的,每条扣0.1分,未转载的,扣0.2分,最高扣5分
	办事服务(15分)	在线办事(3分)	3分	评估县市区政府门户网站服务事项在线办理情况	规定时限内在线办事办结率未达到100%,扣3分
		※重点服务项(12分)	12分	县市区政府门户网站在身份证办理、户口办理、生育服务证办理、保障性住房申请、房屋产权登记、老年人福利待遇和残疾人服务等7项办事服务中任选3项进行建设	①未提供重点办理服务项或数量不足3项,每少一项扣4分; ②具体事项未提供办理依据、收费情况、办理条件、办理流程、所需材料、办理机构、表格下载、常见问题等服务资源,每少一项扣0.5分,每个办事项最高扣4分。 ③具体办事项资源未进行“一体化”形式整合,每个办事项扣3分
日常监测(30分)	网站健康性(15分)	站内错误	7分	通过扫描网站,评估网站的站内站外(访问错误数、网络错误数、服务错误数)链接错误以及网站安全漏洞情况	站内错误、站外错误标杆值见附表,算法:(标杆错误率-错误率)/标杆错误率×分值,安全合规性算法:(100-风险值)/100×分值,风险值采用百分制计算,分四个等级,高危(67~100,4),中危(34~66,2),低危(1~33,1),安全(0),不同等级的风险值不累加,以最高风险值为准
		站外错误	3分		
		安全合规性	5分		
	访问量(2.5分)	页面浏览量	1分	通过对被考核网站嵌入量化代码获得网民访问行为数据,评估页面浏览量、访问用户数、平均停留时间、平均访问页面数、跳出率等指标	跳出率的标杆值为60%,超过则开始扣分,算法:(100%-跳出率)/(100%~60%)×分值;页面浏览量、访问人数、平均访问时间、平均访问页面数标杆值见附表,算法:(实际指标/标杆指标)×分值
		访问人数	0.5分		
		平均访问时间	0.5分		
		跳出率	0.25分		
		平均访问页面数	0.25分		

续表

一级指标	二级指标	三级指标	分值	内容说明	评分细则
	更新量（5分）		5分	评估网站每日新增信息情况	设置标杆值工作日16条，节假日更新标杆值为工作日的1/4。算法：（实际指标/标杆指标）×分值
	可用性（2.5分）	无法访问率	1分	评估网站每日可访问情况（无法访问率、响应时间、连接时间、下载时间）	无法访问率达到10%得零分。响应时间、连接时间均是200ms内满分，超过1s得零分。下载时间1s内得满分，超出10s得零分。算法：（标杆指标－实际指标）/标杆指标×分值。注：零分指标为标杆指标
		响应时间	0.5分		
		连接时间	0.5分		
		下载时间	0.5分		
	安全管理（5分）	安全事件	2分	评估网站安全事件发生情况，是否发生挂马、页面篡改等安全事件	网站是否发生挂马、页面篡改等安全事件，如发生安全事件扣2分，最高扣2分，以加盖省政府发展研究中心（省电子政务中心）公章的安全事件通报为准
		处置及时性	1分	安全事件通报发出后，评估被通报网站处置安全事件的及时性，是否在规定的时间内进行处置	安全事件通报发出后，考核被通报网站是否及时处置，以通报和情况反馈的间隔时间为准（省直、市州政府门户网站间隔时间为7个日历日，县市区政府门户网站间隔时间为10个日历日，超过间隔时间扣1分，最高扣1分）
		处置有效性	2分	评估网站安全事件处置的有效性，是否再次发生同类安全事件	网站处置加固后是否再次发生同类安全事件，如发生，扣2分，最高扣2分

※重点服务项：县市区政府门户网站从中挑选3类服务事项进行建设。

日常监测指标标杆参考值

类别	具体考核指标		标杆值
健康状况	站内错误	链接错误资源占站内链接总资源的百分比	200‰
		图片错误资源占站内图片总资源的百分比	300‰
		脚本错误资源占站内脚本总资源的百分比	300‰
	站外错误	链接错误资源占外部链接总资源的百分比	200‰
		图片错误资源占外部图片总资源的百分比	300‰
		脚本错误资源占外部脚本总资源的百分比	300‰
访问量	页面浏览量	市州	工作日 2.5 万/节假日 1 万
		县市区	工作日 2 万/节假日 5 千
		省直部门	工作日 1 万/节假日 2 千
	访问人数	市州	工作日 1 万/节假日 5 千
		县市区	工作日 7 千/节假日 2.5 千
		省直部门	工作日 3 千/节假日 1 千
	平均访问时间	市州	450
		县市区	500
		省直部门	350
	平均访问页面数	市州	2.6
		县市区	2.5
		省直部门	2.5

皮书起源

“皮书”起源于十七、十八世纪的英国，主要指官方或社会组织正式发表的重要文件或报告，多以“白皮书”命名。在中国，“皮书”这一概念被社会广泛接受，并被成功运作、发展成为一种全新的出版形态，则源于中国社会科学院社会科学文献出版社。

皮书定义

皮书是对中国与世界发展状况和热点问题进行年度监测，以专业的角度、专家的视野和实证研究方法，针对某一领域或区域现状与发展态势展开分析和预测，具备原创性、实证性、专业性、连续性、前沿性、时效性等特点的公开出版物，由一系列权威研究报告组成。

皮书作者

皮书系列的作者以中国社会科学院、著名高校、地方社会科学院的研究人员为主，多为国内一流研究机构的权威专家学者，他们的看法和观点代表了学界对中国与世界的现实和未来最高水平的解读与分析。

皮书荣誉

皮书系列已成为社会科学文献出版社的著名图书品牌和中国社会科学院的知名学术品牌。2011 年，皮书系列正式列入“十二五”国家重点出版规划项目；2012~2015 年，重点皮书列入中国社会科学院承担的国家哲学社会科学创新工程项目；2016 年，46 种院外皮书使用“中国社会科学院创新工程学术出版项目”标识。

中国皮书网

www.pishu.cn

发布皮书研创资讯，传播皮书精彩内容
引领皮书出版潮流，打造皮书服务平台

栏目设置：

- □ 资讯：皮书动态、皮书观点、皮书数据、皮书报道、皮书发布、电子期刊
- □ 标准：皮书评价、皮书研究、皮书规范
- □ 服务：最新皮书、皮书书目、重点推荐、在线购书
- □ 链接：皮书数据库、皮书博客、皮书微博、在线书城
- □ 搜索：资讯、图书、研究动态、皮书专家、研创团队

中国皮书网依托皮书系列“权威、前沿、原创”的优质内容资源，通过文字、图片、音频、视频等多种元素，在皮书研创者、使用者之间搭建了一个成果展示、资源共享的互动平台。

自 2005 年 12 月正式上线以来，中国皮书网的 IP 访问量、PV 浏览量与日俱增，受到海内外研究者、公务人员、商务人士以及专业读者的广泛关注。

2008 年、2011 年中国皮书网均在全国新闻出版业网站荣誉评选中获得“最具商业价值网站”称号；2012 年，获得“出版业网站百强”称号。

2014 年，中国皮书网与皮书数据库实现资源共享，端口合一，将提供更丰富的内容，更全面的服务。

法律声明

"皮书系列"（含蓝皮书、绿皮书、黄皮书）之品牌由社会科学文献出版社最早使用并持续至今，现已被中国图书市场所熟知。"皮书系列"的LOGO（ ）与"经济蓝皮书""社会蓝皮书"均已在中华人民共和国国家工商行政管理总局商标局登记注册。"皮书系列"图书的注册商标专用权及封面设计、版式设计的著作权均为社会科学文献出版社所有。未经社会科学文献出版社书面授权许可，任何使用与"皮书系列"图书注册商标、封面设计、版式设计相同或者近似的文字、图形或其组合的行为均系侵权行为。

经作者授权，本书的专有出版权及信息网络传播权为社会科学文献出版社享有。未经社会科学文献出版社书面授权许可，任何就本书内容的复制、发行或以数字形式进行网络传播的行为均系侵权行为。

社会科学文献出版社将通过法律途径追究上述侵权行为的法律责任，维护自身合法权益。

欢迎社会各界人士对侵犯社会科学文献出版社上述权利的侵权行为进行举报。电话：010-59367121，电子邮箱：fawubu@ssap.cn。

社会科学文献出版社

权威报告·热点资讯·特色资源

皮书数据库

ANNUAL REPORT(YEARBOOK) DATABASE

当代中国与世界发展高端智库平台

WWW.PISHU.COM.CN

皮书俱乐部会员服务指南

1. 谁能成为皮书俱乐部成员？

- 皮书作者自动成为俱乐部会员
- 购买了皮书产品（纸质书/电子书）的个人用户

2. 会员可以享受的增值服务

- 免费获赠皮书数据库100元充值卡
- 加入皮书俱乐部，免费获赠该纸质图书的电子书
- 免费定期获赠皮书电子期刊
- 优先参与各类皮书学术活动
- 优先享受皮书产品的最新优惠

3. 如何享受增值服务？

（1）免费获赠100元皮书数据库体验卡

第1步 刮开附赠充值的涂层（右下）；

第2步 登录皮书数据库网站（www.pishu.com.cn），注册账号；

第3步 登录并进入“会员中心”—“在线充值”—“充值卡充值”，充值成功后即可使用。

（2）加入皮书俱乐部，凭数据库体验卡获赠该书的电子书

第1步 登录社会科学文献出版社官网（www.ssap.com.cn），注册账号；

第2步 登录并进入“会员中心”—“皮书俱乐部”，提交加入皮书俱乐部申请；

第3步 审核通过后，再次进入皮书俱乐部，填写页面所需图书、体验卡信息即可自动兑换相应电子书。

4. 声明

解释权归社会科学文献出版社所有

皮书俱乐部会员可享受社会科学文献出版社其他相关免费增值服务，有任何疑问，均可与我们联系。

图书销售热线：010-59367070/7028
图书服务QQ：800045692
图书服务邮箱：duzhe@ssap.cn

数据库服务热线：400-008-6695
数据库服务邮箱：database@ssap.cn
兑换电子书服务热线：010-59367204

欢迎登录社会科学文献出版社官网
（www.ssap.com.cn）
和中国皮书网（www.pishu.cn）
了解更多信息

社会科学文献出版社 SOCIAL SCIENCES ACADEMIC PRESS (CHINA) 皮书系列

卡号：888232760880
密码：

S 子库介绍
Sub-Database Introduction

中国经济发展数据库

涵盖宏观经济、农业经济、工业经济、产业经济、财政金融、交通旅游、商业贸易、劳动经济、企业经济、房地产经济、城市经济、区域经济等领域，为用户实时了解经济运行态势、把握经济发展规律、洞察经济形势、做出经济决策提供参考和依据。

中国社会发展数据库

全面整合国内外有关中国社会发展的统计数据、深度分析报告、专家解读和热点资讯构建而成的专业学术数据库。涉及宗教、社会、人口、政治、外交、法律、文化、教育、体育、文学艺术、医药卫生、资源环境等多个领域。

中国行业发展数据库

以中国国民经济行业分类为依据，跟踪分析国民经济各行业市场运行状况和政策导向，提供行业发展最前沿的资讯，为用户投资、从业及各种经济决策提供理论基础和实践指导。内容涵盖农业，能源与矿产业，交通运输业，制造业，金融业，房地产业，租赁和商务服务业，科学研究环境和公共设施管理，居民服务业，教育，卫生和社会保障，文化、体育和娱乐业等 100 余个行业。

中国区域发展数据库

以特定区域内的经济、社会、文化、法治、资源环境等领域的现状与发展情况进行分析和预测。涵盖中部、西部、东北、西北等地区，长三角、珠三角、黄三角、京津冀、环渤海、合肥经济圈、长株潭城市群、关中—天水经济区、海峡经济区等区域经济体和城市圈，北京、上海、浙江、河南、陕西等 34 个省份。

中国文化传媒数据库

包括文化事业、文化产业、宗教、群众文化、图书馆事业、博物馆事业、档案事业、语言文字、文学、历史地理、新闻传播、广播电视、出版事业、艺术、电影、娱乐等多个子库。

世界经济与国际政治数据库

以皮书系列中涉及世界经济与国际政治的研究成果为基础，全面整合国内外有关世界经济与国际政治的统计数据、深度分析报告、专家解读和热点资讯构建而成的专业学术数据库。包括世界经济、世界政治、世界文化、国际社会、国际关系、国际组织、区域发展、国别发展等多个子库。